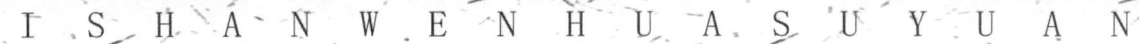

西山文化溯源

XISHAN WENHUA SUYUAN

霍山县文学艺术界联合会
霍山县西山文化研究会 ◎编著

图书在版编目（CIP）数据

西山文化溯源/霍山县文学艺术界联合会 霍山县西山文化研究会编著. -- 北京: 中国文联出版社, 2022.3
ISBN 978-7-5190-4511-1

Ⅰ.①西… Ⅱ.①霍… ② 西Ⅲ.①地方文化-六安Ⅳ.①G127.543

中国版本图书馆CIP数据核字(2022)第050702号

西山文化溯源

编　　著	霍山县文学艺术界联合会　霍山县西山文化研究会
责任编辑	闫　洁　王　萌
责任校对	金　桑
装帧设计	现当代文化

出版发行	中国文联出版社有限公司
社　　址	北京市朝阳区农展馆南里10号　邮编100125
电　　话	010-85923025（发行部）010-85923091（总编室）
经　　销	全国新华书店等
印　　刷	成都市天金浩印务有限公司
开　　本	710毫米×1000毫米　1/16
印　　张	20.25
字　　数	252千字
版　　次	2022年3月第1版第1次印刷
定　　价	88.00元

版权所有·侵权必究
如有印装质量问题，请与本社发行部联系调换

《西山文化溯源》编委会

顾　　　问：姚治中　田耀农　江晓明　乐建成　金从华
　　　　　　但修胜　汪九斌　赵　刚　汤祖祥　彭章继
名 誉 主 任：朱　斌　万成龙　杜兆雄　刘剑平　余敬中
　　　　　　尹　超　万　青　万　勇　戚学祥　许　斌
　　　　　　耿光宏　郑少龙　程先政　熊星火　沈清华
　　　　　　孙来法　苏　晟　纪　鹏　余海波
主　　　任：夏　鹏
常务副主任：何家旭　冯志伟　王业军
副　主　任：（按姓氏笔划排序）
　　　　　　万　坤　马业志　王　萌　王　林　尹家利
　　　　　　何祥林　何声武　苏学东　沈俊峰　怀鹏飞
　　　　　　杨松权　余　鑫　余　淼　陈　健　李　瑛
　　　　　　李　灿　李德祥　李名武　郑凤琴　金正北
　　　　　　洪学阳　梅书良　黄　浩　黄朝梁　黎克华
编　　　委：（按姓氏笔划排序）
　　　　　　王甫涛　王与川　毛少煌　何云浩　何　辉
　　　　　　刘　伟　刘瑞林　朱绍堂　朱文武　杜昌海
　　　　　　汪　彬　汪雨生　苏永霞　陈　亮　陈　高
　　　　　　李思武　李名亮　周　芳　郑良奎　赵宏旗
　　　　　　段步昀　胡知坤　黄朝国　储　贵　黎元传

《西山文化溯源》编辑部

主　　编：陈月祥　黄从升
执行主编：刘自力　汪德国
副 主 编：(按姓氏笔划排序)
　　　　　叶茂盛　刘　妍　李　娟　李国梁　怀才高
　　　　　汪正如　张佑丞　肖平生　金正南　赵中侠
　　　　　熊远根　戴　星
编　　辑：(按姓氏笔划排序)
　　　　　方　红　卢锐敏　朱厚银　朱运章　杜立功
　　　　　杜兆富　李英才　李燕来　李银河　李　敏
　　　　　李　宵　肖保熠　何升造　何　梦　何　钊
　　　　　何家轩　何子文　何嫚丽　苏启彬　苏启高
　　　　　苏树屏　杨会波　俞宗奇　段茂书　贺继惠
　　　　　钟鸿儒　夏熙政　夏玉泉　黄秀梅　黄先旺
　　　　　曹善林　程先畏
研究、指导人员：
　　　　　何　俊　孙　振　王　琪　李名新　程希武
　　　　　张宜明　李名海　金崇尧　王良棋　金　昭
　　　　　张世明　翁元标　熊中豪　郑汉臣　刘会友
　　　　　胡才文　万　奕　倪德胜　刘长青　余新华
　　　　　杜　魁　黄文先　何云川

序

许 辉

文化是一个民族生存发展的精神命脉，在人类进步与发展中始终担当着导向和推动的重任。随着经济社会的不断发展，以及人们消费观念的变化，文化的地位和作用显得日益突出和重要。完全可以说，文化成为民族凝聚力和创造力越来越重要的源泉，丰富精神文化生活成为人民越来越热切的愿望。而地域文化是指不同地区的、一定地域内文化的总和。不同的地域风格，不同的民族背景，不同的历史传统，就会熔铸出不同品格的地域文化。

大别山位居中原之南，传说黄帝封五岳，封霍山为南岳，把霍山作为华夏国家南部的山"镇"。从地理学的角度看，今天所指的"西山"与"霍山弧"、霍山山脉高度重合，如庐剧把霍山、六安传唱的剧种称为"西路"流派、"西路"唱腔。

现在，西山地区一般是指以安徽西部大别山区腹地白马尖周边及漫水河地区为核心，四周辐射安徽霍山、岳西、金寨、潜山、舒城、霍邱、叶集、金安、裕安以及湖北英山、罗田，河南商城、新县等地域的合称，其地理学概念大致与"霍山弧"的核心地区相叠合。此区域地界吴楚、岭分江淮，是中华文明曙光升起的地方之一，自古以来是中原与东南地区交流融合的枢纽。这一地区，自上古三苗、皋陶部落开始，多元文化长期在此融合，多样性的古老文化在这里得以保留和传承，从而形成了独具特色的方言、宗族、医药饮食、教育传播、歌舞戏曲、宗教信仰、民俗风情、生态保护等，构成了特色鲜明、内容丰富，体现中华文明多元一体源流的独特的文化资源，"西山文化"正是"西山蛮"融合吴楚文化和后来大规模南迁避难入山的中原各支族人民带来的中原文化等，共同孕育、融合而形成的特殊文化现象，是中华传统文化和大别山地区文化的典型代表。西山文化精髓与本质包含：君子文化、尚贤文化、谋略文化、礼仪文化、忠孝文化、耻感文化以及爱国主义、人道主义精神等，其显著特征表现为：勤劳坚韧——西山文化的核心；重教崇文——西山文化的情怀；种德修身——西山文化的品质；守规习礼——西山人的文化规范。

2014年10月成立的西山文化研究会，是一个得到市级民政部门批准建立的AAAA级社会组织。研究会自成立以来，积极开展西山地域文化研究。几年来，已经取得了较为丰硕的研究成果，引起社会各界广泛关注。现在，该研究会编著了《西山文化溯源》一书，旨在对前一阶段研究的有关西山文化源头问题做一个阶段性总结，以便在研究会今后从各个不同的方面对这一区域文化现象进行更加深入的研究时，起到一定总揽和牵引作用，我认为很有必要，也十分妥帖。

本书所收录的文章，有着较为深厚的历史文化底蕴，叙事清晰明白，义理有根有据。不仅具有一定的史学价值，还具备一定的文学色彩，有较强的可读性，难能可贵。

是为序。

2018年12月

（许辉，安徽省文联副主席、安徽省作协原主席）

西山文化与中华文明的发祥（序二）

姚治中

当我读完本书初稿，为它构思序言时，心潮起伏，思绪万千。

从 5000 年前开始，西山地区作为中华文明的发祥地之一，与中华大地南北东西相互浸润融成一体，站在人类文明的前列，充满自信地俯视周围各民族的文明。1840 年以后，我们只能以落后民族的身份仰视西方文明，被排除在人类文明建设的主流之外。但是始终没有泯灭自立自强的民族传统，顶着侵略和羞辱奋发图强。这期间，20 世纪 20 年代之前是向西方资本主义文明学习；之后是向苏联学习马列主义，即民主革命先行者孙中山先生倡导的"以俄为师"。中国共产党人迈出了极其可贵的一步：马克思主义与中国实际相结合。道路曲折而万分艰辛，但成果丰硕，中华人民共和国的成立即是集中表现。1978 年之后，世界形势迅速变化，中华民族开始和平崛起，可以平等而冷静地审视人类文明。主客观条件都将中华民族卷入人类文明的建构与发展中。西山地区在这伟大的历史浪潮中翻天覆地。作为一个普通的教师，我教过的山里娃不仅成为西山的栋梁，推动着西山经济社会的奋进，还难以计数地走向全国，走向世界，不少人已是全国闻名的学者，还有在美国哈佛大学等世界一流高校执教的。我不由自主地被西山前进的浪潮带动，西山人民鞭策我与时俱进，不容我以任何借口停下步伐。

建设社会主义现代化的中华文化，要求我们站在新的高度，突破传统思维的局限。

1992年出版的《剑桥中国史》以秦汉史为第一卷,将秦汉史作为中华文明的开始;2016年4月15日,《环球时报》刊登的新加坡国立大学教授郑永年先生的文章,认为中华文明的第一阶段是公元前13世纪至公元2世纪(商代中后期到东汉);国内某电视台的主持人公然说皋陶是"神话人物"。他们都将炎帝、黄帝和尧、舜、禹时期直接或间接地作为历史的"空白"。20世纪90年代,义务教育课程标准实验教科书《历史》七年级(初中一年级)上册指出:"公元前三千年……我国的黄河流域和长江中下游等地区也呈现出文明的曙光。"这否定了一些人"空白"的说法,霍山等地的学者对于西山文化的研究,则是以具体的地方性的典型填补了这个"空白"。

"西山"狭义是指霍山县域的"西乡",大致为以漫水河地区为中心的金寨、英山、岳西、霍山四县交界地区。大别山在岳西的北边陡然转向东方,被称为衡山。大别山与衡山(皖山、霍山)相交形成了"霍山弧",漫水河地区又成了"霍山弧"之弧顶。"霍山弧"向皖中、皖东伸展为扇形,这段长江被叫作皖江,皖江从西南向东北奔流,于是这段长江之北称为江西,之南称为江东,所以项羽在乌江慨叹"无颜见江东父老"。"霍山弧"基本上是"西山地区"的延伸,研究西山文化自然绕不开"霍山弧"。

以"西山"为准,它的上游,200万年前有巫山人。大别山西麓有10多万年前的长阳人。2017年和2018年,中央电视台连续报道了10多万年前的许昌人。它的下游,繁昌人字洞留存有260万年前人类活动的遗物。20多万年前有和县龙潭洞人,10多万年前有巢湖银山人。总之,这里200多万年前就已成为人类活动密集的地区,为约5000年前中华文明在这里萌芽奠定坚实的基础。1978年,霍山大沙埂黄泥塘发现皋陶后裔所建"英"国的铜器。1979年,潜山薛家岗出土三苗部落的遗存。1983年,霍邱发现红墩寺遗址,印证了当年皋陶部落从山东出发，沿中原东南进入大别山区的行踪。2010年，霍山迎驾厂出土与薛家岗遗址一样的陶球和刻有皋陶部落图腾的凤鸟玉璧，为西山文化体现的中华文化萌芽提供了实证。1986年，霍山发现两处春秋晚期的木椁墓，1991年，六安城西发现战国楚大夫的木椁墓，2006年，六安城东发现西汉六安王刘庆墓，其中的"黄肠题凑"与前述的木椁墓构成春秋战国到西汉贵族的葬制系列，与大汶口龙山文化遗址有明显的传承关系，印证了皋陶文化传入大别山区的史实。

实事求是地说，并不是中华历史或中华文明史存在"空白"，而是对中华历史或中华文明史的认识或研究存在"空白"。而对"西山文化"的研究则是为填补这一空白而做出努力的一部分。

夏朝时期（前2070—前1600年），称大别山区三苗、后羿及皋陶的后裔为"畎夷"，商代甲骨文中也这样称呼。为什么这么称呼？舜、禹、皋陶在讨论治理洪水时，禹说他在大河下游"决九川，距四海"，即疏通各条大河，引洪水入海；在大河上游的山谷则"浚畎浍，距川"，就是在山谷（山冲）的侧畔开挖尺把深、尺把宽的畎（又作甽），引水入浍（小山溪），再将它们引入大河（川）。这样山坡就成为层层梯田，可以种粮食了。多年来人们谈到大别山区的水利，都只说大禹治水劈开荆、涂二山和孙叔敖开筑芍陂（安丰塘），基本没有说到"浚畎浍"。在山区开辟梯田，从此大别山区实现了从渔猎畜牧到水利农耕农业的经济转型，这是氏族部落转型为部落联盟（国家雏形）的经济基础。谈论淠史杭水利时，又"遗忘"了司马迁对孙叔敖的另一介绍：孙叔敖倡导山区民众在秋冬时采集山货，趁春夏水涨运到中原等地销售。这说明西山地区自古以来就不是封闭的地区，汉唐之后，这里的茶叶又成为丝绸之路上的主要商品。

战国时期（前475—前221年），军事家吴起说："昔者，三苗之居，左彭蠡（今鄱阳湖）之波，右洞庭之水，文山在其南，而衡山（今'西山'地区）在其北。"（《战国策·魏策一》）已注意到长江中下游是中华民族的发祥地之一。湖南大学杜钢建教授的《文明源头与大同世界》一书中认为古希腊和古罗马文明由西迁的华夏人创造，这一观点还须进一步探讨。但是他把中国湘西地区定为人类文明发源地，是有充分根据的。湘西属洞庭湖流域，是战国时吴起等已知的三苗民族发祥地。以上列述的考古发现证明这里是中华人类的发源地之一，湘西与大别山区同处长江中下游，也是中华文明的发祥地之一。有些人没有认真扎实地学习与思考，缺乏应有的文化自信，唯西方文化是从，视几千年延续不断的中华文明为"垃圾"，弃之唯恐不及。缺乏文化自信的另一表现就是浮夸，依仗比赛"喉咙响亮"来造声势，被网民戏称为"战狼学者"。

大别山区人民是应该自豪的，他们有足够的文化自信。在几千年的历史长河中，积累了敬畏自然、与自然和谐共处的世界观；尊重人的生存、追求公平公正的国家观；重视道德与文化修养的修身体系；在西山文化中蕴含有众多的中华民族传统的"基因"。因为自信，所以求实，一步一个脚印，仅从1978年以来，反映西山文化建设的一个方面（出版书籍）即不胜枚举，继《霍山县志》《霍山革命斗争史》之后，2010年以来，相继出版了《霍山大辞典》《霍山历史文化丛书》（十卷本）、《霍山地名故事》《霍山文化旅游大辞典》《西山文化研究》等著作，都有相当的深度和史学价值。

综观西山地区文化研究，让人印象深刻的特色很多，其中主要是：霍山县委和政府牢牢掌握方向，提供各种支持，依靠群策群力，而不包办代替。既有理论研究，更重视群众普及。以考古为实证，以文献为依据，特别重视民间文化传承，严格区分精华与糟粕。

中国特色的现代化社会主义文化是新事物，它受人类社会发展新形势和中华民族和平崛起新发展的制约，也受古代、近代及当代各种条件及思维方式的影响。西山地区从宋元之后即是多灾多战乱的落后地区，人们对它的经济社会文化存在种种偏见和误解，需要我们遵循党中央提出的"民族的、科学的、大众化的"方针去努力挖掘和研究。西山地区的人民和有关人士具备几千年传承的文化自信和求实求真精神。更令人钦佩的是，西山民众继承了善于包容和学习的传统，从约5000年前开始，三苗包容了皋陶、后羿等部落，共同实现山区水利农业的转型，将西山地区建设成晚楚文化的重心，并强势奠定了汉文化的基石。西汉到南朝，以文翁、何尚之为代表推广并延续了儒学文脉。东汉时期，这里又成为道教探求"太平"（最大的公平）的重要根据地。两晋南北朝，佛教净土宗和禅宗进入西山，隋唐时传遍"霍山弧"，儒、道、佛三者交融，典型地体现出西山民众兼容并包的博大胸怀。宋元之后，深邃的西山地区成为南北民众躲避战乱的"乐土"。时至21世纪，山东田氏齐国和江西瓦屑坝移民的后裔还在津津乐道祖先移徙西山插草为标的故事。西山民众的兼容并包建构了西山地区多民族的和谐社会。流传千年的"西山蛮"称呼，早已升华为中华民族弥足珍贵的高尚的品格：善良诚信，天人和谐，人际和谐。

　　西山文化是地区文化，西山及"霍山弧"地区是三苗及东夷、皋陶、后羿部落的家园，从约5000年前起就在这里融合，共同缔造了中华文明的萌芽，与长江流域的其他地区一起，也与中华大地的其他地区的部落一起，在多个地区升起了中华文明的曙光。这些都是多元一体的中华民族不可缺少的"一元"。研究西山文化必然涉及皋陶部落，研究皋陶文化当然离不开西山地区。从夏朝开始，中国就是多民族的统一国家，中华大地是多民族共同的家园，中华文化是各民族共同创造的辉煌。"执古之道，以御今之有。能知古始，是谓道纪。"（《道德经》第十四章）学习并研究西山文化可以让我们真切地把握历史规律，更科学地认识祖国，使我们对祖国的爱更真实、更深沉。

西山文化研究的几个基本问题

田耀农

一、西山文化是什么

"西山"的概念在《西山文化纵览》中应该讲得很清楚了,那"文化"是什么呢?

中国的"文化"一词出自《周易·贲卦·象辞》:"刚柔交错,天文也;文明以止,人文也。观乎天文以察时变,观乎人文以化成天下。""文化"乃是"人文化成"一语的缩写。

所谓"文",即纹,印迹。自然万物交错运作的现象或印迹就是天文,天文指的是自然现象,也就是由阴阳、刚柔、正负、雌雄等两端力量交互作用而形成的错综复杂、多姿多彩的自然世界。"文明以止",就是明白了天文现象或印迹积淀下的经验和知识就是人文。

现代语境中的"文化"一词与西方话语体系的"culture"互译,"culture"源于拉丁文"colere",原意乃指人之能力的培养及训练,使之超乎单纯的自然状态之上。至十七八世纪,此概念之内涵已有相当的扩展,而重在指称一切经人为力量加诸自然物之上的成果。即:文化是指一切文化产品之总和。

1871年,英国文化学家泰勒在《原始文化》一书中提出了文化的定义:文化是包括知识、信仰、艺术、道德、法律、习俗和任何人作为一名社会成员而获得的能力和习惯在内的复杂整体。

文化也可以称为社会团体共同的思维特征。不管"文化"有多少定义，有一点是很明确的，即文化的核心是人，有人才能创造文化。文化是人类智慧和创造力的体现，不同种族、不同民族的人创造不同的文化。人创造了文化，也享受文化，同时也受约束于文化，最终又要不断地改造文化。我们都是文化的创造者，又都是文化的享受者和改造者。人虽然要受文化约束，但人在文化中永远是主动的。没有人的主动创造，文化便失去了光彩，失去了活力，甚至失去了生命。我们了解和研究文化，其实主要是观察和研究人的创造思想、创造行为、创造心理、创造手段及其最后成果。

这里不便汇集中外先哲关于文化的思考和定义。在前人认识的基础上，笔者特意提出以下思考：

首先，"文"是什么？孔子《论语·雍也》："质胜文则野，文胜质则史，文质彬彬，然后君子。"文和质是人的两面性的对立统一，文是人的社会属性，质是人的动物属性，如果动物性本能过了，这样的人就是野蛮的人；如果社会性过了，这样的人就是迂腐的人，只有做到二者恰到好处地统一，人才能称为君子。

其次，"化"是什么？"化"可以理解为一个动词，就是把此物变为彼物。"君子"是人的标准，文化也就是把野蛮人"化"为君子的过程。

所以，文化即人化，也就是人的进化过程中，有一类动物从被称为人的那天起，在一个充分大的群体中，共同采用的、世代相传的、有别于其他动物的思维方式与行为方式的总和。

作为思维方式和行为方式的文化具有一定的动词词性，而文化的结果或成果就是文明，文明是名词词性的词。

现在可以回答什么是西山文化了，所谓西山文化就是西山人采取的、世代相传至今的、西山人独有的思维方式与行为方式的总和。

二、为什么要研究西山文化

不同的群体使用的思维方式和行为方式有所不同，也就形成了不同的文化；不同的文化在充分大的群体中固化下来，世代相袭，就形成了民族。不同民族在交往、斗争中，主动放弃或被迫放弃自己原有的文化，接受了异族的文化，自己的文化就逐渐消失了，文化消失了，民族也就消亡了。民族消亡不是指这个民族的人种灭绝了，而是指这个民族的文化消失了。所以，民族的存亡就是民族文化的存亡。保护本民族的文化就是保护本民族的存在。20世纪30年代，"中华民族到了最危险的时候"，那个时候指的是中华民族亡国灭种的危机；现在我们又一次面临"中华民族到了最危险的时候"，这次危机是中华民族文化的灭亡，而文化的灭亡才是民族的真正灭亡。

西山文化不仅是中华民族文化的组成部分，更是中华民族文化源头的组成部分。从宏观层面说，研究西山文化是为了保护西山文化，保护西山文化也是保护中华民族文化，保护中华民族文化就是保护中华民族的永世长存；从微观的层面看，研究西山文化就是保护西山文化，保护西山文化就是保护西山人的身份印迹，就是寻找、印证西山人自己的祖源所在和族群所属。

研究西山文化是为了了解西山文化。文化自信首先需要文化自知，有了文化自知和文化自信，当然也就具备了文化自选的能力，有了文化自选的能力也就有了文化发展方向的坚定选择，这也就意味着解决了向何处去的问题。可以说当下人们最为困惑的就是去向何方的问题，崇洋媚外、移民潮、贪腐都是源自失去了前进的方向，失去了理想的向往。林林总总，归纳起来，最终还是因为缺乏文化自信。

三、怎样研究西山文化

西山文化是书写在文献上，隐藏在文物中，活跃在当下生活中的西山人独特的思维与行为方式中的。我们要怎样研究西山文化？

首先，研究西山文化必须先甄别西山文化。无论是文献上、文物中，还是当下生活中的文化，总是与多种文化交织在一起的。文献的和文物的文化归属的甄别相对容易一些，难就难在生活中的活态的西山文化甄别。怎样从当下生活中去寻找并甄别属于西山文化的身影呢？

第一，从风俗活动中寻找西山文化遗存。"风"指的是民歌和民众性格情感的思维习惯，"俗"指的是行为习惯。这些习惯的思维与行为概括起来就是当地的文化的一部分。

第二，从礼俗活动中寻找西山文化遗存。"礼"就是上下尊卑的等级规定。礼的规定不是通过法的形式，而是通过仪式的形式得以贯彻和执行的。国家层面的"礼"是"大礼"，民间的"礼"就是"俗礼"，后来更多地成为"礼俗"。与"俗"相对应的是"雅"，"雅"有着高端、正统、中心、官方、社会主流的指向；"俗"则有着边缘、民间、地方、原初、粗陋的指向。以"乐"为例，共同、官方、正统的乐就是"雅乐"，民间、地方之乐就是"俗乐"。如陕北的"抢新娘"和"祈雨"等仪式。

第三，从传统艺术中寻找西山文化遗存。传统艺术本身就是地方文化的组成部分，传统艺术中还蕴藏着地方特有的文化归属的信息。

其次，深入生活，寻找西山文化遗存。2018年是伟大的思想家马克思200周年诞辰的特殊年份，革命导师马克思不仅是伟大的政治家，同时还是一位著名的民族学家。这里特别要提到的是马克思的《摩尔根〈古代社会〉一书摘要》。摩尔根是美国民族学家，儿童时期生活在纽约州，对当地印第安部落易洛魁人的风俗习惯比较熟悉，因为自己是律师，经常为印第安人辩护，为了深入研究易洛魁人的社会结构和文化构成，他常年生活在易洛魁人中间，还被易洛魁人收为干儿子。他根据易洛魁人的社会生活，撰写了《古代社会》一书，以大量的实际材料，认定家庭是一个历史范畴，是随着社会的发展而变化的，并确定了婚姻和家庭发展的顺序演进形式：血缘家庭、群婚家庭、对偶家庭、父权制家庭、一夫一妻制家庭，描绘出了人类婚姻家庭的发展史图。马克思非常喜欢这本书，做了十分详细的摘录，还做了详细的批注，补充了很多文献材料，也指出了一些错误。马克思准备写一本用唯物史观来阐述摩尔根的研究成果的书，可是马克思没有实现他的写作计划，过早地逝世了。但马克思这部著作的影响和意义已远远超过了摩尔根的《古代社会》，成为马克思的代表作之一。这部著作也被视为民族学的经典著作之一，成为研究传统文化的典范之作。现在我们研究西山文化不需要像摩尔根当年那样去给易洛魁人当儿子了，因为我们大部分人就是西山人的儿子。问题在于，传统社会和传统文化与我们今天的生活已经渐行渐远了，只有在非常边远的区域还有一点传统文化信息的遗存，所以要有抓紧时间赶快做的理念。比如二胡曲《二泉映月》如果再迟一年去录音，这个作品就被阿炳带到另一个世界去了。

最后，西山文化研究贵在比较。所以，从研究的角度看，只熟悉西山文化还不够，还得熟悉西山周边地区的文化形态，只有熟悉了多种文化形态，才能够形成比较，才可以有比较充分的依据。

西山文化纵览

陈月祥

西山文化是指以安徽西部大别山区腹地白马尖周边及漫水河地区为核心,四周辐射霍山、岳西、金寨、潜山、舒城、金安、裕安以及湖北英山、罗田,河南商城等地区,具有显著特色的地域性文化。此区域地界吴楚、岭分江淮,特殊的地理位置和地貌特征,使得自上古三苗、皋陶部落开始多元文化长期在此融合,丰富的古老文化在这里得以保留和传承,从而形成了独具特色的方言、宗族、医药、饮食、教育、歌舞戏曲、宗教信仰、礼仪风俗等,构成了特色鲜明、内容丰富的文化资源,成为大别山区文化的优秀代表。

一、西山和西山文化定义的由来

大别山,上古时被称为南山,因它位居中原之南,黄帝封五岳,封霍山为南岳,把霍山作为华夏国家南部的山"镇"。从地理学的角度看,今天我们所指的"西山"与"霍山弧"、霍山山脉高度重合,所以在历史长河中即约定俗成地把以霍山为中心的安徽西部山区统称为"西山"。故庐剧把霍山、六安传唱的剧种称为"西路"流派、"西路"唱腔。而霍山人过去就称白马尖周边地区为"西镇"。西山文化正是"西山蛮"文化融合吴楚文化和后来大规模南迁避难入山移民带来的中原文化广泛融合、孕育、创造并传承至今的一个特殊文化。

二、西山文化的形成与渊源

上古三苗与皋陶文化的融合,奠定了西山文化的基础。

春秋战国,吴、楚文化的激荡交融,丰富了西山文化的内涵。

春秋战国是我国文化繁荣时期,当时西山作为"吴头楚尾",吴楚在此拉锯交战,吴楚文化也在此激荡交融。先是楚国强势东扩,先后灭掉了英、六、"群舒",其文化影响穿越西山,逐渐向东发展。以后吴越势力雄起与吴楚交锋,西山成了他们拉锯的战场,直至吴、楚先后灭亡,但吴楚文化却在西山深深扎根,一直影响至今。

汉、魏、晋、南北朝时期,中原文化南迁,提升了西山文化的层次。

汉初,作为淮南国、衡山国的封地,西山一直处于动荡之中,一直到六安国建立,汉武帝巡狩西山,封禅南岳,西山地位凸显,被列为皇权的重要关注点。汉宣帝后来又重封灊岳,进一步明确了西山的重要性。魏、晋、南北朝时,乘着山外之乱,"西山蛮"以及西山文化都得到了长足发展。这主要得益于西山少战乱和大批中原士族南迁避祸西山,从而带来了中原的先进文化。晋时,杜夷在灊县办学,教授弟子,生徒千人,为西山培养了一批优秀人才;稍后,西山何氏一门出 10 位宰相、3 位皇后、5 位驸马。南朝宋文帝时,何尚之被任命为玄学馆主持,讲授《道德经》《庄子》《易经》等经典哲学。杜夷、何氏一门俊杰的出现,给西山文化注入了中华文化的经典,极大提升了西山文化的层次。东汉末年左慈隐居霍山修道,也为霍山种下了道家文化和隐士文化的种子。

唐、宋文人雅士的融入,拓展了西山文化的上升空间。

唐代,"诗仙"李白游历霍山,《悯农》诗的作者、宰相诗人李绅为官寿州,自然多次到过霍山,他们都曾赋诗纪游霍山、赞扬霍山景物；晚唐诗人皮日休写下著名的《霍山赋》，抒写了霍山情怀，晚年随黄巢兵败后，隐居西山，传道授业。

到了宋代，毕昇从西山走出，发明了活字印刷；为避北方战乱，"三苏"后人苏昶迁居霍山；"二程"后人程端中抗金殉国，其后人也迁居西山；黄庭坚深爱西山山水，自号"山谷道人"，其后人也迁居西山。苏、程、黄之后人融入霍山，子孙繁衍，苏家、黄家的文学，以及程氏理学，进一步推进了西山文化的发展。

明清时期，文人辈出，西山文化得到进一步传承和发扬。

明初，朱元璋把大别山定为朱明王朝的龙脉之根，并在洪武三年敕封霍山为"中镇霍山之神"，把西山列为五镇之一。明清时，霍山重教重本，先后创办了潜台书院、会胜书院、南岳书院、衡山书院、天一书院、云程馆、德心堂等。名门望族捐资助学，普通人家耕读传家。先后走出了吴兰、金光悌、张孙振、程在嵘、吴廷栋、何国禔、黄艮甫等一大批在国内有影响的饱学之士，使西山文化得到了很好的传承和发扬。

民国至新中国成立之后，新文化、红色文化璀璨夺目。

清末民初，李晴峰、黄艮甫、孙绂庭、何国佑、夏竹村等乡贤积极兴办新学，狮山中学应运而生，为西山培育了一代代学子。与此同时，西山翘楚积极参加革命和新文化运动，朱蕴山、沈子修、丁炽衡、孙雨航等追随孙中山积极参加辛亥革命、北伐战争。舒传贤、黄楚三、刘淠西等积极宣传共产主义，领导了轰轰烈烈的六霍起义和西镇暴动等，创建了鄂、豫、皖革命根据地，西山成为红军的摇篮、红色区域中心。革命文化和红色文化不仅燃遍西山，更为新中国的成立输送了大批英才，输出了大批战将，牺牲了数以万计的英烈，谱写了一曲红色文化的壮丽篇章。新中国成立后，西山老区人民发扬战天斗地的精神，建水库、修公路、办教育，经济建设、文化建设空前繁荣，彻底改变了西山贫穷落后的面貌。改革开放后，西山文化的底蕴进一步彰显，硕士乡、博士村、博士之家不断涌现，一个交通便利、经济繁荣、文化兴旺发达的西山正在迅速崛起。

三、西山文化精髓与本质

西山文化的精髓与本质，概括地说包含生态文化、尚贤文化、修身文化、礼仪文化、忠孝文化以及它所体现的爱国主义、人道主义精神等。其显著特征表现为勤劳坚韧、重教崇文、种德修身、守规习礼。

勤劳坚韧的性格是西山文化的核心。面对大自然的困厄，西山人不畏艰难，以愚公移山的精神，勇敢地迎战。他们相信"艰难困苦，玉汝于成"，始终坚忍不拔地默默耕耘。从刀耕火种，到层层梯田；从沿溪爬山，到条条大路。西山人一代一代勤劳坚韧地奋斗，终于打造出了属于自己的一片世外桃源。

重教崇文是西山文化的人文情怀。尚贤文化和耕读传家一直是西山的传统。他们"富不丢猪，穷不丢书"，始终相信知识改变命运。力耕种，勤诵读，尊敬师长，潜心兴教，让西山充满了尚儒重教、讲究诗书文化的浓厚氛围和优良家风、民风。

种德修身的作风是西山文化的精神品质。西山人讲究道德良心，注重个人品德修养。追求"立言、立德、立功"，常怀"修身、齐家、治国、平天下"之志。人人立德修身，创造了西山积极而又和谐的社会风貌。

守规习礼的规范是西山文化的品行自觉。守规矩、习礼仪是西山人品修养的另一重要表现，并作为重要的家风、民风世代传承。它培养了西山人遵纪守法，规规矩矩做人做事的品质，培养了文明、礼貌、规范、儒雅的民风。

四、西山文化的内容与载体

（一）家国文化是西山文化的根本。

从三苗蚩尤部落与黄帝争天下到皋陶后裔居英、六，从英布造反到何氏一门"十宰相、三皇后、五驸马"，再到"三苏""二程"后人避乱入居西山，无论是西山"蛮人"，还是外来的高门大姓无不深怀家国情怀，始终抱有"修身、齐家、治国、平天下"之志。其文化载体和遗存物证有：

1. 英、六封国。《史记·夏本纪》载："封皋陶之后于英、六。"英，即今霍山，封国经夏、商、周至楚灭英氏，封国存在1400多年。六，即今六安，为皋陶后裔封国，故六安又称"皋城"。与英一样，后被楚灭，作为古诸侯国存在1400多年。英、六均为中国上古时期最早的封国之一。

2. 英姓及英布。英姓，源于英封国，其先祖为皋陶。楚汉名将英布即为其代表人物，死后被其部将葬于故土英山尖（今属英山县）。据考英布为皋陶之58世孙。

3. 灊县何氏。汉庐江郡灊县一直被天下何氏尊为其郡望之地。作为魏晋南北朝时的士门望族，其一门先后出十宰相、三皇后、五驸马，其家族地位、历史影响十分深远。

4. 毕昇与毕昇墓。毕昇是活字印刷发明者。毕昇墓，20世纪90年代发现于英山草盘地，立碑时间为皇祐四年（1052）。

5. "三苏祠"和东坡墓。"三苏祠"始建于宋代，县志有详细记载，明、清历代均有修缮。新中国成立后，因城市建设被毁。东坡墓位于县城北高桥湾现代产业园。

6. "二程祠"和程端中墓。"二程祠"为祠祭宋理学大师程颐、程颢而建，位于县城原县衙东。程端中墓，在撞山下（今金寨县）。

7. 宗祠。西山的姓氏各大支族均建有祠堂，现仍有大量保存。如大化坪的程氏宗祠、叶氏宗祠；上土市的戚氏宗祠、倪氏宗祠。古佛堂倪氏宗祠抗日时为国民党军四十八军军部驻地。

8. 家谱、家规、家训。西山人十分重视家族传承，重视家谱，修谱往往是家族的大事。家谱一般都记有家族传承的脉络，族中的名人志士，家族优良家风家事的传统故事，治家家规、家训、家法等。

9. 敬祖传统。敬祖观念建立起了西山人的精神信仰和对家族与国家的责任，确立了西山人凡事要对得起祖宗，不给祖上丢脸，要光宗耀祖的朴素的奋斗思想。其表现为家家供祖宗牌位，中堂挂"天地国亲师位"，过年接祖；重视祖坟，清明标坟烧纸等。

（二）耕读文化。耕读传家是西山文化的重要基石。

西山人信奉"穷不丢书，富不丢猪"。勤耕重读，形成了力耕种、勤诵读的好家风、好乡风。耕读文化代代传承，凝聚成一股强大力量，不仅改变了西山的人文风貌，更强化了西山文化的"内核"。其重要载体和遗存物证有：

1. 耕读传家的家训。走进西山，可以看到几乎家家户户门楣或大门上的对联横批都是"耕读传家"；许多家族的族谱都有："力耕种、勤诵读""重农桑以足衣食；隆学校以端士气""隆师儒"的家训、家教。农户中堂为：天地国亲师位。师处于被供奉的地位。

2. 书院和学校。嘉庆《霍山县志》载："明清时期所创立的书院有潜台书院、会胜书院、南岳书院、云程馆等。"书院经费均由乡贤捐资、捐田产供养。清末民初新式教育兴起，乡贤们捐资办学，民国初年就有享誉鄂豫皖三省的狮山中学（今上土市中学）。

3. 私塾。乡贤开馆或被大户聘请所办的私人学堂，这类学堂过去普布西山四乡八镇。

4. 乡贤名师。杜夷（晋代）、何尚之（南北朝）、何胤（南北朝）、皮日休（唐代）、宋鸿卿（清代）、孙雨航（民国）、孙道粹（现代）。

5. 历代人才辈出。这是重教的结果（前后都有列举），特别是现当代。

6. "畎"和梯田。淠河上游沿河滩涂阡陌纵横、畎亩遍野；支流山冲沿河垒坝、梯田层层。这是山区群众劈山造田艰辛耕种的标志。

7. 九老茶亭。以李晴峰为代表的"双山九老"是现代西山乡贤的著名人物。他们所建的"九老茶亭"，正是他们热爱乡土文化、乐善好施的历史见证。

（三）宗教文化（含隐士文化）。

西山的宗教信仰是多样的，应属泛神论的地域，除主要的儒、释、道外，上古的巫也很流行，甚至崇拜信奉于山川、土地、奇石、古树、动物（如称黄鼠狼为黄大仙）等，地方特色显著，宗教崇拜蕴含的是对自然的敬畏。

其文化载体和遗存主要为：

1. 寺庙。过去的霍山寺庙林立。俗话说："自古名山僧占多。"西山的寺庙大多建在山顶或山腰上。现存的有：①南岳庙。汉代建，原名南岳神祠，供奉南岳神祝融。后为道家寺庙，今成佛庙。②白云庵。建于唐代，为禅宗五祖道场。③九龙寺。建于唐代，初为禅宗所建佛庙，后道家又在一起建"东岳庙"。④东观禅院。唐代所建佛庙（还是中共霍山县委第一次会议的会址）。⑤古佛堂。唐代所建，供奉燃灯古佛，故名。晚唐皮日休曾隐居于此。⑥决兴庵。传为清代马朝柱义军手下大将胡腾、胡垭兵败皈依所修建。

2. 洞（崖、石门）。过去道家认为洞可通天，故多以洞、崖为修道之地。霍山有名的洞崖有：①左慈洞，位于现南岳山北坡山崖上，传为道家丹鼎派祖师左慈修道炼丹之处。左慈在霍山留下的还有仙人冲的祖师崖、黑石渡的钓鱼台等修道名胜。②麻姑洞。位于南岳山脚下的东石门内，传为女寿仙麻姑修道酿造灵芝酒的地方。③玉皇尖。传为张天师求雨得甘霖后，有人冒名升仙的地方。④吊桥沟。传为秦时华子期静修并得道升天的地方。⑤白莲崖。传为白莲教聚会传道的山洞。

3. 石婆婆。位于黑石渡镇戴家河村，因山生奇石形似婆婆而得名。相传石婆婆与对面的石公公比长，惹怒天神而遭雷劈形成两山。现在，当地人立一小庙礼拜此石求福。

4. 九桠树。位于南岳山庄原会胜寺旁。古人云："人无十全，树无九桠。"而此枫树天生有九桠，故也常有人礼拜求福，经常为大树披红挂彩。

5. 社庙。西山深处社庙众多，多建于村口、山口、水口、冲口，祭祀本方土地和社公、社母。山区群众有过年祭社，初一、十五祭社和死后辞社风俗。

（四）生态文化（中医药文化）。

西山人自古就有崇尚自然的生态文化意识。善于利用自然，也注重保护自然，为我们留下了一个植被良好的生态西山。其文化载体与遗存物证，主要体现在对大别山动植物资源库的保护和利用上。

1. 茶叶的开发和发展。金鸡凼金家塝的神茶、乌米尖的仙茶开发了"霍山黄芽"；铁炉山、漫水河的茶叶开发了"霍铁黄"等黄大茶；诸佛庵、龙门冲茶叶开发了六安瓜片、"小岘春"。霍山茶叶，自秦汉以来就是西山人的主导经济产业。

2. 毛竹的开发利用。西山毛竹的应用是全面的，从竹笋、笋叶、竹径干、竹丫枝全部利用。古人不仅用竹制成各种生产及生活用品，还制成竹排作为水上交通工具。几千年来，五溪河的毛排、黑石渡的帆船一直来往于淠河、淮河、运河，并通往各大水系，发挥了重要的交通运输作用。

3. 中药材的开发利用。西山地区为我国的"生物博物园""西山药库"。境内有药用植物1793种，分隶318科579属，其中霍山石斛、赤灵芝、天麻、茯苓、杜仲等均为道地的名贵中药材。西山人采药更种药，很多人以种植或经营药材为生。当代，西山人凭着自己的聪明才智在国内较早掌握了茯苓、天麻、霍山石斛、赤灵芝的天然菌种繁殖技术，为霍山石斛等物种的延续和产业化生产奠定了基础。

4. 中医皋陶学派之重要分支淠衡医学。西山不仅产名药，也出名医，中医界把以西山为代表的中医学派称淠衡钝斋医学。其主要代表人物有徐大桂、杜起鹤、李青肇、杜兆雄和当代药王何云峙。

（五）军寨文化。

西山是明末清初"英霍山寨"的中心。依托山寨抗击外敌、自我保护、反抗压迫，一直是山区群众的传统。自西山蛮以来，西山一直多山寨，据《霍山地名故事》统计，以寨命名的地名、山名有120多处。其主要遗存有：

1. 六万寨。西山最早的山寨，传为宋末曹平章辅宋王孙在此立寨抗元所建，山寨内能藏六万雄兵，故称六万寨。宋以来，经历明末清初，甚至在太平天国、抗日战争时期，此山寨都发挥了很好的军事堡垒作用。

2. 殷氏寨。传为六万寨的姐妹寨，是曹平章夫人殷氏所立，此寨地势险要。解放战争时，皮定均旅清风岭战斗就发生在此寨的山脚下。

3. 四望堡。位于大别山主峰姐妹峰四望山上，据堡内碑文记载，太平天国时，地方群众为保护家园抵御战乱而修建。寨堡为青石所垒，部分寨墙和堡垒仍保存得十分完好。

4. 摩云寨。位于上土市镇龙风山上，元末所建。它同天堂寨（今属金寨县）同为元末红巾军首领徐寿辉天完政权的重要山寨和据点之一。

(六) 红色文化。

西山作为鄂豫皖根据地的红色区域中心,是六霍起义的重要发生地,也是红三十三师的诞生地和红二十八军坚守大别山军部驻扎地。红色故事、红色遗迹、红色文化十分丰富,为全国28个红色旅游精品线路之一。其现存的遗迹、纪念地在霍山县境内共有126处,其中主要有:

1. 西镇暴动指挥部及纪念馆。位于漫水河镇街道区域内,现存暴动指挥部、西镇暴动纪念馆。

2. 诸佛庵兵变及淠西广场。位于诸佛庵镇,现有烈士纪念塔、纪念广场、列宁小学、革命军事指挥部、政治保卫处旧址、万人墓等一系列红色遗迹。

3. 鹿吐石铺大捷纪念碑及抗日战场。位于落儿岭镇。鹿吐石铺大捷为安徽省抗战时期消灭日军最多的一次战斗。现有战场遗址、纪念墙、抗日烈士纪念碑等。

4. 红源广场及霍山革命纪念馆。为霍山最大的红色纪念建筑群,内有纪念馆、暴动烈士雕塑、浮雕墙、纪念柱、红军烈士墓、红源广场等。

5. 舒传贤故居及豪猪岭会议旧址。位于但家庙镇观音岩村。现存皖西革命根据地创始人舒传贤故居和中共霍山县委第一次会议旧址。

6. 皮旅清风岭战斗旧址。位于大化坪镇俞家畈村。为中原突围掩护部队皮定均旅与国民党堵截部队激战之地。现存战场旧址和皮旅指挥部旧房屋。

(七) 礼仪文化。

西山人重礼守规,其待人接物、婚丧嫁娶、迎来送往、节庆纪念活动等,都表现出独特的地方特色,体现其风俗文化的载体主要有：

1. 喜庆嫁娶礼仪。看门楼、下聘、送日子、候红叶、银鱼宴、礼茶、唱喜鹊、闹洞房等。

2. 丧礼。叩头谢孝、焐井、择日出殡、银鱼宴、八大仙抬棺等。

3. 席次座位礼仪。八仙桌、首席、陪席、上下横等。

4. 拜师礼。过去工匠必须从师，有拜师礼仪和规矩。

5. 民俗禁忌。有语言禁忌、着装禁忌、出门禁忌、杀年猪禁忌等。

（八）饮食文化。

自古西山人民便过着自给自足的农耕生活，饮食以天然生态的绿色产品为主，创造并开发了一套天然特色美食和饮食文化。其载体和遗存主要有：

1. 银鱼席。西山传统的待客宴席。因其第一碗是山里贵重的银鱼，故称银鱼席。其菜谱为：银鱼鸡丝汤、心肺汤、汤圆、清炖鲢鱼、红枣炖肉、猪顺风、豆腐果子、飘片肉、虾米汤、羊肉面、蘑菇炖鸡、红烧牛肉片、煎面鱼、炒粉丝、海参底子、方片肉，共 **16** 道主菜，另加花生米、泡菜等小菜。

2. 小吊酒。又名土酒、小米酒。为西山人用最原始的手工工艺酿造的小米酒。酒精度不高，口味清爽，主要以大米为原料制作。原料自产、器具自备、手艺自有、产品自用，是自古以来西山特色酒。

3. 皋粑。每年九月初九，西山人用刚丰收的籼米和糯米磨成粉，分多层一起蒸，越高越好，最上面放上芝麻、红枣、莲子等作料。食用前全家或一族人面向东方拜祭皋老爷（皋陶）。在西山，一般春节或清明等重大节日期间或粮食丰收之时都有吃皋粑祭祀的活动。皋粑是皋陶文化在西山地区的"活化石"。

4. 蒿子粑粑。每年春天三月三前后，采山间野蒿（学名青蒿），捣碎去汁，和以葱蒜、腊肉、米面做成。此粑粑因内加青蒿，有消炎、清热、治疟作用，是适合春季食用的健康食品。其消炎、清热、治疟、祛邪的效果，西山人谓之为"巴魂"。

5. "红灯笼"泡菜。霍山上土市周边地区出产一种圆形的辣椒，俗称红灯笼。该辣椒品种出了该地区种植就变成了尖辣椒。秋季采摘，以山涧水腌泡，长年不腐不变色，吃之清脆、辣中带甜，是西山泡菜之珍品。

6. 血豆腐。用猪血和豆腐、肉丁、姜蒜等配料一起掺揉后，加糯米合做成粑粑，然后晾晒或用烟火熏干制成腊味菜肴。

（九）民间艺术。

西山是庐剧的发源地，也是黄梅戏、京剧的原产地。西山的山歌和民间曲艺、歌舞，曾深刻影响了中国戏曲文化的发展。其遗存剧种和传承的载体主要有：

1. 民歌。山歌为西山民间艺术的代表，其歌词大多即兴而作，以方言俚语为韵，以劳动号子与山歌为曲调。著名的《八月桂花遍地开》也是西山山歌艺人创作出来的。

2. 方言俚语。西山地区独特的方言，当地人自称"楚音"。对西山乡音俚语的研究，先贤们早已开始，新中国成立前就有苏大勋先生的著作《方言偶语》、孙道粹先生的著作《俗字典》问世。

3. 舞蹈。代表为连响舞、狮子舞、龙舞、麻叉、花鼓灯等。连响舞又称打连响，是以圆竹雕空两头嵌以铜铃，边舞边唱、载歌载舞的戏曲形式，独具西山特色。

4. 雕刻、泥塑。雕刻包括石雕与竹雕、木雕，在西山古民居、庙宇、神龛的雕梁画栋、廊坊门额上常能见到，成为西山古建筑的重要装饰品，很有艺术价值。泥塑，主要用于庙宇中神像的塑造。

5. 诗画。西山人喜作诗对对，普通百姓往往有上乘佳作，代表人物有朱坤然、程在嵘、孙雨航等。西山人也多善书法、绘画，代表人物有包衍、黄骏等。

五、西山文化有影响的代表人物

1. 蚩尤。上古九黎部落的首领，以敢作敢为、勇猛善战著称，被尊为战神、兵器之神。

2. 祝融。上古黄帝的火官，燧人氏的后代，因助黄帝以火攻战胜蚩尤有功，被封为南岳长，到南岳管理南方事务，以其智慧和耐心著称。后世尊其为南岳神、火神。

3. 皋陶。上古四圣之一，为舜和禹时执掌刑罚的官员，他"明五刑，弼五教"，被后世尊为司法鼻祖、孔孟儒学的源头。其后裔被封英、六，为西山文化的又一渊源始祖。

4. 英布。皋陶之58世孙，以国为姓，故称英布。又因犯秦律被黥，故又称黥布。初属项羽，被封九江王；后归汉，为刘邦的三大名将之一，史称"兴汉三杰"。因骁勇善战，官封淮南王。后在刘邦诛杀功臣时起兵造反被杀，其部下抢其尸首葬于英山尖（今湖北英山境内），其头颅葬于六安城内，故六安也称英布城。

5. 刘赐。淮南厉王子，与武帝同属高祖之孙。文帝十六年（前164），赐封庐江王；景帝时徙赐衡山王。后附淮南王刘安反叛，兵败忧郁而死，死后葬于太阳畈长岭庵下。今存有衡山王墓遗迹。

6. 汉武帝刘彻。元封五年（前106）冬南巡，"登礼灊之天柱山，号曰南岳"。汉武帝登礼南岳，所留史迹和故事对西山文化影响深远。

7. 汉宣帝刘询。汉武帝之孙。从小流落民间，登位后励精图治，为汉代较有作为的帝王之一。神爵元年（前61），他诏祠五岳为常礼，诏曰"南岳曰灊，在庐江灊县"，故南岳又称"灊岳"。

8. 左慈，字元放。东汉末年方士，道家丹鼎派祖师。三国时，

25

因不容于曹操、孙策，故隐居霍山修道炼丹。留有左慈洞、钓鱼台、仙人冲等遗迹及传奇故事，对后代道家和隐士文化在霍山的发展影响深远。

9. 杜夷，西晋灊县人。少博览经籍和各家学说，对天文、历数、中医药都有研究，四十余载于故乡闭门教授儒学，从其受业者达千余人。元帝时，任国子祭酒、掌学政，是古代著名的教育家。对西山文化贡献尤为卓著。

10. 何氏十宰相。

①何充（292—346年），字次道，灊县（今霍山县）人，何桢曾孙。青年时风度高雅，以文采见长。历任主簿、黄门侍郎、散骑常侍、东阳太守、吏部尚书、中书令、中书监等。成帝咸康六年（340）拜相，任中书令，兼散骑常侍。康帝死，奉遗诏辅幼主穆帝。为相有器局，以江山社稷为己任，唯才录用，反对任人唯亲，为人敬重。性好释典，崇修佛寺，靡费巨亿，而亲友贫乏，却无所施遗，为时人所讥。著有文集5卷传于世。《晋书》有其传。

②何澄（？—403年），字季玄，东晋庐江灊县（今霍山县）人。何准子、穆帝何皇后之弟。稽古博文，初为秘书郎，累迁秘书监、太常、中护军。清正有器望。孝武帝深爱之，授冠军将军、吴国内史。太元末琅琊王出居外第，征拜尚书，领琅琊王师。安帝隆安元年（397）拜相，迁尚书左仆射。以脚疾特不听朝，坐家视事，领本州大中正。桓玄执政，以疾奏免。卒于家。安帝复位，追赠金紫光禄大夫。《晋书》有其传。

③何尚之（382—460年），字彦德，南朝宋庐江灊县（今霍山县）人。少轻薄，及长，以操行见称。与谢混相知。初为临津令，补刘裕府主簿，从征长安，以功赐爵都乡侯。文帝元嘉十二年（435）拜相，迁侍中。文帝元嘉二十三年（446），为尚书右仆射，时有谏诤。二十五年（448），迁左仆射。二十八年（451），转尚书

令，领太子詹事。二十九年（452），辞官，旋复任尚书令。孝武帝大明二年（458），为左光禄，开府议同三司。孝武帝大明四年（460），病卒。谥曰"简穆公"，赠司空。元嘉二十二年（445），造玄武湖，劝阻文帝在湖中建方丈、蓬莱、瀛洲三山，以免劳民伤财。尚之简朴，妻亡不娶，虽秉权当朝，而亲戚故旧，一无荐举。曾立宅建康南城外，聚生徒讲学，一时四方名士纷纷慕名而来，谓之"南学"。著有文集10卷行于世。《宋书》《南史》有其传。

④何偃（413—458年），字仲弘，南朝宋庐江灊县（今霍山县）人。文帝元嘉中，历太子中庶子，后迁南东海太守。时其父何尚之为尚书令，父子并处机要，甚得时誉。太子劭杀文帝自立，以偃为侍中，掌诏诰。孝武帝时，改领骁骑将军，转吏部尚书。因与颜竣不睦，遂以疾告医不仕。好玄学，著有《庄子逍遥游篇注》及文集19卷。《宋书》《南史》有其传。

⑤何戢（446—482年），字慧景，南朝宋庐江灊县（今霍山县）人。何尚之孙，何偃子。选尚宋孝武帝长女山阴公主，拜驸马都尉。曾任秘书郎、太子中舍人、司徒主簿、中书郎、司徒从事中郎、建威将军、东阳太守、吏部郎、侍中、司徒左长史、辅国将军。入南齐后，任济阳太守、吴郡太守、中书令、太祖相国左长史、散骑常侍、吏部尚书等。《南齐》《南史》有其传。

⑥何胤（446—531年），字子季，南朝梁庐江灊县（今霍山县）人，何尚之孙。初受业于沛国刘瓛学《易》《礼》《毛诗》，又入钟山定林寺学内典。齐时，出为建安太守，后入为太子中庶子、侍中大夫，官至左民尚书、中书令。明帝时，入山隐居，终身未再出仕，与兄何求、何点并为著名隐士。入策，屡诏不出。后迁居吴郡虎丘山西寺讲经。著有《百法论》《十二门论》《注周易》各1卷，《毛诗总集》6卷，《毛诗隐义》10卷，《礼记隐义》20卷，《礼答问》55卷行于世。《南齐》《梁书》《南史》有其传。

⑦何昌宇（447—497年），字俨望，南朝齐庐江灊县（今霍山县）人。少清静，独立不群，所交皆为当世名士。宋时，曾任南徐州刺史府主簿、湘东太守、尚书仪曹郎等。入齐后，历任中书郎、长史、别驾、南郡太守、侍中、吏部尚书等。《南齐》《南史》有其传。

⑧何佟之（449—503年），字士威，南朝梁庐江灊县（今霍山县）人。少读礼论三百余篇，为当时著名学者。宋时，为扬州从事、总明馆学士、司徒车骑参军事。入齐，曾为国子助教、尚书祠部郎，建武中为镇北记室参军、太子侍讲，领丹阳邑中正，中兴初拜骁骑将军。入梁后，为尚书左丞。参与制定各种礼仪制度。著有《礼义》百余篇。《梁书》《南史》有其传。

⑨何之季（452—538年），南朝梁庐江灊县（今霍山县）人。8岁居忧，曾师事刘瓛，习《易经》及《礼记》《毛诗》。曾任齐建安太守，历官至中书令。后辞官，隐居若邪山云门寺。永元中，征召为太常、太子詹事，皆不就。梁武帝即位，诏征特进光禄大夫，敕给白衣尚书，官禄皆不受。著述颇丰。

⑩何敬容（？—549年），字国礼，南朝梁庐江灊县（今霍山县）人。出身世家，20岁时，选尚齐武帝女长城公主，拜驸马都尉。入梁后，历任秘书郎、太子舍人、尚书殿中郎、太子洗马、中书舍人、秘书丞、扬州治中、建安内史、吴郡太守、吏部尚书等。中大通三年（531），迁尚书右仆射，后又为左仆射。中大通五年（533），拜相、任尚书令。任吴郡太守时，为政勤恤民隐、辨讼如神，视事四年，治为天下第一。任宰相时，善理政，改变了宋以来崇尚玄学、清谈文义、不问政务的颓废风气。后因妾弟费慧明夜盗官米，为之解脱，被劾免职。复官不久，侯景攻入建康，他被围于台城，次年卒。《梁书》《南史》有其传。

11. 其他。

①李白，唐代诗人，被誉为"诗仙"。据《李白年谱》载，天宝七年（748）秋，他到霍访友游山，至冬离开去庐江，并留《题嵩山逸人元丹丘山居》并序。李白游历霍山，留诗留故事，对西山文化有一定影响。

②李绅，唐代诗人，曾任寿州刺史，时霍山属寿州。李绅多次来霍山，他帮助霍山废虎阱，解决了虎患，并留有诗文称赞霍山虎不食人、盛唐连理枝等多篇。李绅的生态意识和关心同情百姓的观念，对西山文化影响深远。

③皮日休，晚唐诗人。随黄巢义军，任翰林学士，黄巢兵败后隐居霍山古佛堂，以教授学子为生，作有著名的《霍山赋》。皮日休隐居霍山，诗赞霍山，在西山传道授业，对西山文化贡献较大。

④毕昇，西山草盘人（今湖北英山草盘地镇，原属霍山县），中国古代伟大发明家、活字印刷术的发明者。他生长在西山，死后又归葬西山。活字印刷的发明对世界文化的传播居功至伟。

⑤苏昶，苏辙第8世孙。宋南渡后，举家避金人乱，迁居霍山。后子孙繁衍成霍山望族。苏昶定居后，霍山城修有"三苏祠"，以祠祭苏洵、苏轼、苏辙，今高桥湾现代产业园留有苏东坡墓。

⑥程端中，伊川先生长子。哲宗朝进士，南渡后任六安知军，建炎三年（1129）冬，金寇入霍，殚力守御，不克战死。部下收其尸葬于霍山撞山下。子孙随迁入霍，后代在霍山城建有"二程祠"，以祠祭理学大师程颐、程颢。

⑦曹平章。南宋末年义士，德祐遗臣，辅宋王孙据霍，初保故埠镇，后据守六万寨抗元。今存有六万古寨、王坟，其夫人殷氏所建殷氏寨遗迹等。

⑧吴兰，明代霍山人。嘉靖十七年（1538）进士。授山东潍县知县，后历任国子监丞、礼部知事、内阁兼翰林典籍，晚年筑居南岳山下，偕其弟吴槐著《埙篪集》共120卷，今存《南岳山碑记》。

⑨张孙振，明代霍山人。崇祯元年（1628）进士，初任浙江归安县令，时称天下第二清官。后历任兵部主事、御史、代巡山西大同武备，河南道御史兼掌湖广、广东道印，后任太仆寺少卿、大中大夫。清初告病回籍，著有《太古堂诗稿》。

⑩金光悌，清代英山人。13岁到霍山上土市师从名儒赵孔琅，就读于天一书院，乾隆四十五年（1780）中进士，后官至光禄大夫、刑部尚书，主持刑部20年，曾主审贪官和珅案。他执法公正，廉洁无私，为一代清官，有"清代包公"之美誉。

⑪吴廷栋，清代霍山人。道光元年（1821）以拔贡朝考七品京官录用；咸丰三年（1853），京官考核一等，授直隶保定府候缺；次年，补永定河道；咸丰六年（1856），升山东省布政使；同治二年（1863），授大理寺卿，刑部右侍郎；同治四年（1865），署吏部右侍郎。为官清廉，敢直谏，卒后归葬家乡复览山麓。著有《拙修集》共10卷。

⑫包衍，字三峰。清代后期书画家。尺幅中能写千崖万壑。晚年常以唐宋人写景诗命题作画，涉笔成趣，令人神往。其画以苍奥秀韵驰名。弟子黄世俊，字佶闲。画艺得师传，亦成画家。

⑬何国禩，霍山漫水河人，进士何才价之子。先任山东黄河下游河工督办。光绪二十九年（1903），任河南黄河区域候补道。光绪三十四年（1908），复调山东任候补道台。多年以治河功累进至花翎二品衔，诰授一品荣禄大夫致仕。民国后返乡，潜心著述，著有《历下集》共4卷。

⑭沈子修，霍山与儿街人。早年毕业于南京两江师范学堂。1907年加入同盟会。1926年后，历任国民党安徽省临时党部执委、抗日动委会组织部部长、国民党安徽省教育会长、省政府顾问。1948年参加中国民主同盟。新中国成立后，先后任华东军政委员会文教委员会委员、安徽省人民政府副主席、省政协副主席、安徽省

副省长。

⑮黄艮甫,霍山西镇后畈(今金寨天堂寨)人,同盟会会员、淮上军总参谋长、授陆军中将衔。民国初,任皖省军政府一等顾问,并任皖省参议。后二度出山,任安徽省长公署参议。曾任霍山县教育会长,领头创办狮山中学(今上土市中学)。其父黄本赤,兄黄从浑均为同科举人,殿试大挑一等,曾相继被爵侯刘铭传和李鸿章聘为家教馆教师。

⑯双山九老,是指霍山的李晴峰、汪国华、杜起熙、张丹铭、何仿之、孙亢宗和英山的黄鹤龄、万尔康、肖秩宗九位名宿乡贤。他们少小同窗,青壮许国,晚年归养林泉,共建茶亭于霍英东界岭,集会吟诗,施茶施粥予过路客人,时人称其为"双山九老",将其所建茶亭命名为"九老茶亭"。其中李晴峰,霍山太平人,同盟会会员,同沈子修等参加护法运动,曾任内务部主事、省议员、霍山县议长和北伐军上校团长,热衷教育,与黄艮甫等领头创办狮山中学(今上土市中学)。

⑰张正金,字西域,霍山上土市人。清末反洋教义士,光绪三十年(1904)至三十二年(1906),张正金因不满教会欺辱百姓,痛打洋神父,引发事端,于是聚集霍山、英山、罗田、黄冈各地群众近两千人,自任首领,率队攻打县城,烧毁教堂,引发了清末著名的"霍山教案",洋人开炮舰至安庆恫吓,清政府派官兵追剿,光绪三十三年(1907),张正金被捕,后就义于安庆。

⑱孙道粹,字纯五。霍山上土市人。1923年毕业于北京大学,1926年任北伐军总司令部政治教育科科长,后一直在各名校任教。曾更正新增《辞源》注释两万多条,为《俗字典》搜集方言字两千有余,为《左传》质疑辨析153条,并有《京华见闻录》《国语注疏拾遗》《清史资料》等著述留存。

⑲"西山三名医":徐大桂、杜起鹤、李青肇。徐大桂,字味

辛。霍山落儿岭人。西山著名中医，声名远播六安、舒城、岳西及周边其他县区。著有《脉症会解》《肝病论》《医法直指》《伤寒论类要注疏》《钝斋医案》等，另有诗集、小说、散文若干卷。其《脉症会解》《医法直指》两书，于1935年由上海中医书局出版；《伤寒论类要注疏》于1985年由安徽科学技术出版社出版。杜起鹤，字云卿。霍山太平畈人。14岁学医，从医40余年，足迹遍布西山各县区。除学医行医外，诗词、书法、文章兼具。著有《针药歌诀》和《云卿医案》4卷。李青肇，字煜轩。清末贡生。霍山漫水河人。爱好广泛，博览群书，善绘图，光绪《霍山县志》各图均出自他手。尤精医学，对人体组织、生理解剖、眼科尤为透辟。著有《医经歌括》《医门问答》《四言药性》《伤寒论新编》等十余种医学专著。

⑳舒传贤，霍山县但家庙人。五四运动时，即为安徽学生运动的主要领导人；后留学日本，任留日学生总会交际部长。1927年秋，受党组织委派回皖西发动农民运动，任中共霍山县委书记、六安中心县委书记。1929年11月领导发动六霍起义，是红三十三师和皖西红色根据地主要创始人。1931年初被中共中央任命为中共鄂豫皖中央分局委员兼组织部部长。1931年冬被肃反错误杀害。

㉑刘淠西，霍山县桃源河人。1925年考入黄埔军校。1926年参加北伐。大革命失败后，回乡从事农民运动。1929年5月发动并领导诸佛庵民团起义，在安徽打响了反击国民党反动派的第一枪，拉开了六霍起义的序幕。后任中共安庆中心县委书记。1930年2月被捕。1932年冬被国民党杀害。

㉒黎本益，霍山漫水河人。1925年赴苏联学习。1928年受共产国际派遣回国。1929年11月参与组织领导六安独山农民暴动，任副总指挥，后又组织领导发动了西镇、桃源河、舞旗河等多处暴动。1931年4月任中共皖西北特委委员兼军事指挥部主任，后任中共河南商城县委书记。1932年10月随红四方面军转移。1933年1月牺

牲于进军川陕途中。

㉓苏涣清，霍山县诸佛庵人。1928年加入共青团。1929年参加工农红军。先后任卫生大队队长、鄂豫皖后方红军医院政委、红二十五军军医院政委，参加了长征。抗日战争时，先后在八路军和新四军任职。解放战争时，曾任东北军区军需部长。新中国成立后，曾任原总后勤部副参谋长。1955年被授予少将军衔。

㉔刘健挺，霍山下符桥人。1928年参加农民协会。1932年参加红军。先后任红二十五军连指导员、副团长、师政治部主任、师教导团政委等职，参加了长征。抗日战争时历任团政治处主任、河南豫西支队政委等职，解放战争时历任旅长、旅政委。1955年被授予少将军衔。

㉕查茂德，霍山县石家河人。1930年参加童子团。1931年参加工农红军。历任战士、班长、排长、连长、红三十八师团委书记、红四方面军指挥部参谋、野战指挥部参谋、特务大队政委、晋鲁豫独立旅副旅长等职，参加过长征和百团大战。1947年4月在河南安阳牺牲。牺牲前的一封家书影响深远。

㉖王胜楷，霍山县上土市人。1930年3月参加中国工农红军。历任县裁判委员会主任、县政治保卫局主任、县苏维埃常务委员、县赤卫军司令。解放战争时任骑兵师师长，1947年在阜阳战斗中牺牲。

㉗赵纯，霍山县漫水河人。1929年入伍，参加西镇暴动，历任排、连、团、师长。新中国成立后转业地方，任浙江省委书记处书记、副省长。1968年逝世。

㉘程辛，霍山大化坪人。很小就参加了红军，后任上海造船厂党委书记、厂长、七机部副部长、中纪委五省巡视组组长，享受正部级待遇，毕生为中国的造船事业及其他重要工作做出了杰出贡献。

㉙杨美清，霍山县与儿街人。1949年在南京参加解放军西南服务团入云南，后在云南大理历任县邮电局局长、县委宣传部副部长、

州委宣传部文教科科长、大理州文联常务副主席等职。1952年开始文学创作，1955年加入云南作协，1980年加入中国作家协会，是云南作协理事、大理州诗词楹联协会会长。主要作品有中篇小说《战斗在大石山上》《闪光的琴弦》；散文集《大理风物散记》《大理风光》；短篇小说集《神笛的故事》；文学传记《周保中传》；等等。

㉚孙雨航，霍山县上土市人。15岁参加童子试夺冠，光绪三十四年（1908）考入安徽法政专科学校，不久加入同盟会。参加过反袁世凯称帝、反张勋复辟等斗争，曾遭袁世凯通缉，1926年参加北伐，任三十三军第一师独立旅上校秘书、安徽省参议。1952年去台湾，曾任安徽省同乡会会长。他对经学、史学及安徽文物、典故、世家族系深有研究，主要著述有《群经述要》《诸子述要》《二十五史体认约言》《新编近四百年安徽学人录》《慎余轩吟草》等，在台湾时被誉为"安徽活字典"。

㉛何云峙，霍山太平畈人。几十年潜心钻研大别山区中药材，开垦培植400多亩药材基地，不仅栽种了西山本地药材，还成功引种东北人参、四川黄连及杜仲、茱萸、黄檗、厚朴等名贵药材。特别是成功地将霍山石斛野生改家种，带领家乡百姓脱贫致富，使太平畈发展成为"中国石斛之乡"。央视评价道："他是大别山里的一代药王，他种植的仙草价值不菲，失传了几千年的炮制工艺，在他手里呈现；为了寻找秘密的仙草，他经历了无数的惊险瞬间；他坚守了30多年，只为了心中的梦想……"

目录 Contents

序 ··· 1
西山文化与中华文明的发祥（序二） ························· 3
西山文化研究的几个基本问题 ······························· 8
西山文化纵览 ·· 13

远古西山——中华民族文明曙光升起的地方之一 ········· 1
 大别山区最早的居民 ·· 2
 霍山建置（建城）初始时间考 ···························· 5
 东夷：东方的神射手 ·· 8
 闲话"灊"与"潜" ··· 13
 浅谈霍山出土的青铜器 ····································· 16

南岳霍山——中华多元文化的交融和传承之地 ············ 23
 《霍山赋》（并序） ·· 24
 汉武帝所祀南岳考 ··· 29
 南岳考实 ·· 35

衡山王刘赐其人 ··· 47
　　霍山天柱山考证 ··· 52
　　白马尖名称变化 ··· 63
　　西山地区：肥沃的艺术土壤 ······································· 71
　　庐剧源流初探 ··· 75
　　狮山中学——西山人才的摇篮 ····································· 82
　　皋陶医学简论 ··· 88

淠河——西山人的母亲河、皖鄂的古通道 ····························· 101
　　认识西山人的母亲河——淠河 ···································· 102
　　也谈"淠"字的读音 ··· 113
　　大别山与巢湖、霍山与合肥人文地理关系简描 ······················ 115
　　清清河水 ·· 119
　　漫水河与西山的大河文化 ·· 133
　　古渡、古桥、古路 ·· 140
　　皖鄂古道漫谈 ·· 144
　　西山战略地位考 ·· 147

人文荟萃——中华文化发展的高地 ··································· 151
　　皋陶在中国法制史上的贡献 ······································ 152
　　英布：英封国后世的一代枭雄 ···································· 157
　　晋代著名教育家——杜夷 ·· 166
　　影响深远的士族大家——何尚之及其家族 ·························· 169
　　皮日休生死之谜：隐居霍山得善终 ································ 174
　　知军英名传千古　忠烈精神昭后人 ································ 178
　　西山苏氏与霍山东坡墓 ·· 181
　　毕昇——活字印刷术的发明者 ···································· 187
　　兽医学大师——喻氏元亨籍地考证 ································ 192
　　清代包公——金光悌 ·· 204

有一说一的吴廷栋 ·········· 207
西山地区的黄氏一族 ·········· 210
西山"家训"见精神 ·········· 214

天人合一——西山核心价值观的发展取向 ·········· 219
皋陶种德——中华"礼""乐"的初建 ·········· 220
浸润大别山区的"天人合一"观念 ·········· 229
古代皖西生态文明初探 ·········· 232
畎夷：古代大别山区农业经济的奠基者 ·········· 243
汉代大别山区的平民社会 ·········· 246
麻姑与霍山 ·········· 257
霍山西山文化及其他 ·········· 262
西山霍山弧，远古的抒情诗 ·········· 268
美丽霍山，换了人间 ·········· 276

参考书目 ·········· 280
后　记 ·········· 282

远古西山

——中华民族文明曙光升起的地方之一

大别山区最早的居民

姚治中

公元前3000多年，我国的黄河流域和长江中下游等地升起了中华文明的曙光，皖西的大别山区就在其中。

我省的考古学家在天柱山南麓的薛家岗发现了5000多年前的玉琮（cóng），它外方内圆，东汉时学者就说，玉琮外方内圆象征苍天覆盖下的大地。在含山凌家滩（大别山区的东缘）又发现了巫师所用的玉制式盘。它的外形是方的，中间绘有圆形太阳及"天"的图案，表现天圆地方，它又将天分为九个部分。《淮南子》中所叙述的天圆地方观点与"九天"的具体名称及方位，几乎可以一字不改地用来作为凌家滩玉制式盘的文字说明。这证明了《淮南子》总结的是江淮间远古居民对天地的看法。又据考古学界的考定，含山凌家滩玉器的材料来源地之一就是大别山区的东部（霍山地区），而且霍山、六安等地也曾零星地发现过凌家滩类型的玉器，如王大岗发现的玉璜等。

几千年来，大别山深处流传着一个故事：当年女娲氏炼造五色彩石补天，用神鳌的四足把天撑起，叫作"四极"（东南西北），到西汉时，寿春人刘安把这种观点写进《淮南子》。女娲氏在天地山川中忙碌，好不孤单，于是想起了造人。她用黄泥照自身的模样搓成一个个"人"，一撩出去就活蹦乱跳的，像极了！可惜太费事，效率太低了。于是找来一枝树丫，蘸上泥浆，甩出泥浆一大片，跳出活人一大群，人越来越多了。我们皖西的西边巫山200多万年前就出现了人类，东方繁昌人字洞有260多万年前人类活动的遗址。再近一点，在湖北长阳与和县龙潭洞和巢湖银山，还有许昌等地，10多万年前就有人类在此繁衍生息。古人不知人是怎么进化来的，于是有了女娲的神话，传说中的女娲被历史学家考定是"夷神"，即中原东方部落之神。大别山区女娲传说投射出这里很早就有人类活动了。

又不知过了多少年月，洪水铺天盖地而来。人都被淹死了，只剩下兄妹两人，陪伴他俩的只有山坡上的一副磨盘。为了延续人类社会，兄妹俩祷告上苍，如果老天爷允许两兄妹成婚，就让磨盘从山坡滚下之后，合在一起。他俩就让磨盘从山上往山下滚，磨盘居然紧紧地合拢着滚到了山下，于是他俩成婚，以后的山民都是他们的后代。

大约黄帝和炎帝时期，大别山区的山民是"九黎"之一，他们的领袖是蚩尤。古代淮河流域人民很钦佩蚩尤，尊他为战神，刘邦起义反秦，就树起蚩尤旗作为号召。马克思主义的创始人之一恩格斯认为金属的冶炼和使用是人类进入文明社会的标志之一。蚩尤部落在大别山区点燃了中华民族文明的一缕曙光。

大别山区地处南北交流的要冲，自古为兵家必争之地，民族交往融合的枢纽。从东汉末（184年）到隋统一（589年），400余年的战争、迁徙，盘瓠后裔的遗风已没有上述各地那么鲜明。正因如此，更值得我们去搜集、整理。大别山深处的雷、田、陈、钟、黎等姓，极可能就是盘瓠的后代，金寨南溪附近还有民谚："老王爷家一条狗，老陈家的一世祖（当地读 zóu）。"20世纪六七十年代，镶花边的大裤管、大襟衣服等"盘瓠蛮"的典型衣饰还随处可见。苗、瑶民族特有的血豆腐和小吊酒在大别山区也到处可见。社会发展丰富而复杂，散居于六安、霍山（诸佛庵）一带的田氏，又是战国齐王田和的后代，所以凡事不能一概而论。

有朋友问，盘瓠和盘古是不是同一个人（神）？绝对不是。盘瓠的故事最早出现在东汉学者应劭的《风俗通》中，从《尚书》和民风民俗中可以找到佐证。古代学者说它"荒诞不经"，却是中华各民族融合的生动故事。盘古的故事最早出现在三国学者徐整的《三五历记》中，据说盘古生于天地未分的时候，他劈开天地，天一天长高一丈，地一天也加厚一丈，如此持续了 18000 年，天越来越高，地越来越厚。

霍山建置（建城）初始时间考

西山文化研究会

关于霍山建置（建城）时间，《霍山县志》1993年版和2012年版两部县志均记载为"楚穆王四年（前622）楚灭六、蓼等国，设灊邑，邑城在下埠口"。但据研究发现，霍山建置（建城）的历史时间应在夏朝之前，为公元前2083年左右，迄今已有4100多年的历史，是有文献记载的华夏国家最早出现的城邑之一。其历史依据如下：

（一）科学结论有基准。20世纪末，我国启动夏商周断代工程，由李学勤先生担任首席科学家，考定我国第一个多民族统一王朝夏的建立时间为公元前2070年（或前2071年）。这一科学结论已编进各级学校的历史教科书，为我们确定霍山建置（建城）年代奠定了坐标，使其有了基准。

（二）《史记》有记载。确定霍山建置（建城）年代的文献依据主要是《史记·夏本纪》。

（1）"皋陶于是敬禹之德，令民皆则禹。不如言，刑从之。舜德大明。"皋陶贯彻舜确定的"以德治（建）国，以刑辅德"的方针，辅助禹掌握华夏部落的领导权，是禹的主要助手。（2）"帝禹立而举皋陶荐之，且授政焉，而皋陶卒。"禹继承舜的帝位之后，部落联盟按照惯例推举皋陶为禹的禅让对象，并将政权交给他，可是皋陶在禹之前死去。（3）在这突发事件产生后，禹做了两件事：第一，"封皋陶之后于英、六，或在许"，可能在皋陶去世前已存在英、六，而禹把英、六作为皋陶后裔的封地。第二，"而后举益，任之政"，即推举新的禅让对象，并交给政权。（4）"十年，帝禹东巡狩，至于会稽而崩。以天下授益。三年之丧毕……诸侯皆去益而朝启，曰'吾君帝禹之子也'。于是启遂即天子之位，是为夏后帝启。"以后启不再推荐禅让对象，世袭制代替了禅让制，夏王朝建立，这年是公元前2070年（或前2071年），在禹封皋陶后裔于英、六之后13年。据此可以断定，禹封皋陶的后裔于英、六（或在许），在公元前2083年，古代称诸侯的封地为国（或邑），所以今霍山建立城邑在公元前2083年（或稍早），与六安同时。

（三）考古有证据。皋陶部落从黄河下游（今山东西南部）迁来淮河流域，从渔猎牧转为农业定居，建立许多居民点，英、六是其中较重要的聚居点，以后逐渐发展为城邑。皖西地区众多的考古发现可以与《左传》《史记》等文献记述相印证。1978年，当时的霍山县大沙埂公社出土一批青铜器，器物现在省和国家博物馆，学界鉴定为英氏器。专家因而确定英氏国的中心在今霍山县东北大沙埂。2010年，在霍山迎驾厂野岭饮料厂工地出土的凤鸟玉佩，是皋陶部落的图腾；一并出土的还有与潜山薛家岗文化同一系统的石斧、石箭镞与陶球，这些是四五千年前皋陶部落与三苗共居与融合的实证。大沙埂周边还发现商周遗址多处，证明这里是夏以来英氏国的中心。

（四）地图有标注。著名历史学家、复旦大学教授谭其骧主编《中国历史地图集》明确地将古代英氏国标定在今霍山县东北。郭沫若先生主编的《中国史稿地图集》也将"英"标定在今六安西南部。

（五）《辞源》有反证。1931年版《辞源》对"英山"条注释为："县名，宋置，清属安徽六安州，今属安徽安庆道。山名，在今英山县东五十里，县以此名。"而据史料考证，英山立县建于南宋时期，县名因县东 50 里的山而得名，并非来源于"英"方国。据史料记载，英山的部分疆域之地确实由霍山划入。北宋时，废除唐代霍山县及盛唐县，今六安、金寨、霍山及湖北英山都属于寿春府之六安县。1118 年，六安县升格为六安军，南宋时一度回降为县，后又恢复为军。南宋时从六安县划出一部建英山县，所以，古英国（英氏国）与英山县是两个不同概念。

据以上文献及考古发现，今霍山县在春秋之前称"英"，建城时间应为公元前 2083 年（或稍早）是有充分科学根据的，霍山建置（建城）4100 多年，是中华民族见于文献记载最早且可以确切认定年代的古城之一，比原《县志》所载春秋时为灊邑提前了 1400 多年。

《中国日报·中文网》《光明·文化网》《新民网》等在 2015 年 8 月 16 日都有报道。

东夷：东方的神射手

赵中侠

古代中原地区把东方各部落统称为夷，因它的族群很多，如三苗、皋陶、群舒、后羿（yì）、畎夷等，又称为"九夷"。"夷"字是一个弯弓搭箭的武士形象，这些部落擅长畜牧狩猎，精于弓矢骑射，被称为夷。有的文献说古代楚地的神射手弧父，带出了徒弟后羿，后羿又教出神箭手逄蒙。夷与楚的关系很深，楚人也自称蛮夷。后羿又叫夷羿，是活动在山东西南、河南东北和皖西北的一个古老部落，夏朝时其部落中心在穷石（今霍邱、寿县交界处）。传说尧的时候，天上有10个太阳，晒得植物枯焦，庄稼长不起来，到处都是长虫猛兽恶鸟，人们生活不得安宁。后羿挽长弓射烈日，一举射下9个太阳，留下一个给大家享用。据地理学家竺可桢先生研究，距今5500年到3000年前，黄河流域有大象、水牛和竹。1月份气温比现在要高3℃~5℃，年平均气温比现在高2℃。

后羿射日的故事反映了这种气候的确存在过。夏朝建立后，后羿和夏王争夺国家的领导权，杀了夏王太康，一度取得胜利，但是他太喜欢射箭打猎了，没有管理好国家事务和社会生产，被部下寒浞杀掉了。刘安组织编写的《淮南子》说，后羿认得西王母，美丽的西王母送给他长生不老的灵药，他的妻子嫦娥偷吃了这颗药丸，飘飘荡荡地飞上了月球。嫦娥飞走后，后羿非常懊恼，从此天上人间，夫妻分居几千年。嫦娥可能也很后悔，李商隐吟道："嫦娥应悔偷灵药，碧海青天夜夜心。"东汉科学家张衡责备嫦娥，说她不该离家出走，飞到月球后变成了蟾蜍（癞蛤蟆），有点大男子主义，少了点人情味。唐朝一些道教人物编造了许多故事来渲染道教修炼成仙的理想，他们说月球中除了蟾蜍外，还长了一株高达500丈的月桂树，西河（今河南东北）人吴刚，修炼时不守规矩，被神仙罚到月亮上去砍月桂树，这株月桂也怪，砍下一斧后，待斧头拿起来，伤口马上就长好了，从唐朝到现在1000多年了，吴刚砍得满头大汗，这月桂树仍然傲然而立，不知"嫦娥1号"会怎样为我们揭示真相。唐朝有人假托东方朔的名义，说月亮上有月宫；更有人假借柳宗元的名义写书说，开元六年（718），道士申天师鸿都客引导唐明皇（玄宗）来到月宫，这天八月十五月正圆，月宫中的宫殿晶莹剔透，巍峨壮观，门头上的大匾写着："广寒清虚之府。"此后文人学士，因应百姓对清静和平的神仙境界的向往，将月宫称作广寒宫，将嫦娥称作广寒仙子，并把可爱的小白兔"写"进月宫，陪伴寂寞的广寒仙子。广寒仙子美丽而矜持自尊，《西游记》中说，天蓬元帅鲁莽地追求广寒仙子，被玉皇大帝罚入凡尘，误投猪胎，成了猪八戒。女孩子们每逢八月十五，就要用月饼、水果等遥祭广寒仙子，所以中秋节又叫"女儿节"，表示对广寒仙子之美的仰慕和对她自尊且庄重的品格的敬仰。

后羿、嫦娥的故事发源于古代中原的东南部，《淮南子》是最早讲述嫦娥飞天故事的文献。皖西自古是中原、楚、吴各地的部落交流的中心地，中原与东夷各部落频繁来往的地区。后羿部落之后，与中原王朝交往最多的是大别山区的畎夷，畎夷中最强大的一支叫六（lù）夷。

禹和东夷有很深的关系，他的老丈人家涂山氏即在今寿县东的怀远境内，他新婚不久就出门治水，三过家门而不入，涂山氏女想念他，在涂山下唱道"候人兮猗"，意思是："淮河水啊缓缓地流，我的亲人啊什么时候回来，你可知道呀我在等着你呢？"禹曾经根据各部落首领的推举，确定皋陶为自己的继承人。可惜皋陶先禹而死，于是选择少昊部落的另一个支系伯益来代替。禹死之后，他的儿子启破坏了禅让制度，自己当了"王"，开始了父死子继的制度，招来许多部落的反对。东夷各部落中，先是后羿起来反对，后羿失败后，九夷之一——六这个地方的畎夷继续反对夏王。

当年禹痛惜皋陶早逝，将六、英作为食邑封给皋陶的后裔。稍迟一些，皋陶的一支后裔又在大别山南麓建立"皖"国（皖，指明亮的星星）。西周时承认它的诸侯地位。六国的畎夷被叫作"六夷"，直到第八代夏王泄的时候才停止叛乱，接受夏王的封爵。商汤灭掉夏桀后，把夏桀流放到南巢，让他的老对手监视他。

商朝时，这个地方的"畎夷"不断地给商王制造麻烦。商王溯沛河而上，经六深入霍、潜山区，费了好多精力才平息了畎夷的反抗。金寨县的麒麟湾（今作七林湾）和霍山县佛子岭都发现过商代的青铜器。甲骨文记述说，六这个地方每年要向商王进贡大乌龟。商朝时，人们笃信鬼神，商王和贵族们每逢重大的国事、家事，都要"咨询"鬼神。"咨询"鬼神时要使用牛胛骨或龟甲，先由巫觋（xí）（女性叫巫，男性叫觋）将龟的腹甲或牛的肩胛骨打磨平整待用。占卜时要举行仪式，在乐舞营造的神秘氛围中，巫觋念念有词，按祈问的不同事项在甲骨的不同部位钻孔，再在孔中塞上干艾叶，点燃艾叶后，甲骨在烤炙中发出"卜卜"的响声，坼裂出不同的纹路（这种纹路叫兆），巫觋根据不同的兆，分析出事件的不同结果、吉凶，制定相应的对策，并将它们写在甲骨上，这个过程叫占卜，这种文字叫甲骨文。占卜的过程是当时国家机构主要的决策过程，这些甲骨当时是由专人有序地保存的，是迄今为止我国最早的国家档案。甲骨文已经具备了现代汉字的基本造字方法，即象形、指事、会意、形声、转注、假借，是比较成熟的文字，是现代汉字的近源，承载了丰富的中华文明的因素。

上述商王在霍山深处活动时，多次就地进行占卜，询问鬼神什么时候才能让畎夷臣服。战胜之后不仅要这里进贡龟甲，还征集了一批"六帚"（六地的妇女）进宫为商王承担占卜的事务。这些女巫专门与鬼神打交道，沟通人神关系，一般人是不能也不准担任的。她们必须品德纯正；必须精通各种事务、仪式典礼并进行操作，所以知识必须渊博，才干必须出众；她们要随时针对不同的卜兆作出精辟的分析判断，所以思维必须机敏；她们必须将占卜的内容与结果准确明白地记录下来，所以文字必须纯熟。在3000多年前的商王宫廷里，从六来的这些妇女，是货真价实的"高级知识分子"。

西周时期，皖西的"东夷"（九夷）各部落更加活跃。今霍邱地界，有"九夷"建立的蓼，据出土于山东肥城的一件青铜器记载，蓼国国君的外甥帮助天子讨伐淮夷，到达今桐城地界。与苏北的"徐"人关系很密切的一些部落在今庐江、舒城地界建立了舒龙、舒鸠、舒庸、舒蓼、舒鲍、舒龚等地方性国家，被叫作"群舒"，群舒铸造的青铜器别具一格，有很高的水平。现在已发现关于六的西周青铜器有20件，它们的铭文上把"六"都写成"录"，表明"六"应读作lù，它们大都锈有大鸟纹饰或以长尾凤鸟为纹饰，表示"录"确实是史书上所载皋陶的后代，他们以凤鸟象征自己祖先的神灵。

周武王灭商之后，封纣的儿子武庚于商的故地，安排自己的弟弟蔡叔和管叔监视武庚。第二年武王就死了，儿子周成王年幼，于是由周武王另一个弟弟周公旦摄政。蔡叔和管叔不服，造谣说周公想谋害成王，武庚趁机鼓动他俩，联合发动叛乱，并串连了东夷作为同盟，六国的国君㕧（shēn）也在其中。周公亲自挂帅讨伐武庚等，命令召公讨伐东夷，召公战胜了东夷，归顺了周王。六在东夷中地位重要，周天子把王族的女孩嫁给他的后代，用婚姻作为纽带笼络录（六）忠于天子。㕧的后代也没有辜负周天子的美意，周朝中期，淮河上游的夷人进攻周（今洛阳）以南地区，录的国君戗（dōng）率军队"勤王"，在胡（今阜阳）大获全胜，缴获各种武器"一百有三十有五款（套）"，俘虏"一百有十有四人"。周天子将戗从子爵升为伯爵，戗铸了两只鼎和一只簋（guǐ）刻上铭文，叙述战胜的经过，以告慰仙逝的祖父母和父母，说他们的子孙没有让祖宗失望。

周天子有个制度，以陕（今河南陕县）为界，以西的国政由召公督导，以东则由周公督导，他们为了考察民情，每年派人到各地收集民歌民谣，了解民风民俗。《诗经》中的《周南》，收集了周公派人在淮河流域采风的成果，如其中的雎鸠，即大别山区水面随处可见的一种水鸟。"关关雎鸠"——雎鸠关关地相互应答地叫着，"在河之洲"——在河中的沙滩上停了下来，"窈窕淑女"——美丽的品德高尚的女孩，"君子好逑"——有才德的青年人的好配偶。表达了当时皖西民众的爱情观，这首以《关雎》为题的民歌列于《诗经·国风》的第一首，足见当时大别山区各部落的重要地位。

闲话"灊"与"潜"

张书圣

夏至春秋时，霍山属英、六方国。春秋时期属楚。楚在今下符桥镇建城邑曰灊邑，成为诛灭诸偃姓方国和淮夷方国的桥头堡，后成为与吴国争夺的战略要地。楚亡，属九江郡六县，故《左传·昭公二十七年》"吴师围灊"注："灊，楚邑，在今六县西南。"汉高祖五年（前202）正月，设灊县，为霍山境内建县之始。灊县约有800年的历史。故"灊"可代指霍山。

当今，本县人士在行文或其他用场涉及"灊"（如"灊台""灊邑""灊台赤壁"等）时，一般都用"潜"而不用"灊"了。对此，本人颇有异议。现将余之一孔之见略述于此，并就教方家。

我们来看一下几部辞书的注释。

东汉许慎所著《说文解字》是我国第一部系统地分析汉字字形和考究字源的字书，也是世界上最早的字典之一。其历史性、学术性、权威性是不言而喻的。释"灊"曰："灊，水名。从巴郡宕渠县流出，向西南注入长江的支流嘉陵江。从水，朁声。"释"潜"（"潜"之异体字）曰："涉水也，一曰藏也。"

成书于康熙五十五年（1716）的《康熙字典》，释"灊"曰："音潜，水名，水出巴郡宕渠入江。又县名。《史记·吴世家》以兵围楚之六、灊，灊在庐江六县西南。"释"潜"曰："音灊，涉水

也。潜涵沉也，又游也……又邑名，史记楚（吴）世家吴取楚之六潜。"（中华书局 1958 年 1 月第 1 版）

由中国社会科学院语言研究所词典编辑室编辑的《现代汉语词典》，1956 年立项，1958 年开编，1978 年正式发行。释"灊"曰："古地名，在今安徽霍山县东北。"释"潜"，一隐藏，如潜伏；二秘密地，如潜逃。2012 年第六版《现代汉语词典》释"灊""潜"，仍与前同。

从上述几部字（词）典来看，《说文解字》释"灊"时虽未指出亦为地名，但也未定"灊""潜"可以通用。《康熙字典》有"水名"说和"地名"说，其"通用"观点并不明确。《现代汉语词典》释"灊"时，认定为古地名（在今安徽霍山县东北），非常肯定。

《中国历史大辞典》（上海辞书出版社）、《中国历史地名大辞典》（中国社会科学出版社）、《中国历史人物辞典》（黑龙江人民出版社），凡是讲到"灊县"均用"灊"字。《汉语大字典》也没有"灊""潜"通用之说。

现在大多数人用"潜"而不用"灊"，可能认为"潜"是"灊"的简化字。对此，本人查阅了《汉字简化总表》，"灊"字没有简化。故我们不能认为"潜"即为"灊"的简化字，更不能认为"灊"字难认难写就随心所欲地使用"潜"字了。

司马迁《史记·封禅书》记载："其明年冬，上巡南郡，至江陵而东。登礼灊之天柱山，号曰南岳。"（明年，指元封五年，即前 106 年。上，指汉武帝。）"登礼灊之天柱山"，就是登临霍山的南岳山。很多专家都认可这一观点。但潜山县人则认为汉武帝登封之山为潜山县境内的天柱山。霍山古为灊邑、灊县，汉时，潜山县为皖县。《中国历史地名大辞典》记："潜山县于元至治三年（1323）析怀宁县置，属安庆路。"所以《史记》记载武帝"登礼灊之天柱山"，而非"登礼潜之天柱山"。因此，这是认定汉武帝登封天柱山（南岳山）最为关键的一个字，故我们不能随便以"潜"代"灊"。尊重历史，尊重客观，才是我们应有的科学态度。

编者按：

（一）从司马迁开始，两者就互通。《史记·吴太伯世家》："吴欲因楚丧而伐之……围楚之六、灊。"《史记·孝武本纪》："登礼潜之天柱山……"《史记·封禅书》："登礼灊之天柱山。"可见同是一座天柱山所在之地，潜、灊互通。

（二）《正字通》明确指出两者是一个字。参见《康熙字典》。为鼓励对西山文化的探讨，我们将不同意见刊出，供大家参考。

浅谈霍山出土的青铜器

怀才高

青铜兵器在商周时代曾大量铸造，它是当时的国家机器——军队必不可少的先进装备，对铸造在作战中能取胜的利器，奴隶主国家毫不吝惜珍贵的青铜。青铜铸造的历史一直延续至春秋战国，持续到汉代。

霍山县位于安徽省西部边缘，地处大别山山脉东段北坡，地界中原，岭分江淮，是交通的枢纽，又是兵家必争之地。其境内崇山灵秀，峻岭嵯峨，地势险要，关隘重重。根据《洞天记》记载："黄帝画野分州，以南岳衡山最远，以灊霍副之。"说明在黄帝画野之时，灊霍就闻名于朝野。殷墟559号卜辞，就有记述霍山的文字（甲骨文）。周以前是皋陶后裔封地，皋陶以"民为邦本，本固邦宁"的"在知人，在安民"之德。春秋战国时楚置灊邑，以灊台而得名。汉为灊县地，属庐江郡。悠久的历史和灿烂的文化，融入了霍山文明发展脉络。霍山因地处中原要塞，为兵家争夺之地，近年来出土了一部分春秋、战国、汉代的青铜兵器，这些兵器佐证了古代霍山的历史发展的渊源，现介绍如下。

一、攻敔（qǐ）工差戟

1980年3月，霍山县南岳公社上元街十八塔生产队春秋时期墓葬中出土戟。古代戟为戈、矛合体，攻敔工差戟出土时，有戈无矛。

残长18厘米，援长16.5厘米，胡长10.2厘米。戈援窄长、微扬，中起平脊，下刃微内凹，长胡，阑侧有四穿，内已断失。此戟制作精良，体呈青褐色，刃口黑亮锋利，错金铭文清晰。援的两面各有错金四字铭文，"攻敔工差""自作用戟"，字体为鸟虫书，具有春秋战国戟的特征。铭文上的错金灼亮如新，字迹清晰。错金铭文是指用错金工艺（错金工艺指在器物表面刻出沟槽，以同样宽度的金线、金丝、金片等按纹样镶嵌其中，随后磨光表面的工艺）在铸器表面制作的铭文。

春秋时期吴国青铜兵器。戟是春秋吴国"持戟之士"常用兵器，说明短兵之盛，吴国是存在于长江下游地区的姬姓诸侯国，"攻敔"也叫勾吴、工吴、攻吾、大吴、天吴、皇吴。错金铭文戟上的铭文"攻敔工差"，"攻敔"即"勾吴"，"工差"即"夫差"，此戟应是吴国的兵器。

二、蔡侯龖戈

1980年3月，霍山县南岳公社上元街十八塔生产队春秋时期墓葬出土。蔡侯龖戈为春秋时期蔡国青铜兵器，出土时前锋已残缺，胡内折断。残长21.1厘米，残援长14.5厘米。援微扬，中间起脊，长胡，阑侧有三穿，长方形内有二穿，两面均饰错金花纹。援至胡上有鸟虫体错金铭文"蔡侯龖之用戈"六字。"蔡侯"下面一字，学者多释为"龖"，据考为蔡昭侯的名字。

戟、戈是中国青铜兵器中最常见的一种，也最具特色。戈是从收割农作物用的刀发展而来的，其使用方法与刀相仿，是用戈援或啄或钩，古称为"勾兵"，是用于钩杀的兵器。最早的戈是直援的，随后在援下延伸出胡，加长了起杀伤作用的利刃，也便于装柄。戈内是起与援平衡作用的，后来也作出锋刃。《周礼·考工记·庐人》

17

云:"戈柲六尺有六寸。"又云:"攻国之兵器欲短,守国之兵欲长。"考古发现戈柲长度也是不同的。戈是钩杀的兵器,要准确地掌握援的钩喙方向,所以戈柲的横截面是扁圆的。《周礼·考工记·庐人》又载"句兵欲无弹,刺兵欲无蜎,是故句兵椑,刺兵抟",就是这个道理。《说文解字》记载:"戟,有枝兵也。"是一种戈的柲顶有矛形类刺装置的兵器,少数是戈和刀的合体。以前者居多,后者发现的仅限于西周时代。不论是戈、矛或戈矛的合体,其形式都符合"有枝兵"的特点,它是一种既可刺杀也可钩喙的具有双重性能的兵器。

三、青铜矛

1986 年 12 月,霍山县衡山镇迎驾厂村出土。青铜矛全长 191 厘米,矛长 19.5 厘米,最宽 3.4 厘米,径 2.6 厘米。鐏部长 9.5 厘米,銎径 2 厘米,柲部长 186 厘米,直径 2 厘米。柳叶形矛身,中脊隆起,两刃锋利,骸作圆形,中央直达矛峰,骸外有一鼻祖。有长木柲,截面呈圆形,木质坚硬并富有韧性,表面为酱红色,有光泽,保存完好。木柲上端削尖,用丝绸缠裹插入矛的銎内,末端略细插入铜鐏的銎内。镈呈长圆筒形,中部有一凹箍,无纹饰。

《周礼·考工记·庐人》记载,酋矛当有"四尺,夷方三寻"。矛是用于冲刺的兵器。矛体分为锋刃和骸两部分,锋分前锋和两翼,骸即矛的銎。戈矛是常用的进攻性兵器,需求量很大,所以遗存很多。

四、青铜弩机

1980 年 3 月,霍山县南岳公社上元街十八塔生产队出土。青铜弩机高10厘米、宽6厘米、长8厘米。弩机残存由郭、钩心、悬刀、牙、键、望山等组成，郭平面略呈"凸"字形。弩机由三个部分构成：弓横装于弩臂前端，弩机安装于弩臂后部。弩臂用以承弓、撑弦，并供使用者托持，弩机用以扣弦、发射，是战国时兵器。

弩是杀伤力较强的远射兵器，弩机是木弩的铜质机件，装置于弩的后部，是弩的一个核心部件。从春秋开始，弩上安装了青铜铸制的弩机，使它正式成为在战争中起决定作用的兵器。据《事物纪原》记载，弩机是由战国时期楚琴氏发明的，弩是用机括发箭的弓，是在弓的基础上创造来的，射程远，杀伤力强，命中率高。两汉、三国和晋时，弩的使用相当普遍。汉代的弩机，主要用青铜铸制，但都在机括外加装铜郭，然后再装嵌入木弩臂中，以增强弩力。铜弩机的发现，对研究中国汉代远射兵器和军事装备是一个珍贵资料。《荀子·议兵》《战国策·韩策》等记载，强弩有力达12石，远射600步以外。

五、青铜剑

1986年12月，霍山县衡山镇迎驾厂村出土。剑长13厘米，中宽3.8厘米，中厚0.8厘米。保存完好，呈黑青色。剑前喇叭花呈实心，上有双凸箍、菱形一字格。剑身断面为菱形，中部起脊，锋刃锐利。出土时，插在剑鞘内，剑鞘内胎已朽，残存两层酱色漆皮。

剑是可以佩带的手持短兵，可斩可刺。《说文解字》记载："剑，人所带兵也，从刀佥声。"《释名·释兵》记载："剑，检也。"所以防检非常也。剑最迟在商代晚期就已出现。到了春秋战国时期，各国铸剑就很普遍，"尤以吴越为最盛"。剑是步骑兵用于拼杀格斗的重要武器，剑脊在格斗时要经受重力撞击，故要求强度高，且韧性要好；剑刃则要求锋利，硬度高能洞穿坚实的皮甲而锋锷不摧。当时，工匠们通过长期实践经验的积累，对青铜合金成分、含量与性能的关系已有所认识，并逐渐认识到用同一种合金配比成分的青铜，无法满足青铜剑高强度、高韧性和高硬度的要求，于是创造出脊、刃青铜成分含量不同的嵌错技术。

青铜兵器在商周时代曾大量铸造，它是当时的国家机器军队必不可少的先进装备，为铸造在作战中能取胜的利器，奴隶主国家毫不吝惜珍贵的青铜。虽然经历了战争的大量消耗，但在遗存的青铜器中，青铜兵器仍然是一个大类。按它们的用途，可分为两大类：一类为攻击型兵器，这类兵器又可分成长兵器、短兵器、远射程兵器，器型包括戈、戟、矛、铍、钺、戚、刀、剑、匕首、镞；一类为防御型兵器，器型为胄、甲。

《左传·成公十三年》载"国之大事，在祀与戎"，祭祀和战争是古代国家政治生活中的两件大事，青铜礼器是"祀"的代表，而关于国家生存兴衰的"戎"事，其物化表现形式即是青铜兵器。青铜兵器，上承石兵，下启铁兵，在中国兵器史上占有非常重要的地位。

吴国的兵器制造技术享誉一时，屈原的《国殇》中即有"操吴戈兮被犀甲"之语。吴国拥有高超的铸剑技术，干将、莫邪是当时吴国著名的冶金专家，制作的剑代表着当时兵器冶金的最高水平。现如今留世的吴王诸樊剑、吴王光剑、吴王夫差剑，锋锷犀利，千年不朽。检测证明兵器的表面有一层十微米的铬盐氧化物。

春秋战国时期，霍山地处"吴头楚尾"。蔡先祖为避楚就吴，将都城由上蔡迁往新蔡，再迁下蔡与六地为邻。据史书记载：蔡昭侯五年（前514），吴王光即位，蔡昭侯二十三年（前496）吴王光死，蔡昭侯二十四年（前495），吴王夫差即位。盖昭侯与吴王光同时，吴王即位后，季子仍"复位而待"，死于何时不得而知，吴王光时季子居州来，季子居州来终生不入吴国。

《史记·管蔡世家》记："楚昭王伐蔡，蔡恐，告急于吴。吴为蔡远，约迁以自近，易以相救；昭侯私许，不与大夫计。吴人来救蔡，因迁蔡于州来。"这里说明当时蔡国受楚侵袭，告急于吴，吴因约蔡迁于州来的史实记载，州来近吴、远楚，故这时的蔡国处于吴、楚两大国之间。今"攻敔工差戟""蔡侯黼戈"这两件兵器的出土，为吴、蔡关系提供了实物资料。

蔡国是西周时期的姬姓国家之一，与楚相邻。新中国成立后，曾发现三座蔡侯墓：一座是在安徽寿县西门，出土的青铜器数量较多，为春秋墓葬中罕见。另外两座在邻近寿县的淮南市蔡家岗，也出土了不少青铜器。其他地方也都有不少蔡国青铜器发现，这些青铜器对蔡国史的研究具有十分重要的历史价值。

蔡国是公元前493年楚昭王伐蔡时，因吴人的解救而迁移到州来（今安徽寿县），又称下蔡。后来在公元前447年被楚灭亡。

越灭吴后，英六地复归楚。笔者认为英六地在春秋时期是吴、楚江淮百年之争的主战场之一，当时霍山归英六地，从出土的馆藏青铜兵器看，霍山可以说是吴、楚战争之地的重要场所。霍山地处"吴头楚尾"，是特殊的地区地域，霍山的历史文化是吴楚文化，同时也受中原文化的影响。这些青铜兵器的出土与发现，证实了该地区的政治、经济、文化、军事、历史，为研究霍山春秋战国以及汉代历史文化提供了实物资料。

南岳霍山

—— 中华多元文化的交融和传承之地

《霍山赋》（并序）

（唐）皮日休

臣日休以文为命士，所至州县山川，未尝不求其风谣，以颂其文。幸上发辎轩，使得采以闻。六年，至寿之骈邑，曰霍山。山，故岳也，邑赘于址。至之二日，离邑一舍，望乎岳，将颂之文也。及见之，则目乎慭，手乎弹，心乎悚，神乎瞀。始欲狂其文，写其状，如丹青之不差也。颂其风，文其谣，如金石之永播也。既而其精怯然搏敌，躁然械囚，纷然棼丝，恍然堕空，浩然涉溟，幽然久疢。则知才智之劣，如耄而加疾，将杖而奔者。吁戏，霍山之灵哉，霍山之灵哉。将阕于神而愚之耶，抑有所达而托之耶。其辰既浃，其精忽渝，怯然而胜，躁然而散，纷然而静，恍然而安，浩然而济，幽然而愈，如壮而能决将阵而能敌者。于是狂其文，写其状。其辞曰：

太始之气，有清有浊。结浊为山，峻清为岳。其山厥臣，其岳惟君。淮南之镇，曰霍为尊。岳之大，与地角壮，与天勍势，荆豫华嵩，青沂兖岱，如垩而秀，如块而锐。岳之高，千仞万仞，苍苍茫茫，日月相避其光，望之数百里外为天栋梁。岳之尊，端然御极，竦然正位，静然而听，凝然而视。其体当中，如君之毅，其属者，如骈其拇，如枝其指。若卑其仪，若肃其位。岳之气，其秀如春，其清若秋。其翠如云，云不能丽。其色如烟，烟不能鲜；若雨收气爽，丹青满天。岳之灵，其神不朕，其报如响。若雨用淫，岳能廓之。若岁用旱，岳能泽之；岳之德，生之、育之、煦之、和之。开花染卉，萋萋迷迷，藻缋数百里。岳之形，有云鹜之，其勃如怒。有泉烈烈，其来如决。叱丰隆，奔列缺，轰然霹雳，天地俱裂。岳之异状，其势如危，或不可支，若不可维。或仰而呀，有如吮空。或俯而拔，有如攫地。其晓而东，有如贯日；其暮而西，有如孕月。有水而脉，有石而骨。有洞而腹，有崿而节。或锐而励，或断而截，或回而驰，或低而折。其经之、怪之、祥之、诡之，千种万类，繁不可得而详记。因神狂不能自主，殆而寐梦一人，绛衣朱冕，怪貌魁形，曰："余祝融之相也。夫霍山，君之故治也。尔赋之，诚形矣，胜矣，怪矣，典矣。然义有弗备，帝俾余苴。夫古有五岳，霍居其一。所以五岳相迩者，唐虞之帝，五载一巡狩，一载而遍。上以觐侯，下以存民。侯有治者陟，不治者黜；民有冤者平，穷者济。洎唐虞以降，皆燔柴于霍。我帝用飨其礼。至周旦册而命我，与诸岳星列中国。自汉之后，乃易我号而归于衡。故祝融迁都，命余守霍。今圣天子越唐迈虞，而废巡罢狩。余之封内，有可陟、可黜、可平、可济者，是圣天子无由知之。尔能以文请执事之达者，易衡之号以归于我，请天子复唐虞陟黜之义。故尔之将赋，余闭遏尔怀而不尔文。帝曰，有衡既远，有狩必劳，惟霍之迩，斯号可复。赋者有能，言胡不俾。帝命余锡尔文，尔无忘也。"臣曰："请惟神命。"既觉而书，呜呼异哉。

附：《霍山赋》译文

臣皮日休凭借文章成为朝廷任命的文职官员，凡所到过的州县和山川，没有不寻求那里的风光故事并用文章加以赞颂的。幸蒙皇上安排给车马，使我得以采集到各地的见闻。乾符六年（879），到了寿州并连的县城，名叫霍山。霍山，是古时的南岳，县城就附连在山脚下。到了霍山的第二天，来到距离县城30里的地方，远远地看南岳，打算写文章来歌颂它。等到看到了南岳，却是眼睛感到迷蒙，手感到下垂抬不起来，心里感到害怕，神智也很烦乱。起初，想要一口气纵情地写出赞美它的文章，描绘出南岳的胜状，感到南岳犹如一幅美丽画卷而丝毫不差。颂扬南岳的风光，用文章记述下南岳的故事，犹如将写出刻于钟鼎丰碑上的文章一样永远传诵。但过了一会儿，我内心胆怯的样子就如要与强敌相搏，烦躁的样子犹如被枷械囚困了，烦乱的样子就如纷乱的丝麻，恍惚的样子犹如坠入云空，空荡缥缈的样子犹如身涉大海，郁闷的样子犹如长久生病。（这时候）才知道（自己）才能和智慧差了，犹如八九十岁的老人又加上有病却拿着拐杖奔跑的样子。唉呀，霍山真的有灵气啊，霍山真的显灵啦。这是要阻塞我的神智使我变愚痴呢，或者是有什么要转达的事而托付给我呢？时间到了早晨九、十点钟，我的心神忽然改变了，胆怯的心情变得充满信心了，烦躁的心情消散了，恍惚的情绪变安定了，空荡缥缈的感觉也渡过了，郁闷的心情也好了。（这时的我）犹如雄壮的猛士能够决胜，准备上阵就能够战胜敌手一样。在这种情况下，兴奋地写下这篇咏颂南岳的文章，描写出南岳的胜状。文辞说：

天地形成前的时候，那些构成宇宙万物的原始物质，有的清有的浊，（后来）聚结浑浊的形成山，高大清峻的称为岳，其中（那些）山就是臣僚，其岳就是君王。冠盖淮南的山，就是霍山地位为最高，南岳的大，同地角一样雄壮，同天穹一样势不可当，荆州豫州的华山和嵩山，青州兖州的沂山（东泰山）和泰山，（与南岳相比）犹如小土堆一样高，如土块一样细小。南岳的高，有千仞万仞，直上苍苍茫茫的青天，太阳和月亮的光芒也被其遮蔽，数百里外远看南岳就是撑天的栋梁。南岳的尊贵，端正的样子可以驾驭一切，肃敬端正地居于其位，好像是静气地在听，凝神地在看。其山体居于正中，好像君王果断地面对属下的样子，（看其属下）如大拇指骈排长了一指，小指上长了枝指一样多余无用。（那神态）好像要让众山都谦卑地对待南岳的威仪，严肃恭敬地对待它的地位。南岳的景色气象，它的秀丽犹如春色，它的清爽犹如秋日，它的碧翠犹如天空的彩云，但云却不如它美丽，它的颜色犹如烟霞，而烟霞却不如它鲜艳，好像雨停后清新气爽，画卷铺满了美丽的天空。南岳的灵气，它的神妙没有一点征兆，若祭祀它必有回应。假如雨水多到过分了，南岳能清除它；假如年中出现大旱，南岳也能润泽它。南岳的恩德，如给你生命，养育你，给你温暖，给你温和。生发出花染艳了百草，繁盛迷人，犹如修饰的彩色绣画一样绵延数百里。南岳的形象，犹如云中展翅飞翔的鹜鸟，状态奋发而又气势强盛。山中有泉水奔涌而下，它的来势犹如大河决口，呼啸之声非常隆烈，奔腾着涌向各个山缺处，轰隆隆的声音犹如霹雳惊雷，使天地都要裂开。南岳的各种怪异形状，它们的形势好像很危险，有的就像不可以支撑了，有的像不能连接在一起了，有的像仰天大张其口，好像要吮吸天空；有的低矮但却突出，好像要抓起大地。拂晓时，在南岳的东方太阳犹如从中穿山而出，到了晚上看南岳的西边，好像月亮就孕育在南岳怀中。山上有水如血管一样连贯相通，有石块就如嶙峋瘦骨，有石洞在山腰。有山崖就如人畜的骨节，有的尖锐犹如被磨砺过，有的从中折断犹如被斩齐的一样，有的曲折旋转犹如要奔跑出去，有的向下垂着犹如被折断了一样。其山势笔直的样子、怪石嶙峋的样子、祥瑞的样子、奇异神秘的样子，有千种万类，多得不可能都拿来详细地记录下来。于是我精神兴奋得不能自己控制了，大概恍惚中像是睡梦中出现一个人，穿着大红色的衣服戴着朱红色的官帽，古怪的面貌高大的形象。（告诉我）说：我是南岳大帝祝融的丞相。霍山，是祝融帝过去治下的属地，你给它写的赋，的确很形象，很优美，很奇妙，很典雅；然而文章的意义仍有不完备的，祝融帝派我到此，（让我告诉你）自古就有五岳，霍山位居其

27

一。为什么五岳相提并论呢？因为唐尧虞舜任帝王，五年进行一次巡狩，一年才能跑遍（五岳）。对上让诸侯朝觐帝王，对下用来安抚臣民百姓。诸侯有治理得好的就提拔提升；治理得不好的就贬退；百姓有冤屈的就为他平反，有困难的就接济他。自从唐尧虞舜往下，都在霍山行燔柴祭祀大礼，我们的帝王祝融也享用这一祭礼。到了周公姬旦时正式册封命名我为南岳，让南岳霍山同其他各岳一样星列在中国大地。自从汉以后，这才改换我的封号把南岳给了衡山，所以，南岳帝祝融迁走了都城，命令我驻守霍山。现在圣明的天子超越了唐尧虞舜，废除并停止了巡视狩猎五岳的礼仪，我的封地内，有可以升迁的、可以贬退的、应该平冤的、应该接济的，这些，圣明的天子没有办法知道了。你能够用文章，让主持政事的引荐转达圣天子，更换衡山南岳的封号拿来复归给我，并请求天子恢复尧舜巡狩五岳考察地方官升迁、贬退的好的行为。所以，你将要作赋的时候，（祝融帝）命令我来封闭阻遏你的情怀，使你不能写出文章。祝融帝有旨说：衡山既然远了，若有巡狩必定费力；只有霍山很近，它的（南岳）封号可以恢复。作赋的人如果有能力做到，为什么不把这意思转达给天子知道呢？祝融帝命令我赐给你文，你不能忘记了啊。我说：愿意听从神的命令。醒来后再写文章，唉呀，真是奇怪呀。

汉武帝所祀南岳考

崔思棣

汉武帝元封五年（前106）所祀南岳，到底是霍山县的霍山，还是潜山县的天柱山，自唐以来就争论不休。近年来随着旅游事业的发展，更是你争我夺，霍山者认为是霍山，潜山者认为是天柱山。

要弄清历史真相，就得对这一段历史做一番考察。现将有关记载先摘录于下，再进行分析、考证：

《史记·封禅书》："其明年（元封五年）冬，上巡南郡，至江陵而东。登礼灊之天柱山，号曰南岳。浮江，自寻阳出枞阳，过彭蠡，礼其名山川。北至琅邪，并海上。四月中，至奉高脩封焉。"《汉书·武帝纪》："（元封）五年冬，行南巡狩，至于盛唐，望祀虞舜于九嶷。登灊天柱山，自寻阳浮江，亲射蛟江中，获之。舳舻千里，薄枞阳而出，作盛唐枞阳之歌，遂北至琅邪，并海，所过，礼祠其名山大川。"《汉书·郊祀志》的记载与《史记·封禅书》同。

以上记载内容基本一致，但各有详略，可互为补充。从中，我们大体可以了解到汉武帝这次南巡的路线是从都城长安出发，南下至江陵，再向东至盛唐，而后登灊之天柱山，祭祀后到寻阳，再由寻阳浮江经彭蠡泽，薄枞阳而出，北上至山东，到奉高后还都，历时约半年。

这次南巡记载是清楚的，路线是明确的，问题出在盛唐这个地名上。盛唐在何处，《汉书·地理志》没有记载。有人说在六安，有人说在安庆。我们要把南岳问题搞清楚，关键是要找到盛唐确切所在。认为汉武帝所祀南岳是潜山天柱山的人，错把安庆市的盛唐山当成汉代的盛唐县了，于是就出现了汉武帝从江陵乘船顺流而下，先到安庆，再经皖水而上谷口，由谷口舍船登山的结论，那么南岳当然是潜山的天柱山了。

我认为盛唐不在安庆，而在六安。《汉书·武帝纪》颜师古注引文颖曰："案《地理志》不得，疑当在庐江左右，县名也。"又引韦昭曰："在南郡。"颜师古曰："韦说是也。"这个注虽然含糊，不知确切地点之所在，但盛唐为县名是可以肯定的。王先谦在《汉书补注》中说："《唐地理志》，寿州有盛唐县，盖以古地名名县。"又引宋白云："寿州六安县，楚之濡也，在汉为盛唐县，西十五里有盛唐山。"王先谦和宋白的说法是有道理的。除此，还可列举几书：《太平寰宇记·寿州·六安县》："本春秋时楚之濡县地也。在汉为盛唐县，属庐江郡。武帝元封五年南巡狩，登濡天柱山，薄枞阳，作盛唐之歌。县西二十五里有盛唐山，因为名。"《读史方舆纪要》卷二十六："六安州：武陟山，州西三十里。武帝南巡，尝登陟于此，因名。"《汉纪》："元封五年，南巡狩至于盛唐。"宋白曰："'盛唐县西十五里有盛唐山'，当即此山矣。"《清一统志·六安州·古迹》："盛唐故城，今州治，汉县地。"《汉书·武帝纪》："（元封）五年冬，行南巡狩，至于盛唐。"谭其骧主编《中国历史地图集》第二册《西汉扬州刺史部》图中，盛唐县治在今六安西南，紧靠六安。

上举几书都是中国历史地理权威著作，都做过周详的考证，绝非随意乱说。这就不难得出这样的结论：唐开元二十七年（739）改霍山县置盛唐县，治所在六安县，是恢复汉代旧制。它是以盛唐山而得名，盛唐山即现在的武陟山。

盛唐问题解决了，南岳在哪的问题就迎刃而解了。汉武帝由江陵而东到盛唐县，再由盛唐到天柱山，此天柱山就不可能为今潜山县的天柱山，而只能是霍山县的南岳山了。

汉武帝从江陵到盛唐路线到底是如何走的呢？特别是如何通过大别山的呢？这是人们所关心的问题。其实秦代就有从江陵通往六安的一条驰道。秦始皇早在公元前219年就走过这条道。据《史记·秦始皇本纪》记载：秦始皇二十八年（前219），始皇东巡郡县，上泰山，登琅琊后，"……还，过彭城（今江苏徐州市），……乃西南渡淮水，之衡山（郡治在今湖北黄冈北侧）、南郡（郡治在今湖北江陵），浮江，至湘山祠（在今湖南岳阳县西）。……上自南郡由武关（今陕西商南县西）归"。这就是说秦泗水郡、九江郡、衡山郡、南郡之间由一条陆路交通线相连接，而且这条交通线西和咸阳至江陵、东和彭城至山东半岛相接，成为秦王朝控制长江中游的南郡、衡山郡和江淮地区的九江郡的交通命脉。同时这条交通线也是江淮地区连接中原和沿海的纽带。这条路线的大致走向应该是从徐州南下，经宿县到凤台，由凤台渡过淮河到寿县，再由寿县到六安，经霍山沿漫水河河谷地带从中界岭穿过大别山到黄冈，再沿云梦泽北沿到江陵。

这条路线的两头没有什么疑义。唯从六安到黄冈必须穿过高1700余米的大别山，似乎是险途，难以通过。我认为秦时能修通从西安到成都、重庆的栈道，就一定能修通从六安到黄冈的道路。其实早在春秋战国时期，吴楚之战已走过这条路，而且从地形上看，这是一条几个河谷地带连接的道路。六安到霍山的黑石渡是淠河谷地，黑石渡到道士冲是淠河支流孔家河谷地，道士冲经漫水河越中界岭是漫水河谷地。这些谷地相连，是条天然通道，也是古今两侧大别山人民来往的道路，秦始皇、汉武帝走这条路是完全可能的。

有人认为汉武帝由江陵而东是由江陵顺长江而下的，走的是水路，这是难以使人信服的。其一，《史记》《汉书》关于帝王外巡记载，一般是走陆路则不明确指明走陆路，若是水路，一定明确指出，如："浮江，自寻阳出枞阳""浮江，至湘山祠"等；其二，受当时造船技术、航运技术等因素限制，长江水运并不畅通，特别是江陵到湖口一段是洲湖交错，矶滩相间，激流崎岖，溠洄洑浦之地，是条十分险恶的水道。云梦泽自江陵漫延到黄冈，方圆几百里，苞川瓦隰，水草沮洳，而且多有强盗出没，更是水上险途，很少有船队通过。汉置楼船官于庐江郡，陈楼船于寻阳，究其原因就是连接上下水陆交通，寻阳以上基本上是陆路，寻阳以下是水路。正因为这样，汉武帝才在寻阳"浮江，自寻阳出枞阳"，即沿江而下，北至琅琊并海上。

其实，"登礼灊之天柱山"这句话就非常明白，灊即汉代灊县，汉初为衡山国地，武帝元狩二年（前121）为六安国地。潜山县在汉代为皖县地。若汉武帝到了皖县，司马迁和班固绝不会写成"登礼灊之天柱山"的，而会写成"登礼皖之天柱山"。作为武帝南巡的随从官员，司马迁是不会把两县搞错的。有人认为现潜山县天柱山在汉时属灊县，这也缺乏根据。汉时灊县与皖县相去200余里，其间还有高山阻隔。灊县在山北，皖县在山南。当时的灊县是不可能管辖远隔大山的天柱山的，且天柱山距皖县仅10华里。正如唐舒州刺史独孤及所说："孰知天柱峰，今与郡斋对。"这座坐在郡斋就能见到的天柱山不属皖县而属远去200余里的灊县，是不可设想的。以山或水为界是划分行政区划的原则，这是常识。汉代区域的划分大概也不会离开这个原则。

霍山又名天柱山，又名南岳山，为五岳之一。早在《尔雅·释山》中就有记载。其书云："泰山为东岳，华山为西岳，霍山为南岳，恒山为北岳，嵩山为中岳。"郭璞注："霍山，即天柱山。"这就是说霍山，又名天柱山。《汉书·武帝纪》："登天柱山。"颜师古注引应劭曰："灊，音若潜。南岳霍山在灊。灊，县名，属庐江。"又引文颖曰："天柱山在灊县南，有祠。"这里不仅点明霍山又名天柱山，而且指出在灊县南。《清一统志·六安州·山川》："霍山：

在霍山县西，又名天柱山。"《明一统志》："在今县北五里，高七千七百三十丈。顶有天池，北有龙湫，南有风洞，旁有试心崖。"这个记载就更具体了，它所述情况和今天霍山县南5里的南岳山基本相符。笔者认为，汉武帝所祀之南岳，应是今天霍山县南5里的南岳山，即霍山，绝非潜山县的天柱山。潜山县天柱山，古时只称皖山，天柱峰只是皖山中的一峰。正如《清一统志·六安州·山川》"霍山"条中所说："后人以潜有天柱峰，遂谓潜即霍山，又谓潜即南岳，误。"

南岳山是比较低矮的，主峰海拔才405米，和其他四岳不能相比，有人以此来否定是南岳，这似乎也有道理，但仔细推敲起来，又觉不是理由。《尔雅·释山》中有"大山宫，小山霍"的记载，所谓"大山宫，小山霍"就是说，小山在中，大山在外，小山被大山围绕。本人曾去霍山县南岳山考察。站在南岳山顶，看到四周高山重叠，气势巍峨，确如《尔雅》所述，汉武帝看到这样的山势，在此祭祀，也是完全可能的。且当时正值冬天，汉武帝是不可能登上1700米以上的天柱峰的。

同时，我们应该知道，汉武帝南巡，不是光为封山祭岳而来。封山祭岳只是一个理由罢了，其实有其政治目的。他是我国历史上的一个有作为的皇帝，深知要治理好国家，使四方安定，老是坐在宫殿里发号施令是不行的，必须走出去了解情况，威镇王侯与群臣，只有这样才能达到巩固统治的目的。所以在元狩五年（前118）下诏说："朕以眇身托于王侯之上，德未能绥民，民或饥寒，故巡察后土以祈丰年。……亲省边垂，用事所极。"这一年以后，他连续行幸。南巡是他行幸中的一次。汉初在寿县、六安、霍山一带封了一些同姓诸侯国，如淮南国、六安国、衡山国等，这些诸侯国的诸侯王，都是皇帝的兄弟或叔侄，他们对这样的安排是不满意的，所以成为一个不安定因素，不是互相残杀，就是背叛中央、共同谋反。

汉武帝元狩元年（前122），淮南王刘安、衡山王刘赐就曾共同谋反，企图推翻武帝的统治。这次谋反虽被镇压下去，淮南国、衡山国被废掉了，但武帝又于元符三年（前120）封他兄弟胶东王刘康的儿子刘庆为六安共王。他对刘庆也是不甚放心的。同时，六安在当时又是东西交通的要冲和多事的地区，他不能不格外重视，亲自来巡视一下非常有必要，所以他到达江陵以后，自西向东来到盛唐，就是顺理成章的事了。

认为汉武帝所祀的南岳是霍山而不是皖山，还可从宋代大改革家王安石的诗中得到佐证。他在《望皖山马上作》一诗中写道："亘天青郁郁，千峰互嶙崒。收马倚长崖，烟云争吐没，远疑嵩华低，近岂灊衡匹。"他看到皖山的高耸重叠，烟云吐没，很自然地想到远处的嵩山、华山，近处的南岳，觉得这些山都不能与皖山匹敌。这里的"灊衡"绝不可能指皖山本身，而只能是霍山。

南岳考实

姚治中

"嶽"是岳的古字,初见于大篆,西周开始写作"嶽",新中国成立后,简化为岳。据《史记·五帝本纪》记载,尧时即有"四岳",本指华夏部落联盟中参加部落联盟会议的部落酋长。东汉学者郑玄说他们是"四时官,主方岳之事"。后世有些学者据此推论"四岳"即后来"五岳"之源,有点牵强。有些古文献认为舜时即有"四岳",西周已有"五岳"之说。有的学者认为五岳之说源于战国阴阳家的"五德终始论"。道教典籍《洞天记》甚至说:"黄帝画野分州,乃封五岳。"五岳的确认与对它们的封禅祭祀是在宗教外衣笼罩下的国家活动;古代的国家又常常是在宗教的迷雾中运作的。本文试图拨开宗教的迷雾,探索"五岳"的确认过程,尤其是其中争议较多的南岳的地望。《诗经·大雅·崧高》:"崧高维岳。"朱熹注:"山大而高曰崧,山之尊者曰岳。"《白虎通》:岳之为言桷也。桷,考功德定黜陟也。《风俗通》:"岳……以四方方有一大山,天子巡狩至其下,桷考诸侯功德而黜陟之。故谓之岳也。"《周礼·夏官·职方氏》列述了九州的山镇,其中包括了五岳。《洪武正韵》:"藩镇皆取安重镇压之义。"五岳源于各个地方的山镇,山镇又起源于原始社会末期部落联盟对山神的崇拜。五岳的确认反映了华夏统一国家形成与深化的过程。五岳之中唯有南岳的地望颇有争议。隋唐以后学者认为南岳原在湖南衡山,汉武帝将它迁到大别山脉东部之天柱山,隋文帝又迁回原址。而且两处南岳都叫衡山,又叫霍山。

这个问题也只有探清五岳地望确认的过程才能予以澄清。

一、两个误解的由来

《尚书·舜典》记载：（舜）"岁二月东巡守，至于岱宗，柴。望秩于山川，肆觐东后。协时月，正日。同律度量衡。修五礼，五玉，三帛，二生，一死。卒，乃复。五月南巡守，至于南岳。如岱礼。八月西巡守，至于西岳，如初。十有一月朔巡守，至于北岳，如西礼。归。……五载一巡守。"这段话是东汉学者郑玄等说舜时即有四岳的主要依据。然而，除岱宗外，《舜典》不仅没提到中岳，其余三岳地望也都没有提及，此可疑者一。《舜典》所列巡守四岳的内容涉及祭天地，召见诸侯，修订与统一制度，既有宗教仪式，也有国家运作，历时一年，还要"五年一巡守"，脱离了萌芽期国家的实际，当时的国力也难以胜任，此可疑者二。舜时，华夏国家已初具规模，《史记·五帝本纪》说："四海之内咸戴帝舜之功。……天下明德皆自虞帝始。"巡守四岳既然在当时是大事，又垂范于后世，其名称为何没有记载，此可疑者三。《禹贡》一篇历来被认为是比较可信的，它基本记录了舜禹时的地理知识。它对海岱、恒山、华山、衡山只作为地方性山岭加以叙述，并未赋予"山之尊者"的地位。此可疑者四。《舜典》出自古文尚书，汉武帝末年才问世，宋人吴棫、朱熹等就已怀疑它是伪书。说舜时已有四岳之说，实在不可靠。综合各类文献，当时（舜禹时）已对海岱、华山、衡山、恒山等有所认识，或许是可能的。

《周礼·春官·大宗伯》记载："以血祭祭社稷五岳。"《周礼·春官·大司乐》记载："凡日月食，四镇五岳崩，大傀异灾，诸侯薨，令去乐。"郑玄等据此认为西周时已经有五岳之称呼。"《周礼》一书，上自河间献王，于诸经之中，其出最晚，其真伪亦纷如聚讼，不可缕举。"所以对《周礼》的叙述应持慎重的态度。西周时，分封制度、宗法制度趋于完善，奴隶制度国家更加成熟，人们的地理知识也更加丰富。《周礼·夏官·职方氏》列举了九州的山镇：兖州之岱宗，荆州之衡山，豫州的华山，并州的恒山，雍州的吴岳，扬州的会稽山，青州的沂山，幽州的医无闾，冀州的霍山。比较《禹贡》所载，位置精确了，而且与分封制度的确立与规范相适应，开始赋予诸山以"安重镇压"一方的政治权威。西周初年，"作新大邑于东国洛"。中原地区作为华夏国家的中心地位确定下来，产生了以中原为基准去认识四方名山的观念。《尔雅·释山》说："河南华，河西岳，河东岱，河北恒，江南衡。"这五座山是从《周礼》所载九州山镇中"脱颖而出"的，宋人邢昺说："此五山者，以为中国名山也。"基本反映了西周时人们的观念。

然而郑玄的两则注解把问题搞乱了。

《周礼·春官·大司乐》所称"四镇五岳"，并没有具体地指认，而郑玄注："四镇，山之重大者，谓扬州之会稽，青州之沂山，幽州之医无闾，冀州之霍山。五岳，岱在兖州，衡在荆州，华在豫州，岳在雍州，恒在并州。"该注将同书《周礼·夏官·职方氏》所列九州山镇区分为四镇五岳两个等级，划分的依据是什么没有说明，也没有区分东西南北中。

郑玄注《周礼·春官·大宗伯》"以血祭祭社稷五岳"，又是一种说法："五岳，东曰岱宗，南曰衡山，西曰华山，北曰恒山，中曰嵩高山。"为什么会有不同，唐人贾公彦说是因为周建国之初镐京在五岳之西，周公建东都洛阳之后，才将五岳区分为东西南北中。这个解释说明了五岳是指中原的东西南北中五个方位的"山之尊者"，但是《周礼》并未指明五岳的地望，郑玄所称的"五岳"从何而来？《尔雅·释山》在罗列"五大名山"之后，接着说："泰山为东岳，华山为西岳，霍山为南岳，恒山为北岳，嵩高为中岳。"郑玄的注解显然出于《尔雅》，所不同者唯南岳的称呼而已。《尔雅》一书的内容，上起西周，下包西汉。西汉及西汉以前的衡山即天柱山，天柱山地区又被统称为霍山（见下文），郑玄极可能将《尔雅》中所载汉武帝之后的内容用来注解《周礼》了。

《史记·封禅书》说："诗云纣在位，文王受命，政不及泰山。武王克殷二年，天下未宁而崩。爰周德之洽维成王，成王之封禅则近之矣。"封禅泰山是盛世大典，西周初年统治还没稳定，忙于镇压商遗孽和淮夷的反叛，太史公认为，成王是否去过泰山都难以肯定，而巡狩五岳则是规模更浩大的国家活动，各种史籍都没有记载。西周一代封禅泰山或许偶尔有之，巡狩五岳的活动是肯定没有的，所以也没有必要去认定五岳，《周礼》当然难以说明五岳的地望了。西周已有"五大名山"可以肯定，"五岳"之说应当存疑，五岳的地望则是郑玄以《尔雅》中西汉的内容注解西周时事的错误造成的。

隋唐以后的学者奉郑玄的注解为圭臬，产生了两个影响深远的误解：①南岳在西周时就确认是湖南衡山，汉武帝将它迁到江北的衡山（天柱山），隋文帝又将它迁回；②江南衡与江北衡自古都有衡山、霍山两个名称。这两个基本观点为历代史志所沿用，就是当代的权威性辞书《辞源》也是如此。

二、汉武帝确认天柱山为南岳

天柱山是大别山脉东南部之最高峰，地处中原的南端，较早为中原人士所认识。《史记·天官书》："衡殷南斗。"衡山即天柱山，有众多的古代文献可以证实。

《尚书·禹贡》称："荆及衡阳惟荆州。"指荆州的领域。唐代学者孔颖达及宋儒皆将此"衡"解读为湖南的衡山。细考《禹贡》的下文："江汉朝宗于海，九江孔殷，沱潜既道，云土梦作。"当时荆州的领域最南只及洞庭湖的南岸，今湖南衡山的北方。山之南为阳，从衡山之阳再往南去，在西汉前期及更早基本都还属于"诸越"，汉武帝后期荆州才延伸到衡山之南。《禹贡》将荆山与衡山并提，两者应该大致平行，都在江北才对。《禹贡》的另一处又说："方桐柏……至于大别。岷山之阳，至于衡山，过九江，至于敷浅原。"说的是山脉走向。宋人蔡沈注，此衡山为江南衡，九江或在今洞庭湖，或在古寻阳（大别山西南湖北黄梅一带）。九江地望在大别山西南自古以来已是定论，秦在沛河及巢湖流域曾设过九江王国，汉文帝时才将它一分为三，北为淮南国，西为衡山国，东为庐江国，都在江北。武帝削平淮南、衡山王国后，置庐江郡及九江郡。东汉应劭在注九江郡时说："江自庐江寻阳分为九。"唐孔颖达注庐江郡之寻阳称："（禹贡）九江在南，皆东合为大江。"东晋南北朝在今湖北黄梅设江州。过者，渡也，跨越也。如果九江在洞庭湖地区，则从岷山之阳渡江到江南衡山，再北上过九江（洞庭），只能到江北。如到敷浅原（今江西德安县境）则根本不必"过九江"。《禹贡》说山势走向沿长江而下到衡山（天柱山）而折向西南。过九江（今黄梅附近）正好到敷浅原，且基本符合桐柏山、大别山两大山脉实际走向。《禹贡》中之衡山应在江北，是天柱山。

《战国策·魏策一》："昔者，三苗之居，左彭蠡之波，右洞庭之水，文山在其南，而衡山在其北。"我们曾在《畎夷非犬戎论》中考实，早在夏商之前三苗即生息于大别山区，此衡山自然是属于大别山的天柱山。

据《史记·秦始皇本纪》，公元前219年，秦始皇封禅泰山后，"……还，过彭城，斋戒祷祠，欲出周鼎泗水。……乃西南渡淮水，之衡山、南郡。浮江，至湘山祠。……上自南郡由武关归。"唐李泰等撰《括地志》以为衡山是湖南之衡山。南郡在江北，秦始皇绝不会经淮河南下渡长江到衡山，再北上渡江到南郡，又渡江到湘山这样往返折腾的。他由西而南,渡淮水,到衡山(天柱山)西去南郡,南渡长江到湘山(今湖南湘阴),祭过舜及舜妃之后,从原路返回,这才顺道。李泰等显然是受了隋文帝移南岳于湖南衡山的影响,忽略了江北还有一个衡山。这条史料还说明至迟在秦代江淮以南诸山,还没有一座被尊为南岳的。

秦亡后,项羽封吴芮为衡山王,都邾。邾在今湖北黄冈县,处大别山之西部。衡山王国疆域东包括今安徽省霍山县,南至大江,衡山(天柱山)即在霍山县南缘,衡山是这一方的名山,故以为国名。刘邦打败项羽后,才将吴芮徙为长沙王,都临湘,位于江南。原衡山国并入淮南王国。汉文帝废淮南王刘长,将王国一分为三,其中衡山王国辖区基本与项羽所封衡山国同。直到公元前122年汉武帝削去衡山王国时止,当时通称的衡山,主要指江北的天柱山。同时,又一次证明无论江北衡还是江南衡,那时都无南岳之号。

当代人编《霍山县志》称:"南岳山,又名霍山、天柱山、衡山。主峰海拔405米,位于城南3公里处。"此说源出晋人郭璞注《尔雅·释山》:"(霍山)即天柱山,灊水所出也。"天柱山即衡山、霍山,古代文献多如此说。

但霍山县城附近的南岳山只能叫作霍山,而不能又名天柱山、衡山。霍山本来泛指大别山脉东部,天柱山位居其中,作为霍山区域的突出代表所以可以又称霍山;霍山又指具有某种特征的一座山,指的是霍山县城附近的南岳山。这种说法源于商代。

霍之原形出于商代卜辞,像大雨滂沱下小鸟瑟缩不堪的形势,写作靃、□。

殷墟卜辞(佚)559号在同一片骨板上刻有两条卜辞:

"癸巳卜,在沛贞,王旬亡畎。"

"癸丑卜,在霍贞,王旬亡畎。"

两者记录的是商代在今皖西大别山区发生的同一事件。沛即沛河，霍在沛河南端发源地区，商王为讨伐畎夷，从淮北入淮河，溯沛河而上，深入大别山腹地。从癸巳日到癸丑日，经过约10天的沿途征战，从今寿县西正阳关到达霍山地带（我们在《畎夷非犬戎论》一文中曾做过介绍）。霍山扼大别山东北之门户，地形四周高而中间低平，只（南岳山）一座土山突兀于附近，商王将它作为休整部队和向深山前进的基地，于此停留作过占卜。霍山大概因此而得名。从东汉班固撰《白虎通》开始，为说明《尔雅》所云霍即衡山，为"霍"字做出种种新的解释。《白虎通》："南方为霍，霍之为言，护也，言太阳用事护养万物也。"应劭《风俗通》："衡山一名霍，言万物霍然大也。"这都是为了说明南岳之尊而赋予霍以新的意义，暗寓天子统驭万物，替汉武帝号天柱山为南岳作注解。细考《尔雅·释山》于"霍山为南岳"之后还有下文："大山宫，小山霍。""宫"，包围的意思，意为"大山环抱中的小山为霍"。我们在考实"霍山为南岳"时，自然要充分注意《尔雅》的本义。今称为南岳山的霍山，海拔不过405米，是座并不高峻的土山，四周的山都比它高，或远或近地将它环抱在当中，《尔雅·释山》的描述是贴切的。南岳山附近有复览山，相传汉武帝祠霍山后，登此山回望南岳山。览，有自上观下之意，《史记·秦始皇本纪》："登兹泰山，周览东极。"霍山远没有海拔1000多米的天柱山那种一柱擎天的气势，以它为南岳的主峰于逻辑上说不通，汉武帝不远千里而来将一座小土山号为南岳也难以令人相信。那么南岳山这一称呼又是怎么来的呢？

公元前219年，秦始皇想要封禅泰山。此之前，封禅泰山只是一种传说，根本没有现成的礼仪，方士和儒生们七嘴八舌也说不清楚。于是他采用了"祀雍上帝"的礼仪。大致过程是"上自泰山阳至巅，立石颂秦始皇帝德，明其得封也。从阴道下，禅于梁父"。具体仪式及祭文一概保密，"世不得而记也"。公元前110年，汉武帝与诸儒、方士讨论封禅泰山。其过程大致是"天子至梁父,礼祠地主",过后"天子独与侍中奉车子侯上泰山。亦有封"。具体礼仪及牒文也都保密。只有一点很明显,武帝先在梁父祠地,后上泰山祭天。与秦始皇倒了个个。封禅泰山后五年,武帝实践"五年一巡狩"的传说,出发巡狩五岳,公元前106年,武帝"登礼灊之天柱山,号曰南岳"。他先在霍山祭地,后上天柱山祭天。现在六安、霍山一带还有与此过程相符的传说(详见下文)。《隋书·礼仪志》:"梁父者,泰山之支山卑下者也,能以其下配成高德。"霍山之与天柱山(衡山),正是梁父山与泰山的关系。《尔雅》行文简约,引来后世种种猜测。当地民众自然不必深究其主从,径称这座小土山为南岳。邢昺说:"今其土俗,人皆呼之为南岳。"其由来大致如此。

三、五岳巡狩制度的形成与变化

泰山及其附近地区是新石器时期大汶口文化的分布地区,这一文化系统的主人是少昊部落联盟,这是一个以鸟为图腾而又崇拜太阳的部落联盟。20世纪70年代,考古工作者在山东莒县陵阳河、诸城前砦的大汶口晚期遗址中发现三件灰陶残片,上刻两种象形文字符号,前者是鸟儿飞向太阳的图形,后者是日出之时山上鸟儿飞向太阳的图形,考古学者们将它们隶定为昊字的原形。类似的图形在苏北皖北也有出土,它们反映了少昊部落联盟对太阳和高山的崇拜。泰山突兀于鲁中南低山丘陵之中,玉皇顶又是山东境内群山之最高峰,其日出奇观瑰丽多彩,气势磅礴,震撼人心。《史记·封禅书》引管仲佚文《封禅篇》说,早在炎帝、黄帝之前的无怀氏、伏羲氏、神农氏即已"封禅"泰山。泰山在原始社会是氏族部落礼拜的神山,华夏国家形成前后,它首先是山东地区各方国礼拜的神山。它地处日出之地,是华夏国家萌发的基地,少昊后裔舜、皋陶、伯益等部落都是华夏部落联盟的核心，所以它被华夏部落联盟尊称为岱宗。需要注意的是，远古对于泰山的崇拜与天子专制诸侯的"封禅"是有区别的：对泰山的崇拜主要为祈求泰山之神保佑一方平安，庇护方国统治；即使传说中的西周天子封禅泰山也是宗教性的象征意义高于实质性的政治意义。齐桓公想封禅泰山，企图提升它为号令诸侯的霸业的象征，被明智的管仲劝阻了。

司马迁认为，"自五帝以至秦，轶兴轶衰，名山大川或在诸侯，或在天子，其礼损益世殊，不可胜记。及秦并天下，令祠官所常奉天地名山大川鬼神可得而序也。"秦实现了空前的大一统，所以全国名山大川统一由皇帝祀奉，一一序列天下名山大川才有可能。在《史记·封禅书》所载秦代序列的天下名山大川中，有五岳中之嵩山、恒山、泰山、华山，而无衡山，也无东西南北中五岳的称号，这与同一文中所说的"昔三代之君皆在河洛之间，故嵩高为中岳，而四岳各如其方"是矛盾的。这又说明，到秦为止，只有对以中原为基准的五大名山的认识，并无五岳之称，三代已有五岳之说，是西汉以后学者以"今"类比古代的一种推想。秦始皇是有史实可考的封禅泰山的第一人，而且第一次将封禅与巡狩天下相结合。由于他那时并没有"五岳"的概念，所以并没有如《舜典》所称那样巡狩诸岳。

汉初承前朝之弊，不仅分封割据的政治经济势力很强，刘邦不得不在铲除异姓王后仍分封同姓王。分封割据的观念形态亦以各种形式表现出来。"始名山大川在诸侯，诸侯祝各自奉祠，天子官不领"，从侧面说明了当时的政治现实，封建专制的中央集权还未巩固，国家处于准分裂状态，天子不可能巡狩天下，确认五岳的条件还不具备。经过文帝、景帝和武帝前期的努力，政治上解决了吴、楚和黄河流域诸侯王的对抗，观念上确立了《春秋》大一统的独尊地位。到武帝中期，淮南、衡山两王国成为国家统一的主要障碍。

这两个王国的破坏活动与吴楚七国相比又有其特殊性，加大了解决的难度，因而也提升了削除它们的重要意义。淮南王国继承楚春申君养士遗风，刘长为属下解决婚姻家室问题。刘安"行阴德拊循百姓，流名誉"，又"多才艺"，有广泛而深刻的社会影响；吴楚七国是明火执仗的叛乱，事平之后可以雷厉风行地采取各种措施，打击割据，加强皇权。刘长父子则主要是搞阴谋活动，有很大的迷惑作用。所以刘长自杀后，文帝受到《尺布谣》之讥，刘安自杀后，淮南有"一人得道，鸡犬升天"的观念。淮南、衡山王国毗连江南诸越。这里战国时统一于楚，秦始设立郡县，不久在秦末又分立为东瓯、闽越、南越，恢复了春秋时期的分裂。淮南衡山挟诸越而自重，诸越又恃淮南衡山为屏障。公元前135年，武帝伐南越，刘安公然反对。由于淮南衡山的区隔，就是直属天子的会稽郡也屡屡违抗诏令。削除淮南、衡山两王国实在是统一国家之关键。为此，武帝至少经过26年的努力（公元前138年至公元前112年）。

公元前122年，汉武帝废淮南、衡山王国。此前"齐有泰山，淮南有天柱山，二山初天子官不领，令诸侯奉祀"。这年天柱山的祭祀权收归中央。公元前113年，汉武帝发兵统一南越，全国统一在望，"于是济北王以为天子且封禅。乃上书献太山及其旁邑……然后五岳皆在天子之邦。"次年，统一南越。这是经过三代三个皇帝半个多世纪努力的结果，天柱山因淮南、衡山王国的特殊地位而得以与泰山并重。又次年（前111），汉武帝见条件已具备便开始筹备封禅，"告太平于天，报群神之功"。随即礼登中岳，封禅泰山，确定"五年一巡狩"的制度。考其实，这应该是"托古定制"。五年之后（前106），开始了规模更大的巡狩，从关中经南郡到天柱山祭祀并号之为南岳，再经彭蠡（今鄱阳湖）、枞阳，北上封禅泰山。"其后五年，复至泰山修封，还过祭恒山。""自封泰山后，十三岁而周偏于五岳、四渎矣。"至此，五岳才有明确称呼，五岳巡狩制度才确立。公元前61年，汉宣帝又予以确认："自是五岳、四渎皆有常礼。东岳泰山于博，中岳泰室于嵩高，南岳灊山于灊，西岳华山于华阴，北岳常山于上曲阳……"他们确认的南岳即古衡山，或灊山，即天柱山，并不是从湖南的衡山迁来。从东汉郑玄到晋代郭璞，除衡山与霍山的混淆外，还没有一位学者说南岳是从湖南衡山迁来的。

　　为使问题更清楚些，我们再细读《汉书·武帝纪》："五年冬，行南巡狩，至于盛唐，望祀虞舜于九嶷。登灊天柱山，自寻阳浮江，亲射蛟江中，获之。舳舻千里，薄枞阳而出，作盛唐枞阳之歌。……还至泰山，增封。"显然，这是一次以封禅泰山为终点的全国大巡行。汉武帝封禅泰山共八次，这年（前106）的封禅大巡狩的目的很明显是礼祭南岳以庆贺全国大统一，汉武帝对此很重视，情绪也很好，在南岳灊山周围的活动也很多。在盛唐，望祀虞舜南巡仙逝之处九嶷山。此山在"江南衡"之南方，过彭蠡（今鄱阳湖），又"礼其名山大川"，此处在"江南衡"之北。江南衡山既没被称为南岳，更没说迁祠于江北衡山之事，甚至在它南边和在它北边的山都祭祀了，就是没祭衡山。关于盛唐的地望，文颖说可能在庐江附近，韦昭说在南郡，唐人颜师古同意韦昭的观点。将《史记·封禅书》与《汉书·武帝纪》结合起来看，盛唐应在江陵以东，离天柱山很近。武帝在它附近望祀九嶷，登礼天柱山，出寻阳（今湖北黄梅），祭彭蠡名山大川。射蛟江中，薄枞阳而出，作《盛唐枞阳之歌》。盛唐以南到大江，是这次武帝南方巡狩的中心地区，所以与枞阳相距也不会太远，应在庐江郡之西南部。文颖的推测是对的。今安徽六安、霍山、潜山都是汉庐江郡辖区。今六安市西约20公里处有武陟山，自汉以来，当地土著就称之为盛唐山，是武帝当年从南郡东来驻足处，六安城关有"等驾拐"，是当年百官等候武帝銮驾之处，南行40余公里即到霍山（南岳山）。武帝祭南岳，登复览山后继续南行，约10公里处，有迎驾厂，再南去天柱山途中大别山深处还有留驾园。如此众多、清晰的传说和遗迹应是当年这一地区历史活动影响深刻的结果。隋初在今六安市设霍山县，辖今六安、霍山及金寨，属庐江郡。公元739年，唐玄宗将今六安市划出，另设盛唐县，他如此改动的依据，可能是这里历史上就称过盛唐。所以我们认为文颖说的是正确地望，盛唐可能就在今安徽六安。

汉武帝之后，封禅泰山者东汉光武帝一人而已，东汉亡后，近400年国家分裂，社会动荡，封建政权不巩固，历代帝王都不可能封禅巡狩。公元589年，隋统一。汉武帝的大一统最终结束了原始社会末期以来方国分立的残余，瓯江、闽江、珠江三大流域的郡县都是统一南越（公元前112年）后所重建和新设的，民族融合有待加强，经济有待开发。隋统一则有近400年的民族融合和经济开发的雄厚基础，其深度与广度远超西汉，对华夏国家版图的了解和地理知识也远远超过前代。天柱山地处中原南端，大江之北，到了隋代早已失去遥镇南方的作用。天柱山本来就不如湖南衡山那么雄伟，"江南衡"地扼长江、珠江水系之要冲，其重要性到隋代开始为人们所了解。隋文帝因"江南衡"为古来五大名山之势移南岳于此，更能凸显天下大一统的发展与天子权威的加强。

公元589年，隋文帝统一南北，当年诏定江南衡山为南岳。从此霍山（江北衡）不再有南岳之号。五岳及五岳巡狩制度随华夏统一的多民族国家之形成而形成，又随华夏统一的多民族国家的加强与发展而完善、变化，这是历史的进步。

衡山王刘赐其人

赵中侠

公孙弘、张汤审理淮南王刘安父子谋叛案时，带出了衡山王刘赐。

公元前174年，刘长自杀时，刘赐不过五六岁，到晋升为庐江王时也才十五六岁。刘安的领地是淮南王刘长领地的中心地区，他年轻时也好读书，重视社会影响，还对父王之死耿耿于怀。刘赐则不同，自幼无父母管教，处于庐江这个汉代时的僻远地区，汉朝廷常把这里用来安置江南的越族移民。所以刘赐没有什么学术修养，只要保住自己的王位，庸庸碌碌度过一生就行。所以在公元前154年吴王刘濞派人来串连时，他拒绝了。吴王刘濞失败后，景帝将他改封为衡山王，领地可能有所扩大，将他的国都西移到邾（今湖北黄冈），显然是对他与越族往来有戒心。不过他并没有强烈的反感，衡山国地瘠民贫，山高地僻，国力薄弱，他也不可能有非分之想。他之所以被牵连，是因为刘安。刘安曾经与左吴等密谋，万一北进中原受阻，就拿下衡山国作为后方与中央王朝继续周旋。刘赐为防大哥的兼并，暗中也做了许多准备，刘安常以长兄的身份责备三弟刘赐礼数不恭，刘赐又不服他的管教，两人隔阂由来已久，刘安怕出兵中原后刘赐在后面捣乱，戒备之心自然是有的。这些事情本身未必构成刘赐的死罪，给刘赐带来灭门横祸的是另一回事。

刘赐这人目光如鼠，心胸狭窄。公元前129年，刘赐遵照汉制到长安朝见天子，随从的门客卫庆懂得召引神仙的方术，得知皇帝爱好这个门道，就上书毛遂自荐，想在天子脚下谋个好差使。本来这是刘赐取悦皇上的好机会，"献"上卫庆，左右都可逢源，他却认为是卫庆对自己的背叛，将他暴打一顿，还将他押回衡山国交给内史惩处，衡山国内史是由朝廷任命的，问清原委后说，卫庆想服侍天子，没有错呀。于是撤掉了这个案子。刘赐却不罢休，派人到京师告衡山国内史不服从王爷，这个内史给逼急了，在应讯时干脆将刘赐的作为和盘托出，还说他不执行朝廷的休养生息政策，夺占农民土地，甚至把百姓的祖坟挖掉作为耕地。汉朝标榜"以孝治国"，挖掉人家的祖坟，这还了得，廷尉张汤请求批准逮捕刘赐，武帝没有批准，只下诏取消皇叔任免200石以上官吏的特权。这条法令本是景帝削平吴王濞的叛乱后颁布的，这么做只不过是落实陈账而已。这个算不上惩罚的"惩罚"却使刘赐感到很没有面子，恨上了青年皇帝，开始与一些门客谈论星象预兆与兵法，有的门客投其所好，其中如奚慈、张广昌等还日夜怂恿他造反。刘赐常年居于深山幽谷之中，根本没有什么雄心壮志，也没有这个力量，只是通过这些活动来发泄不满而已。不料这些阴谋活动后来与他家中乱七八糟的"家务事"搅到了一起。

刘赐的王后乘舒生了太子刘爽、女儿无采、幼子刘孝。乘舒无缘无故地暴死，刘赐的宠姬徐来生了儿子刘广等四个儿女，于是就让徐来当了王后。另一个宠妾厥姬也生了两个儿子，不服气徐来扶正，就跑到太子刘爽处挑拨，说是徐来收买丫环下药毒死了乘舒。太子记恨在心，要为母后报仇。恰好徐来的哥哥来衡山做客，在酒席上太子以酒装疯将他刺伤，徐来与太子结了怨仇，频频在刘赐前告太子的"枕头状"，刘赐与太子渐渐疏远了。刘爽的妹妹无采在夫家不守妇道，被夫家休回，回娘家后又与门客通奸，太子多次责备妹妹败坏门风，兄妹两人反目成仇，徐来乘机将无采拉了过去。小弟弟刘孝，有点小聪明，垂涎太子的地位，徐来是个极有心计的妇人，知道刘孝想让自己在刘赐前为他疏通，又把刘孝也笼络过来。徐来、无采、刘孝三人结成一个排斥太子的小集团，轮番在刘赐面前毁谤太子，刘赐听到就将太子鞭打一顿，渐渐就产生废立太子的念头。一次，刘赐得了病，正巧刘爽也病倒了，就没去向父王请安，无采姐弟俩在父王病榻前说，大哥根本没病，听说父王病了还暗地里高兴哩。刘赐本来就认为刘孝有才干，精于算计，有点偏爱，见刘爽如此不孝，决心废刘爽立刘孝为太子。徐来拉拢无采姐弟并不是拥戴刘孝，而是要将刘爽赶下太子宝座，让儿子刘广当太子，废刘爽立刘孝，自己机关算尽，结果白忙一场，于是设下个美人计：让一个服侍过刘赐的舞伎与刘孝勾搭成奸，再放出风声，说刘孝乱伦。这个计划完成了前半段，又发生了另一件事，太子刘爽恨透了这个徐来，冥思苦想很久，找到一个"绝招"，一天与徐来饮酒，三杯下肚，屁股坐到徐来的大腿上，要和徐来发生"那种关系"，这么一干看你怎么告我的"枕头状"，徐来挣脱刘爽的纠缠，跑到刘赐前哭诉太子乱伦，刘赐气昏了，下令将刘爽捆起来。刘爽绕着大殿叫唤："父王冷静，徐来指使刘孝与舞伎通奸，无采又与家奴通奸，三人勾结起来欺骗父王。请父王让我说清实情！"一路叫唤着跑出宫去。俗话说，家丑不可外扬，刘赐无奈，就说太子疯了，叫手下将他关了起来。整个衡山王府被搞得乌烟瘴气。

　　按照汉代制度，诸侯王废立太子必须由天子批准，急不得。刘赐很相信刘孝的才干，把衡山王的印玺交给他保管，拨给充足的经费，供他招引门客。西汉前期已不像战国社会那样风云诡谲，士人除非苦读儒经法律，有一技之长还要碰上机遇，才能在激烈的竞争中谋得一席立足之地。否则，只有两条路，一是迎合王公贵族长生不老的企求，炫耀方术以求进；二是利用诸侯王的非分之想或浮躁心理，传播谣言预兆，谈论纵横捭阖，谋求一些短期利益。刘孝门下的一些游士也揣测了刘赐父子的心理，煽动得刘孝真的以为自己是个人才了。刘赐也认为刘孝会办事，得人心，从门客中选了几个江都人，分析研讨一些据说是刘濞的似是而非的方针举措，还叫一个叫陈喜的人负责准备武器、天子印玺、官吏印章等。刘赐对天子不满，但他认为直接威胁来自大哥刘安，他要防备刘安的兼并，他也想趁刘安北上中原之际，乘虚占有江淮之间，所谓鹬蚌相争，渔翁得利，想到这点，不由有点美滋滋的。

公元前124年，按照汉代礼制，是刘赐朝见天子的年份，他磨蹭到第二年才动身。从衡山国进京要经过寿春，多年未见的兄弟俩，虽然同床异梦，也要麻痹对方，以对天子的不满作为交集点，两人畅叙了兄弟之情后，密商了一番，刘赐上书天子请病假，天子赐他免朝。刘赐顺势又上了一个奏本，请天子批准废去太子刘爽，另立刘孝为太子。

刘赐这一招，把他家的"窝里斗"引到了沸点。刘赐将刘爽关了一段时间后，念及父子之情放了他。刘爽以为事情平息了，谁知父王重提废立之事，刘爽完全绝望了。于是写了告发信，派亲信白嬴进京投递，告发刘赐与刘孝勾结造反，刘孝制造谋反武器并乱伦。白嬴才进入长安地界，就被当作淮南王国的奸细抓了起来。刘赐慌了，立即上表告发太子不孝。朝廷中一些人本来就时时关注刘安兄弟俩的动静，如今衡山国子告父，父告子，还都是"上纲上线"的大罪，于是派人连夜赶到衡山国搜出了陈喜等人及他们准备的各种谋反的物品。刘孝在这时乱了阵脚，不仅向朝廷和盘托出自己招引门客的种种活动，还告发了父王与那几个江都人一起揣摩"七国之乱"的事实。廷尉张汤将这案件的细节一一核实，请求天子准许逮捕衡山王。皇帝碍于叔侄之情，暂不批捕，派了两位大臣去当面讯问。刘赐见事实都是自己两个儿子闹出去的，不承认也不行了，只好据实回答。来人将刘赐包围于宫中，限制他的行动，正在朝廷议论纷纷，讨论如何处置刘赐时，他自杀了。刘孝被认定为乱伦，刘爽告发父王为不孝，徐来被判谋杀前王后，三人都被处死。

　　汉朝统治者宣扬孝是"天之经，地之义，人之行也"。标榜以孝治国，皇帝死后，谥号前都要加个"孝"字，如孝惠帝、孝文帝、孝景帝等。现实中西汉皇族的道德关系混乱而腐朽，衡山王刘赐一家如此，他的二哥济北王刘勃，传到孙子刘宽时也出了事，刘宽与父亲的王后、爱妾都有奸情，公元前85年，丑事暴露，畏罪自杀。古代历史学家说"脏唐臭汉"，并非空穴来风。

　　今霍山县长岭庵有衡山王墓遗址，可惜被盗墓贼破坏得只剩一个坑了。从舒城出发，经黑石渡，翻土地岭，直达湖北英山，蜿蜒着一条从庐江王国到衡山王国的古道，它被青藤绿树所覆盖，长满了青苔的石板还印有深深的车辙，古道悠悠，发人幽思。

霍山天柱山考证

——汉武帝登礼为灊县（今霍山县）天柱山

龚 乾 胡洁雪

汉元封五年（前106），汉武帝刘彻到南郡、庐江郡巡视，并登礼灊之天柱山。这件事在《史记》的"孝武本纪""封禅书"和《汉书》的"武帝纪""郊祀志"中都有记载。"孝武本纪""封禅书""郊祀志"中所记叙的文字完全一样："其明年冬，上巡南郡，至江陵而东。登礼灊之天柱山，号曰南岳。浮江，自寻阳出枞阳，过彭蠡，礼其名山川。北至琅邪，并海上。四月中，至奉高脩封焉。"但在《汉书·武帝纪》中，记叙的文字有所不同："五年冬，行南巡狩，至于盛唐，望祀虞舜于九嶷。登灊天柱山，自寻阳浮江，亲射蛟江中，获之。舳舻千里，薄枞阳而出，作《盛唐枞阳之歌》。遂北至琅琊，并海，所过，礼祠其名山大川。春三月，还至泰山，增封。"其中"登礼灊之天柱山"中的"天柱山"被后人认为是西汉庐江郡灊县（今霍山县）的一座山峰，今叫南岳山，也叫天柱山、霍山。其境内复览山因"汉帝重游"而得名。但未查到从何时开始，有人对此提出异议。这些异议反映在民国年代的《潜山县志》和1993年出版的《潜山县志》中，后者论述最为集中。他们认为汉武帝登礼的是今潜山县的天柱山。为了弄清谁是谁非，我查阅了可能查到的各时期的《霍山县志》和《潜山县志》以及有关资料，认为1993年《潜山县志》编者所持各论点经不起推敲。为此，针对以下几个问题提出看法、作出讨论。

一、汉武帝是如何到达霍山的

《潜山县志》编者提出汉武帝不可能翻山越岭去霍山，而是乘船沿长江入潜水到潜山县的天柱山。《汉书·武帝纪》中说，汉武帝在结束此行的诏文中，自谓这次是"巡荆扬，辑江淮物"。汉十三部的荆州南境抵两广沿海，扬州南境抵福建沿海，汉武帝怎能不走偏南的水道，而行偏北的旱道至灊县登礼小天柱呢？这不值一驳。因为巡荆扬不等于巡荆州、扬州的每一个郡县。巡荆州南郡、扬州灊县就不是巡荆扬了吗？再说，"巡荆扬"后面还有"辑江淮物"，淮，不是在北吗？《汉书·武帝纪》中说："五年冬，行南巡狩，至于盛唐……"可见汉武帝此行有两个目的：一是了解基层，耀武扬威，这是巡；二是出行打猎，进山最易找到猎物。翻越大别山再到盛唐有什么不可能？这是狩，不对吗？

再说到庐江郡灊县，这是政治上的需要。因为灊县历史是乱源之地。楚汉相争，英布归汉、助汉有功，刘邦封英布为淮南王，都六安。霍山县时属英布封地。公元前196年英布叛乱，兵出霍山北上。刘邦亲征，布败，被杀。刘邦遂封刘长为淮南王。刘长是文帝同父异母的弟弟。文帝登位后，刘长骄横，不服朝廷并招兵买马，延揽文士为夺皇位造舆论。霍山因地势隐蔽，为其重要屯兵之所。公元前174年，刘长反叛，文帝派兵镇压了这次叛乱，并分淮南国而治之。立刘安为淮南王，刘勃为衡山王，刘赐为庐江王。景帝四年（前153）又迁刘赐为衡山王。霍山其时为衡山国属地。刘赐是刘安胞弟，与武帝同为高祖之孙。刘安被封淮南王后，积极与衡山王刘赐相勾结，共图谋反。武帝元狩元年（前122），刘安反，武帝兴师讨伐叛乱。刘安兵败，向刘赐求救。刘赐遂起兵救淮南王与平叛大军大战于淠河东岸。刘赐兵败退到灊县深山中，见大势已去，忧郁而死。刘安、刘赐失败后，淮南、衡山两国被废。为使六地平安，武帝设六安国，封刘庆为六安王，辖五县之地，收霍山地置灊县，归属六安国。

讲了这段历史后，可以想象汉武帝在汉室四边甫定后，亲率师，择兵振旅，到南郡江陵之后，再到多次乱源之地六安国去看看，了解一下是否还存有内乱之忧，不是很自然的吗？霍山因地势隐蔽，英布、刘长反叛前都在这里屯兵、练兵。刘赐兵败也逃入灊县深山中。所以汉武帝到了六安国后，进山看看隐兵之地也是很易理解的。可以说正是由于英布、刘长、刘安、刘赐的闹腾才使灊县比皖县的名气大得多。这也说明了汉武帝只到过灊县，而没到过皖县的原因。

二、盛唐是否在南郡

《潜山县志》编者把"至江陵而东"与"至于盛唐"联系起来，认为必是此时江陵某地叫过盛唐。我查阅了《嘉庆重修一统志》中湖北荆州府江陵县山川"大江"，查大江流经地点，未见盛唐一说；我也查了新中国成立后编写的《荆州地区志》《江陵县志》以及2005年出版的《中国历史地名大辞典》，都未见南郡有盛唐之说。

在《中国历史地名大辞典》中有盛唐山，在今六安市西30里；盛唐县，治所在今六安市；盛唐郡，治所在今潜山县。在《嘉庆重修一统志》中亦有盛唐山，在今桐城市南。

无论是潜山县所在地盛唐郡，还是桐城市南的盛唐山，都不是长江港口，都不符合《潜山县志》编者所说的"行了千里"或"排了千里"之说。所以，"至江陵而东"和"至于盛唐"相联系，并不能说明盛唐在南郡，更不能排除汉武帝从旱路到庐江郡的六安国。六安国，东汉时改盛唐县。所以，《史记》著者司马迁不可能说"至于盛唐"，只有《汉书》著者东汉人班固才可能说"至于盛唐"。

要到盛唐县，当然翻山、走旱路较近。

至于"望祀虞舜于九嶷"与盛唐在南郡是否有关？那是一点关系也没有。汉武帝可在从江北到江南的船上"望祀"，也可在南郡治所江陵望祀。"上巡南郡，至江陵而东""行南巡狩，至于盛唐"。要问这南郡与盛唐有什么联系？可以说这两地对汉武帝都是有特殊意义的地方。南郡原属楚，是项羽统治的地方，楚汉相争，楚败，汉兴，到汉武帝时相距约100年。汉武帝在解决了外忧之后，要考虑防止内乱，所以他把项羽统治的楚地南郡当作南巡的第一目的地，而把盛唐山下的六安国作为第二目的地。两地都是有可能发生内乱的地方。

《潜山县志》编者又以《汉书·武帝纪》中"舳舻千里，薄枞阳而出，作盛唐枞阳之歌"，说这"舳舻千里"，无论解作船头接船尾地"行了千里"或"排了千里"，止于"枞阳"，也必得起于南郡的盛唐。"舳舻千里"到底何意？汉书李斐注曰：舳，船后拖处也，舻，船前头刺处擢处也，言其船多，前后相衔，千里不绝也。《中华成语辞海》中解释"舳舻千里"：舳，船尾；舻，船头，指首尾相接的船只，形容船多，首尾相接千里不绝。《晋书·陆机传》载："舳舻千里，前驱不过百舰。"从以上解释看"舳舻千里"，只是形容船多而已。并不是真的行了千里、排了千里。百舰如何首尾相接地排成千里？因此，从舳舻千里并不能推论出盛唐在南郡，汉武帝一定走水路。不过，说汉武帝的船队从江陵某处港口到枞阳走了千里，那是可信的。因为汉武帝从江北到南郡治所江陵是一定要过江的，过江就得有船，所以汉武帝的船队在汉武帝自江北到江陵时，就集结在长江了。汉武帝过江后，船队继续向下游行驶，到江陵而东的某个港口，以便汉武帝从江南过江到江北，再到盛唐。船队又继续向下游行驶到寻阳，等汉武帝上船出枞阳。所以，船行千里也说明不了汉武帝一定要走水路进潜水到潜山县天柱山。

至于出枞阳后所作的歌，名叫《盛唐枞阳之歌》，即含自盛唐登舟，枞阳弃舟之意。这是县志编者的想象。我也有我的想象，作歌是作者的激情爆发，叫《盛唐枞阳之歌》，说明盛唐山下的六安国是汉武帝南巡的重要目的地。以前多次乱源之地的六安国，现在不乱了，六地平安了。汉武帝看了高兴、放心，加上寻阳浮江，射得江中能吞人的大蛟的诱因，激发了留在心中已久的兴高采烈的心情，于是爆发了，故而歌之。

至于民国县志中提出的为什么不作武陟、指封（六安、霍山境内的武陟山，指封山，复览山都与汉武帝有关，是汉武帝到过六安、霍山的有力证据）之歌？武陟山就是以前的盛唐山。因汉武帝南巡，曾登陟于此，故名。是汉武帝南巡后叫开的。汉武帝怎么会以武陟作歌名？

县志编者还说："过彭蠡，礼其名山川，更是明言过了鄱阳湖口才开始登礼沿途名山的。截止纵阳为止，这沿途只有潜山的天柱山够格号南岳。"如果县志编者对《汉书·郊祀志》中关于汉武帝南巡的叙述是这样理解的话，那么，请你们翻回到《汉书·武帝纪》关于汉武帝南巡的叙述："薄枞阳而出，作《盛唐枞阳之歌》，遂北至琅琊，并海，所过，礼祀其名山大川。"又如何理解？如果按照《潜山县志》编者的逻辑，潜山县天柱山也不在礼祀名山大川之列吧！？

《潜山县志》编者又说："自寻阳浮江者，亲射蛟江中，是指汉武帝立船头射蛟是自寻阳开始，而非自寻阳始登舟。"但是，在《汉书·郊祀志》中的叙述是："浮江，自寻阳出枞阳。"后面全无射蛟的叙述，应作何解释？只能解释自寻阳登舟，寻阳就是今湖北武穴市东北。《汉书补注》王先谦注："在黄梅县北。"从1991年出版的《简明中国历史地图集》中，西汉时期中外交通图上看，从豫章郡（今南昌）到沛郡（今淮北市）有一条陆上通道，它经过黄梅境内及霍山、六安境内。汉武帝在登礼灊县天柱山后,插入这条陆上通道到寻阳登舟是很方便的。从交通图看,寻阳应有一可停船的港口。

以上通过对《潜山县志》编者论点的逐一分析,说明汉武帝不是走水路到潜山县天柱山,而是至江陵而东过江、走山路到盛唐,再到六安国治所,再到灊县天柱山。

三、历史事件印证汉武帝登礼的天柱山是灊县的天柱山

第一件事,《汉书·郊祀志》记述,汉宣帝于神爵元年(前61)诏祠五岳为常礼时,直书南岳灊山。于是,《潜山县志》编者认为:"这可证明汉武帝号曰南岳的天柱山又名灊山,不名霍山。"但是,《潜山县志》编者在引用这句话时,大概是有意少引了两个字。原文是"南岳灊山于灊",灊,是灊县也,非皖县。今潜山县当时为皖县,灊县是今霍山县也。今潜山县的天柱山,西汉时叫皖山。皖山有三峰:天柱山、皖山、潜山。《嘉庆重修一统志》中说明,汉皖县,东晋以后为怀宁县地,元英宗至治三年(1323),始置县曰潜山。盖据《寰宇记》称皖山一曰潜山也。然晋以前灊县实不在此。诸志纷纷以皖山为灊岳、为霍山,俱误(潜山县属安庆府,这是《安庆府志》编者说俱误)。所以南岳灊山于灊,是说南岳灊山在灊县,即今霍山县。灊山是灊县之山。

第二件事,建武十七年(41),有名李广者以言惑众,攻没皖城,杀皖侯刘闵,自称"南岳大师"。此事距汉宣帝诏祠"南岳灊山"时才102年,《潜山县志》编者认为:"这完全可以证明,其时的灊山就在皖县。不然,李广的'南岳大师'意自何生?应劭以灊为县名,确实是个讹误。"《潜山县志》编者在这里不仅否认南岳灊山在灊县,还否认灊县的真实存在了。

前已说明,南岳灊山于灊,不是灊山于皖。灊县,历史上是真

实存在的，县治在今霍山县东北下符桥。史学界以及地理学界从古至今都没有怀疑过。现霍山南岳乡古城村还有明代石刻"灊台"石碑一块。在《中国历史地图集》中标有灊县。东汉末年的应劭没有讹误，他是一个伟大的地理学家。

汉时灊县与皖县是边界相连。民国《潜山县志》称，潜山县治北至多支尖霍山县界200里。光绪《霍山县志》称，霍山县治南到潜山县治280里。汉武帝封南岳，距李广借灊县南岳之名自称"南岳大师"大约是150年前的事，时间相距不远，距离相距不远，有什么不可能？

第三件事，在《三国志·张辽传》中记张辽督师讨陈兰，梅成事说："成……转入灊山，灊中有天柱山，高峻二十余里，道险狭，步径裁通。"《潜山县志》编者认为：这说明天柱山就在潜山中，同时，文中描绘的山势高险，也唯今潜山县的天柱山毕具之。

前已说明，灊山为灊县之山，天柱山只是皖山的一座山峰，潜山也是皖山的一座山峰。《三国志选注》记载："灊山为灊县之山。"即今日霍山县之山。还记有："天柱山霍山之主峰。"在《潜山县志》编者所引的一段文字前还有"陈兰、梅成以氐六县叛"。"氐当作灊"，繁钦"'征天山赋'为辽平兰、成而作。兰、成初叛，本据二邑，继乃并兵于灊。其传所载，与繁赋皆合也。又说资治通鉴亦作陈兰、梅成据灊六叛。潜，潜县，故城址在今安徽省霍山县东北。六，即六安县，今安徽省六安县北。"这些说明陈兰、梅成初叛时分别占据灊县、六安县，后合兵于灊县。战败逃跑时，当然会逃到灊县的深山中，怎么会逃到较远的皖县皖山的天柱峰？从《三国志·张辽传》看，陈兰、梅成不仅逃到天柱山顶，而且还在上面构筑工事。《三国志·张辽传》中还说："太祖论诸将功，曰：'登天山，履峻险，以取兰、成，荡寇功也。'"这说明平叛部队与反叛部队都登上山顶了。他们登的山顶不是皖县皖山天柱峰。如若不信，请看

《安徽风物志》关于天柱山的描述，书中说："在天柱山的摩崖石刻中，最壮观的当数镌于主峰的天柱峰的'孤立擎霄，中天一柱'八个大字。"清咸丰十年（1860），都统李云麟游天柱，提出要攀登天柱峰绝顶。因无径可寻，向导无一敢应。山谷寺僧找来"鸡胸龟背"而极善攀缘的药农贺良谋。贺将李云麟送上山顶。后李要在绝顶刻石，找来的三十多个石匠都不敢承担，李又命贺承担。贺良谋在天柱山霹雳石上雕镌了"混元霹雳"四个大字后，与其弟一起将身子用绳索吊在半空中的绝壁上，费时旬余，把李云麟手书的"孤立擎霄"刻上绝顶。从这一叙述可以想象天柱峰的险、陡。"无径可寻""向导无一敢应""三十多个石匠都不敢承担"，这些与《三国志·张辽传》中所说"步径裁通"不符吧！这样险陡的山，反叛部队和平叛部队又怎么能上去？还有，它与志书上说的"天柱山在南，有祠"不符。《中国名胜词典》介绍潜山县天柱峰时说："峰陡如层塔，直如笋尖，峭壁峻岩，突起如柱。"这样的山，怎能爬上去建祠？

《三国志·张辽传》中说："灊中有天柱山，高峻二十余里。"这不是海拔高度。灊县、皖县都没有这样高的山。皖山天柱峰，高1488米；灊县南岳山，高405米；霍山主峰，今白马尖，高1774米。民国《潜山县志》注曰："潜中有天柱山，高峻二十余里，殆犹指人迹所能到处言之。"这句话的意思大约是从山脚到山顶，人所经过的路径约20余里。《开山图》说："灊山围绕大山，为霍山。"霍山天柱山也。所以，《三国志·张辽传》中所说的天柱山就是灊县的山，霍山的主峰，今白马尖。在1967年和1973年两个版本的《中国地图册》中，今白马尖的地方，的确标注为天柱山。

总之，《潜山县志》编者所列举的三件事，都不能辅证汉武帝登礼的天柱山就是潜山县的天柱山，却能辅证是灊县的天柱山。

四、考据天柱山

上面多方说明汉武帝登礼的是灊县的天柱山。但天柱山究竟是今霍山县城附近的小南岳，还是今白马尖？从《史记》《汉书》及清代以前的注释看，有两个特征性描述，可以推断它的位置。

其一，应劭曰："灊县属庐江。南岳，霍山也，在灊县。"郭璞说："霍山即天柱山。"文颖说："天柱山在灊县南，有祠。"从这些可推断天柱山是霍山县附近的小南岳。小南岳山上的确有祠，而白马尖到现在没看到有祠之说。以后的许多志书都是这种看法。并把南岳山的特点做了更具体的描述。如明万历《重修六安州志》说："霍山，去县南五里许，一名衡山，一名天柱，汉武帝南巡至盛唐，以南岳衡山远阻，乃移岳神于霍，遂建台拜封焉，故又名南岳。其峰耸峻，形若飞鸾，山顶有天池、水碧不涸，有龙湫、有风洞、有试心岩。"乾隆《霍山县志》说："霍山……排青耸翠，俨列画屏。登其巅，则远近数百里群山环拱，如揖如朝，俯视苍茫，烟萝万叠。洵淮南之巨镇匪仅一邑之伟观也。旧志谓高以丈计三千七百，周以里计二百五十不无过。兀然惊天角地。其体势固足颉颃嵩华，尊之为岳，良不诬尔。"光绪《霍山县志》称："南岳山上有石窗洞……诸胜；御风亭、万卷堂、云狮雨虎（虫名）、凌霄树、碧桃树，诸迹。"

其二，《三国志·张辽传》中说，"灊中有天柱山，高峻二十余里"。《三国志选注》记"天柱山霍山之主峰"。《嘉庆重修一统志》中说："霍山——灊水所出也""渒水出庐江灊县西南"。另外，《汉书·地理志》灊注："沘山，沘水所出，北至寿春入芍陂。"《中国历史地名大辞典》记："沘山，即今安徽霍山县南霍山——沘字或作渒——沘水即渒水。"《霍山县志》中说，东淠河分两支，东支源于岳西县的公界尖东坡，西支源于多枝尖北坡，是贯穿全县最大的一条河，全长 120 公里。主干河道从佛子岭水库坝下到六安县的两河口。并且还说，灈水源于岳西县的公界尖和黄毛尖两峰之间的来榜坳。公界尖、黄毛尖、多枝尖、来榜坳在西汉时都属于灊县范围，地处灊县西南，离白马尖不远。

综上，结合《三国志·张辽传》中的说法以及从淠、潜水发源地的分析，汉武帝登礼的天柱山应是今霍山县的白马尖，而不是霍山县城附近的小南岳，更不是皖县皖山天柱峰。因为它们离淠、潜水发源地都很远。《破雾识衡山》一文中说："汉武帝也曾打算亲自封禅南岳。可是当队伍到了今安徽的霍山县时，雨水多了起来，越往南走水路也越多，更何况南岳衡山还在千里之外，这个时候汉武帝身边一位大臣建议，在安徽霍山的边上有一座天柱山，跟南岳衡山差不多，不妨把这座山作为南岳衡山的替身，就在这里举行祭祀封禅仪式，汉武帝采纳了这位大臣的建议。于是就把天柱山作为五岳封禅的一个祭祀地。"这段文字也证明天柱山是今白马尖。因为白马尖在霍山的（西南）边上。

五、安徽省地图上大别山主峰名称的变化

天柱山是霍山城附近的小南岳还是今白马尖？一直是中国史地界的一个问题，长期以来没有得到解决。这可从新中国成立后安徽省地图上大别山主峰的名称变化看得很清楚。史地界对天柱山是霍山县城附近的南岳山还是白马尖，总是没有充分的信心。所以名称变来变去。但是 1974 年前，史地界偏向汉武帝登礼的天柱山是灊县的天柱山，而非皖县皖山天柱峰。

六、结论

综上所述,笔者得出以下结论:

1. 元封五年(前 106)汉武帝登礼的天柱山(霍山)是灊县(今霍山县)的天柱山,不是皖县(今潜山县)皖山的天柱峰。

2. 天柱山是今霍山县城附近南岳山还是白马尖?还没有充分证据能够明确。说是南岳山的证据是南岳霍山在灊。灊,县名。天柱山在灊县南,有祠。说是白马尖的证据是《三国志·张辽传》及其注中说:"灊中有天柱山,高峻二十余里""灊山为汉时灊县之山""天柱山,霍山之主峰"。以及天柱山是灊水、淠水的发源地,"在霍山边上有一座天柱山"。

白马尖名称变化

朱绍堂

大别山主峰——白马尖源远流长、声名久扬。历史的风云给它蒙上了神秘的面纱,山峰名称也经历了多次变化。

一、白马尖被黄帝和夏国君帝池命名为"衡山"

原始社会晚期,黄帝部落成为黄河流域最强大的部落联盟,黄帝公孙轩辕就在自己势力可及的范围内对"五岳"(东岳泰山、南岳衡山、西岳华山、北岳恒山、中岳嵩山)进行了封禅,南岳衡山就是今天安徽省霍山县南部的白马尖。

二、白马尖被商王武丁命名为"皖山"

在武丁统治的50多年间,是商朝最强盛的时期,在西北伐鬼方取胜后,又调集大军南伐荆楚"薰育"苗蛮国,据守大别山的苗蛮国王皖林不敌,国家处于危急状态。无奈之下,皖林向辖区内的人民发布悬赏令说:"有能斩商军统帅首级来献的,我和他同执国政,并把公主豫婵嫁给他做妻子。"

三天后的傍晚,一个体态如狗、说话不清、名字叫猷的王宫侍卫提着商军统帅的人头向国王皖林报捷。皖林是又喜又忧,喜的是国家危机消除,忧的是自己如花似玉的女儿怎么能嫁给这么一个面目丑陋的人呢，面有难色。畎侍卫对国王不能马上兑现诺言很着急，他发出了嘶哑的声音说："你将我囚在铜钟下面，七天七夜之后，我就能全部变成人了。"皖林按畎侍卫的要求去做了。五天五夜过去了，一直平安无事。到了第六天，豫婵公主生怕畎侍卫饿坏了，在宫女的帮助下，她揭开铜钟给畎侍卫送食物和饮水，就在这时候，武术高超的畎侍卫的身体已经变回人形，只是头部还没有变化好。公主见状知道惹下了祸，大惊失色，两眼流泪。

就在皖林得报赶来时，人身犬面的畎侍卫从铜钟下面钻出，背着公主飞快地逃到了白马尖，由于追赶不及，皖林只好随他俩去了。畎侍卫和豫婵的子孙后来不断繁衍，逐渐形成了畎（犬）夷部落，作为淮夷的组成部分生存着。畎夷部落一直把狗作为自己部落的图腾，并禁止族人屠宰和食用狗类。商军统帅被畎侍卫杀害后，商王武丁亲率大军进攻苗蛮国，在双方都不能把战争进行下去的时候，皖林被迫和武丁订立城下之盟：退出国都（今安徽省霍山县下符桥镇圣人山北边的山脚下），在大别山主峰白马尖附近及其以南地区建立皖国，以五溪河（今霍山县舞旗河）为边界，作为大商的属国与商朝长期共存。商王武丁还给白马尖命名为皖山（白马尖山峰形似饭碗倒扣），皖林及其继承者号皖子。

经过不断的文明开化，东晋时期，大别山的畎夷部落集聚在离五溪河20里的插花坪接受教化，并编成户籍成为政府的吏民。"插花坪"的地名就改成了"大化坪"。

三、周公旦册白马尖为"霍山"

西周王朝都镐京。周武王虽然在牧野一战中集中地消灭了商王朝的军事主力，但并未能全部消灭商的奴隶主阶级的势力，而是封商纣王之子武庚于商都，利用他来统治商的遗民。并将商的王畿划分为邶、鄘、卫三个区，由武王之弟管叔鲜（卫）、蔡叔度（鄘）、霍叔处（邶）三人分别进行统治，并监视武庚，史称"三监"。

西周建立才两年，周武王姬发便去世了，其子成王继位。成王年少，武王弟周公旦辅政，管叔、蔡叔不满。商纣王之子武庚便与管叔、蔡叔勾结，发动了大规模的叛乱；地处白马尖附近的皖国，在皖子的统领下，参与了武庚的复辟行动。周公旦率兵东征，经过三年的战斗，平定了这次叛乱，杀掉武庚和管叔，流放蔡叔和霍叔，建立了东都雒邑（今洛阳）；在皖子表示要像"霍"一样拱卫中央政府以后，周公旦义释了皖子，并加封皖子为皖伯，还把皖国列为西周的一部分。

在周公旦南巡白马尖时，他相形度势，欣然改皖山（白马尖）为"霍山"。因而《尔雅》有这样的记载："大山宫，小山霍。"晋郭璞也有注曰："大山绕小山为霍。"《白虎通》也说："霍之为言护也，言太阳用事护养万物也，大山绕小山为霍。"霍山之名还见于《尚书·大传》。在白马尖山下，霍山县设有太阳乡。

四、白马尖被楚庄王命名为"天柱山"

春秋战国时期，白马尖所在的千里大别山区作为化外之地，属于楚国管辖。楚穆王四年（前622），楚灭六、蓼等国，设灊邑，邑城在下埠口（在今霍山县下符桥镇）。邑取"灊"名，是因为境内有灊河（今名柳林河），在灊河汇入淠河时，河中还有一座独立的山峰构成的孤岛，号"灊台"。近200米高的灊台陡峭伟岸，后人称之为"灊台赤壁"，是霍山旧时八景之一。

"春秋五霸"之一的楚庄王（前613—前591年在位），任孙叔敖为宰，整饬内政，兴修水利，国势更加强盛。《韩非子·有度》曰："荆庄王并国二十六，开地三千里。"为了震慑新辟之地，他率军沿"伏牛山—桐柏山—大别山"一线的北麓向东南方向巡视。十月小阳春时节，楚庄王登临了白马尖，在祭封白马尖时，庄王称白马尖为楚国的"天柱"，因而号白马尖为"天柱山"。在楚庄王后近400年的历史上，白马尖一直被称为"天柱山"。在楚考烈王二十四年（前239）时，考烈王还来白马尖祭祀过。

五、白马尖被秦始皇命名为"衡山"

始皇二十六年（前221），秦始皇嬴政一统中国。他在统一后的11年中，曾5次到外地巡游。公元前219年，秦始皇东巡郡县，先登邹峄山，后登泰山祭祀上天，封五大夫松；还到了之罘、琅琊，到处刻碑纪功，在琅琊，他还派遣齐人徐福挑选童男童女数千人，到海中寻找仙人。始皇返回的时候，路过彭城，斋戒祈祷，想要从泗水打捞周鼎。让成千人潜入水中寻找，没有找到。于是他就向西南走，渡过淮水，前往衡山（今白马尖）、南郡。登上白马尖时，秦始皇给它命名为"衡山"，同时还举行了封禅大典。然后，秦始皇泛舟江上，去湘山祭拜。

《史记·秦始皇本纪》记载："始皇还，过彭城，斋戒祷祠，欲出周鼎泗水。使千人没水求之，弗得。乃西南渡淮水、之衡山、南郡。浮江，至湘山祠。逢大风，几不得渡。上问博士曰：'湘君何神？'博士对曰：'闻之，尧女，舜之妻，而葬此。'于是始皇大怒，使刑徒三千人皆伐湘山树，赭其山。上自南郡由武关归。"

六、白马尖被汉武帝命名为"衡山、天柱山"

元封五年（前106）的秋季，年届50的汉武帝刘彻在虎贲校尉率领的700名禁卫军的护卫下，风尘仆仆地东进新设立不到半年的扬州庐江郡潜县（潜县以今霍山县为中心，含周边的舒城、裕安、金安、金寨、岳西、英山、罗田等县区的全部或局部地区，县城在霍山县下符桥镇的圣人山村），到霍山封禅。随行的大臣有丞相公孙弘、太常博士董仲舒、太中大夫张骞、上大夫壶遂、御史大夫张汤、主爵都尉汲黯、治粟都尉桑弘羊、太史令司马迁、贰师将军李广利，还有郎中令、廷尉、扬州刺史及庐江郡守等人。

15年前，汉武帝刘彻镇压了淮南王刘安（废国为九江郡）和衡山王刘赐（废国为衡山郡，部分划给庐江郡）的叛乱。刘彻的这次东巡，其政治目的是加强对淮南、衡山故地的控制。据传：刘安并没有死，他诈死埋名，于15年前潜逃在潜邑的老皇寺出家，并与衡山王刘赐联络，准备共同造反；次年，刘赐在政变失败后也诈死埋名，隐藏在霍山（天柱山，即白马尖）脚下的太阳乡里；据报两王的残余势力死灰复燃，两人在暗中积蓄力量，准备卷土重来；在汉匈之战取得了决定性的胜利后，刘彻要彻底消除隐患，并在这次南巡中暗地加以处置。刘彻还有一个重要的个人目的，就是拜会神仙，获取不死之术，因为传闻中白马尖地区有神仙居住，山中还有不少百岁以上的老人。刘彻驻跸潜县城后，马上采取行动，由御史大夫张汤亲自指挥、廷尉与郡守实际操作，密捕了刘安夫妇。刘彻答应了皇叔刘安的要求，赐死后的刘安夫妇按王侯葬礼规格合葬于今衡山镇马厂岗村的石壁墓中。第二天中午，汉武帝登上了南山（今南岳山，离霍山县城南3公里处，海拔405米），举行了祭地大典，并把小南岳山命名为"副衡山"。

仪式结束后，汉武帝刘彻下令指派张汤调集人马前去镇压衡山王刘赐，自己则继续溯淠河源流南上100多里，登临雄伟浑厚的南岳霍山行祭天大典。站在黄菊飘香的皖山顶，向四处眺望，汉武帝君臣一行心旷神怡。刘彻给白马尖命名为天柱山，并作为南岳衡山祭祀，司马迁提笔记下这一史实。《史记·孝武本纪》记载："孝武皇帝者，孝景中子也。……尤敬鬼神之祀。""其明年（前106）冬，上巡南郡，至江陵而东。登礼灊之天柱山，号曰南岳。"《汉书·武帝纪》《汉书·郊祀志》也有明文记载。

《洞天记》上说："黄帝封五岳，南岳衡山最远，以灊霍副之。舜南巡狩至南岳，即霍山也。汉武帝考谶纬，皆以霍山为南岳，故祭神于此。"晋朝时的河南新蔡人干宝在《搜神记·卷十三》中记载："汉武帝徙南岳之祭于庐江，灊县，霍山之上，无水。庙有四镬，可受四十斛。至祭时，水辄自满，用之，足了，事毕，即空。尘土树叶，莫之污也。积五十岁，岁作四祭。后但作三祭，一镬自败。"

七、南朝刘宋称白马尖为"霍山"

南朝刘宋时期，大别山当时是其辖区，居民主要成员是豫州蛮。当时，霍山籍人士有不少人出任政府高级官员，先后出任刘宋政府尚书的有何尚之、何叔度、何偃、何戢、何昌寓、何佟之等人；先后出任地方高官的有何琦、何铄、何术、何胤、何敬容、何瑀、何迈、何亮、何恢、何诞、何衍等人，其中何戢的女儿还是皇后。这些何姓官员深受朝廷器重，他们都祖居在白马尖旁，因而祭祀霍山（白马尖）和安抚何氏也就成了刘宋朝廷的当然之举。

463年，南朝宋国大臣丘景先给刘骏上了《祭霍山议》。同年，南朝宋孝武帝刘骏批准了丘景先的《祭霍山议》，并亲自写下了《遣祭霍山诏》，诏曰："霍山是曰南岳，实为国镇。"

八、氏族皇族称白马尖为"白马尖和霍山"

南北朝时期，白马氏建立的仇池国（皇族姓杨）、后凉国（皇族姓吕)、前秦(皇族姓苻或蒲)相继覆灭,皇族带领亲信大臣又回到了远祖的居住地——大别山中。《史记·五帝本纪》记载,尧当政时期,"三苗在江淮、荆州数为乱。于是舜归而言于帝……迁三苗于三危,以变西戎。"氐、羌两族的主体部分就是从大别山迁徙去的。其中白马氐就是其中的主要部分。氐族皇族带着大批金银珠宝云集白马尖附近,踌躇满志,准备复国。可惜复国无果,族被汉化。他们把白马尖当作心目中的"神山",并根据族名对内命名为"白马尖",对外称作"霍山"。

九、武则天将白马尖命名为"天柱山"

作为三苗后裔的武姓,在南北朝时期作为前秦国的贵族,也回迁到了白马尖山下。在一次部族内争败北后,武姓先人迁家远行,先从大别山区的霍山迁到太岳山区的霍山,到了隋代,这个武姓人家,又从太岳山区迁到吕梁山区文水县。隋朝末年,作为武姓后人的武士彠,以木材商兼地主的身份在太原随从唐高祖李渊参加反隋起义,唐朝建立后武家成了新贵。

贞观初年,武士彠生了一个女儿叫武则天。这武则天就是中国历史上唯一的女皇帝,她早先是唐太宗宫中的才人,以后是唐高宗李治的皇后。李治死后,她掌握了大权,于690年称大周皇帝。为了祈求天地和祖宗的保佑,神功元年(697),武则天亲临白马尖封禅,还把霍山县更名为武昌县。武则天认为能登上大周皇帝宝座,全依赖白马尖的荫佑,于是,她把白马尖命名为天柱山。在此后直至1982年的1280多年里,霍山(民间称白马尖)被官方一直称作天柱山,并在地图上加以标志。

在漫长的年代里,白马尖地区有许多名人逸事发生,其中唐代诗人李白和文学家皮日休、宋代文学家和政治家苏东坡、宋代开国皇帝赵匡胤、明代开国帝王朱元璋、唐末义军领袖黄巢（大齐国王）、元末义军徐寿辉、明末义军领袖张献忠（大西国王）、太平天国英王陈玉成等都曾经登临此山。

十、白马尖正名

1982年初，安徽省地方志办公室主持的"《天柱山志》学术讨论会"召开了，参加会议的有中共安徽省委宣传部、安徽省地方志办公室、六安地区、安庆地区、安徽大学、霍山县、岳西县、潜山县等领导、专家和学者。会上就《天柱山志》（作者南京大学教授乌以风）书中把潜山的笋子尖（海拔1485米）指定为天柱山进行了激烈的争论，两天的研讨会没有达成共识。最后，时任中共安徽省委副书记的袁振（乌以风的学生）做了决定："不要再争论了，天柱山就定在潜山了。"在这样的情况下，霍山的天柱山的名字就让位于潜山的笋子尖了。此后，霍山的天柱山就正式使用"白马尖"的山名了。

西山地区：肥沃的艺术土壤

赵中侠

皖西所在的大别山区是一片民族音乐的沃土。20世纪90年代，田耀农君骑着一辆旧自行车，走遍了当时六安地区的六县一市，翻山越岭采访大别山区的锣鼓棚子，他和皖西山野的锣鼓手们一起在灵堂绕过棺，在坟场前打过鼓。写成了他的硕士学位论文《皖西锣鼓研究》，被传统音乐学界评为"实践了民族音乐学的方法论"，认为他"提出了一系列颇有新意的观点"。皖西锣鼓是皖西音乐舞蹈在悠久的历史岁月中沉积而成的"活化石"。在我国古代，乐、歌、舞是一个整体，叫作乐舞，古代皖西乐舞留给我们的"活化石"并不止皖西锣鼓。

古人认为自己的祖先与某种动物、植物乃至石头有密切亲属关系或其他特殊关系，这种动物或自然物，照印第安人的说法就叫"图腾"，意思是"属于他的亲族"。在远古时期，向天地神灵祈祷，取得天地神灵的庇护，就要以乐舞与天地神灵沟通，这种乐舞在表演时，就要以各自的图腾代表部落来与天地神灵交往。

春秋战国时期，下蔡（今寿县）及其周围地区是歌舞表演很发达的地区，优孟扮成孙叔敖，从形象到语言举止都惟妙惟肖，以至楚庄王也要任命他为令尹。优孟的表演，已有某些曲艺和戏剧的萌芽。宋玉写《登徒子好色赋》，说："惑阳城，迷下蔡。"下蔡的表演艺术家不只是优孟一个人，而是有相当社会影响力的一个群体，寿县还出土了战国的玉雕舞女，"奋长袖之飒丽"是其当年形象的再现。

传说楚人是黄帝的孙子颛顼（zhuān xū，即高阳氏）的后代，他的三个儿子死后成为疫鬼：一个死后潜入江水中为鬼，模样像虎；一个死后潜入山林川泽中，成为各种精怪；一个死后潜入人们居住的宫室中，特别喜欢危害孩童。所以必须在冬至之后祭祀各种神灵之前的一天举行"大傩（nuó）"，趁阴尽阳生之时，扶阳抑阴，打击疫鬼作怪的气焰，这种仪式上，沟通神灵祈祷驱鬼的舞蹈乐歌叫作"傩"。西周时，中原地区就有"傩"的仪式。春秋时，孔子等人见过山东一带民间的傩舞。楚的祖先从山东西南迁入江汉地区后，也将中原的傩舞带到这里。西起汉水到霍山（大别山脉东部）地区的三苗和皋陶部落本来能歌善舞，傩舞融合了三者之长，形成浪漫、潇洒的风格，装饰多彩华丽，形象飘逸动人，场面流光溢彩。这种由女巫男觋演绎的沟通人、鬼、神的歌舞，由娱神吓鬼的祭祀仪式，逐渐演变成抒情娱人的歌舞，巫术逐渐演化为艺术，屈原在《九歌》中描绘过当时的傩舞，记下了当时的歌辞。项羽、刘邦、英布等都是楚人，灭秦之后，西汉皇朝的核心成员主要也是楚人，楚文化以其固有的强势，借助开国集团的承载，成为汉代主流文化的重要成分，傩舞在这种条件下弘扬发展，每逢冬至阴尽阳生之时，都是汉宫廷中祭神逐鬼祈福的重要仪式。史书中记载了"大傩"的过程，首先出场的是"侲（zhèn）子"，意为纯洁的童子，必须在皇帝近臣的子弟中选拔，年龄10至12岁，戴红头巾，穿黑袍，拿着有把的鼗（拨浪鼓）。接着12名傩神上场，头戴12种神兽的面具，披熊皮，执戈盾，追逐凶神、恶煞。于是穿着礼服的文武大臣鱼贯而入前殿阶下，皇帝、皇后及妃嫔们登上前殿观礼。黄门令（近侍官）向前启奏："侲子们准备完毕，请开始逐疫！"于是中黄门（皇帝贴身侍从）领唱逐杀疫神的歌词，侲子随声唱和，反复三遍之后，点起火把，将凶神逐出司马门（皇宫大门），将火把丢进渭河，大傩之礼在欢呼声中完成。这种演唱方式，为后代的傩戏所继承。湖南、湖北、安徽、江西、广西等地都有流行，被叫作"傩愿戏""傩堂戏""师公脸壳戏""师道戏""孟戏"等。四川、皖西等地又称它为"端公（巫）戏"。锣鼓伴奏、众人帮和的唱法，叫作"和合腔"，清末"端公戏"演变为"倒七戏"（又称"小蛮戏""小祷戏""祷祭戏"）。新中国成立后，由"倒七戏"演变而来的庐剧得到极大的支持、推广与提高，一些唱法如"和合腔""端公调"得到了继承，一些剧目如《休丁香》改编之后提高了思想性与艺术性。

　　大别山区的民歌给予庐剧以丰富的营养，它的起源可以上溯到约4200年前。禹为治水来到淮河中游，与涂山氏（今寿县东怀远县境）女结婚后几天即出门为治平洪水而奔走，涂山氏女想念至极，作《候人兮猗》之歌寄托思恋。经过千余年的发展，大别山民歌成为楚声的一种。试将大别山区一首《挣颈红》的歌词片段抄录如下：

　　　　风儿起呀浪儿游，

　　　　手拿鱼竿来上沙洲。

再看刘邦《大风歌》的前两句：

　　　　大风起兮云飞扬，

　　　　威加海内兮归故乡。

两者共有的楚声风格跃然纸上。

　　大别山区的民歌，西周时被收入《诗经》的《周南》中，如《关雎》《葛覃（tán）》等篇章。汉王朝统一中国后，楚声获得空前发展，汉代淮南地区楚声作品影响最大的应该是文帝时候的民歌《尺布谣》，东汉末年，源于大别山区民歌的《孔雀东南飞》标志楚声发展的新高度，也是我国五言诗体成熟的标志。

　　诗的男主角焦仲卿是"庐江小吏"，东汉末庐江郡治一度设在六安，潜山地区有传说，刘兰芝的故乡即在该县。这些地区都是古代皋陶部落活动的范围。到了汉代，少昊部落的鸟类图腾已被神化为凤凰，龟、蛇等图腾也被神化为皇帝专有的代表"龙"，刘邦被神化为"龙种"，"凤凰"成为皇后的标志。汉代气候温暖，到东汉才渐渐变冷，皋陶部落的图腾皋鸡与孔雀形态相近，可能都常见于天柱山南北的丛林中，它们雍容华丽、典雅脱俗而又不像凤凰那么高不可攀，它接近百姓所以为百姓所喜爱，成为圣洁真挚的象征。刘兰芝先被婆母逼回娘家，在母家又被哥哥逼嫁，西汉社会中，再婚再嫁本是平常，但焦仲卿、刘兰芝不是凡夫俗妇，他们的爱情纯洁而坚贞，不愿蹚"脏唐臭汉"这股浊水，刘兰芝投水殉情，焦仲卿自缢于树上，追随爱妻而去，双双化为鸳鸯，"仰头相向鸣，夜夜达五更"。这一曲《孔雀东南飞》，千百年来倾倒了多少痴情男女！至今大别山区的民歌还回旋着《孔雀东南飞》的旋律，庐剧的意境、节奏、曲调乃至唱词，都从大别山区民歌中吸收了丰富的营养。

庐剧源流初探

——兼谈霍山庐剧沿革与发展

项志培

庐剧，原名倒七戏，是安徽地方戏曲剧种之一，流行全省各地，拥有众多的观众。据《辞海》注释称，它"以大别山和淮河沿岸的民间歌舞为基础发展而成，约有二百年历史"。省艺术研究所的辛人、诗珠在《庐剧的沿革与发展》（见《安徽文史集萃丛书之六：文教史踪》）一文中也说："庐剧是在大别山民间歌舞的基础上，接受湖北花鼓戏的影响而形成的……"这些记述都肯定了庐剧是在大别山民间歌舞的基础上发展形成的，大别山区是庐剧的发源地，且具有悠久的历史。

霍山县地处大别山腹地，大别山主峰白马尖（海拔1774米）就在境内。它是不是庐剧的发源地呢？为了探讨这个问题，20世纪80年代，县文化部门在纂修文化志期间，曾组织专人进行了广泛而深入的走访与考察。从已经获得的文献和口碑资料中，我们可以清楚地看出，本县是庐剧的主要发源地，尤其是庐剧西路唱腔源于皖西霍山民歌。考证如下。

一、名称演变

据老艺人回忆，庐剧的原名，本县群众不叫"倒七戏"，而叫它"小戏""二小戏""三小戏"或"花篮戏"。之所以这样叫它，是根据它原来的演唱形式和活动特点。因为最初只是一些会唱民歌的穷苦农民，在农闲时，以乞讨谋生，把民歌进行改编，结合唱花鼓形式，二人或三人自行组合，在稻场或人家门口表演"二人唱"或"三人唱"，所以人们就叫它"二小戏""三小戏"。间或有贬称之为"讨乞戏"者。后来他们在流动表演时，多用竹编的花眼篮子装着简陋的服装道具，所以又叫它"花篮戏"。

随着艺术形式的不断发展，本县出现了最初表演班社组织，人员增多了，又添置了服装，又用木箱装运衣物，那些旧名称就名不副实了，所以群众又改称它为"小戏"。这个名称一直沿用到新中国成立初期。

这种区别于"大戏"京剧的地方小戏，本县还有一个带有贬义的俗称，叫"小dǎo戏"，这个"dǎo"是"捣"，而不是"倒七戏"的"倒"。这是因为小戏剧目没有固定的唱词和说白，只有故事梗概，艺人演唱可随意增减，可临场发挥、任意逗趣，甚至有人还唱一些带有淫词秽语的荤戏（艺人叫找戏），因而有人说，小戏是"七捣八捣"的"捣奔"（不正经瞎扯的意思），是"小捣戏"。

以名而得实，从小戏名称演变的过程可以看到，本县庐剧有别于他地，源远流长，较有特色。

二、史实记载

本县有关地方小戏的文字记载，最早见于清顺治年间。顺治《霍山县志·风俗篇》载："立春先一日迎春，东郊诸技艺各结彩演故事，村邑男妇沿街充巷纵观之。至日食萝卜，谓之咬春。"这则记述，说明那时立春的先一日，在城乡的诸多民俗活动中，就有了结彩演故事的活动，而且观众沿街充巷，热闹非凡。所谓"结彩演故事"，不就是化妆唱戏表演有情节的故事吗？因此，可以看出，结彩唱戏演故事已经成为当时的传统习俗了。

　　清乾隆四十一年（1776）《霍山县志·风俗篇》又载道："立春先一日迎春，东郊各行结彩亭台阁演故事，村邑男妇杂香充巷，谓之看春……"这则记述向我们展示：迎春这一天，城乡不仅在广场上唱戏演故事，而且在亭台楼阁上张灯结彩唱戏演故事，既形象又具体。它应是本县登台唱戏最早的文字记载。

　　本县地方小戏班社的表演场所，最初都是临时搭制的土台和方桌搭台，是非常原始而简陋的。大约明末清初，本县始有专门为上演戏剧而建造的戏楼、戏台。据《霍山县文化志》载，明末清初，徽州旅霍同乡会在县老城光明街集资兴建一座"新安会馆戏楼"，规模宏大，院内可容千人。诸佛庵镇东街火神庙内也有一座古戏楼，名叫"诸佛庵万年台"。它是一座古典式建筑，砖木结构，飞檐翘角，古朴端庄，分上下层，台上演戏，台下住人，甚为壮观。此外，深山区的高山铺还有一座"高山戏楼"等。惜出于多种原因，这些戏楼、戏台建筑均已荡然无存。而首次记载在亭台阁上唱戏表演故事的志书，当属清乾隆这部《霍山县志》了。

　　由于地方小戏多系口头传承，没有固定的唱本，一些艺人为了迎合一些人的低级趣味，往往在唱词和道白中夹杂一些秽语淫词，因而遭到达官贵人的鄙视和反对。清王朝有不准小戏进城之禁令，官宦人家也有禁止妇女听戏之戒条。本县东乡的涂氏宗族于清嘉庆十八年（1813）续修的《涂氏宗谱》，载有阖族公约广家戒二十则（约束宗族的戒条），其中第九则写道"妇女不准入庙烧香、诵佛念经、看会听戏"，企图以此把妇女禁锢于封建礼教的枷锁之中。这则"家戒"中所说的"妇女不准听戏"，当是指不准妇女听看当时已经盛行的地方小戏（那时京剧还没有形成），这是毫无疑义的。这再一次证明，距今190多年前，霍山的地方小戏早已风靡于世，影响广泛了。

综上所述，霍山的地方小戏（倒七戏），距今350年前就有了表演活动的文字记载，距今230年前就有了登台表演的文字记载，至于它生成的起始年代那就更远更长了。

三、最早的班社

本县庐剧（小戏）的发展由开始的自娱自乐到"二人唱""三人唱"的乞讨形式，再由临时性的班社活动到半职业班社组织活动，这中间经历了相当漫长的岁月。据调查，清道光八年（1828），本县东北乡出现了一个小戏班——张家班。因班头姓张，人们叫它张家班，成员七八个人，每到农闲或传统节日，就在家乡附近演唱。对于这种遍布各地的演戏活动，清光绪三十一年（1905）《霍山县志·风土篇》记述道："秋收既毕，无论丰歉，必聚金作醮，演戏赛神。"可见，那时农村秋收之后，无论丰歉，都要打醮演戏，已经蔚然成风了。所谓"演戏"，当然也是指上演地方小戏了。

民国七年（1918），张家班传到第三代张毛子班时，成员已发展到10人，其成员有罗金子、潘维进、潘长依等。与此同时，与儿街一带也成立了一个以黄国继、潘维江为首的"三义班"，成员有杜桃林（小生）、舒福隆（花旦）、舒福同（老生）、李静仙（青衣）、何家礼（老生）、赵士奇（武旦）等人。这个小戏班子活动范围很大，活动时间很长，一直持续到新中国成立初期，潘维江等成员后来还加入了县庐剧团。

如以最早成立的小戏班社计算，距今已有170余年矣，因此，可以说，本县小戏班社的历史也是比较久远的，直接影响了庐剧的形成和传播。

四、唱腔特点

本县庐剧的传统唱腔是在民间歌舞的基础上发展起来的，因此，它与本县的民间歌舞有着亲密的血缘关系。

为了探讨庐剧唱腔的源流问题，县庐剧团作曲家李儒瑶先生，曾于1985年12月参加了在合肥召开的"庐剧艺术协作会"。他在会上就庐剧西路唱腔与霍山民歌的关系作了极为精彩的发言，边说边唱，受到了与会者的一致首肯与赞同。嗣后，他又与六安行署文化局沈义龙先生合撰了一篇论文，名曰《谈庐剧的西路唱腔与皖西民歌的血缘关系》。他们的发言和论文，列举大量例证，阐明庐剧西路唱腔与霍山民歌的亲近血缘关系，首次揭开庐剧声腔的朦胧面纱，为进一步探索庐剧的源流提供了可贵的戏剧史实资料。

霍山的民歌丰富多彩，别具一格，有悠扬、高亢的山歌，有秀雅、明快的小调，有载歌载舞的花鼓，等等。这些民歌为庐剧唱腔提供了肥沃的土壤。本县庐剧正是从中吸取丰富的、有益于自身发展的营养，通过艺人一代又一代的加工创新而逐步形成的。

庐剧唱腔分为"主调"和"花腔"两大类。他们在发言和论文中列举很多首民歌，从旋法、旋律、句式等诸多方面与庐剧的两大类唱腔分别进行比较，其结果是（曲谱从略）：

——《采茶山歌》在本县流行最广，从旋律上看，它与庐剧主调《平二凉》《寒二凉》极为相似。后者是在前者的旋律基础上发展起来的。

——庐剧主调《三七》类唱腔，源于本县民歌《花鼓调》。

——庐剧花腔《打桑》是由本县民歌《十月花名调》扩展而成。

——庐剧花腔《赐大棍》与本县民歌《对花谜》，两者旋律是基本一致的。

其他还有民歌《十月·害相思》《数花名》与花腔《十拜上》的比较；《寒音山歌》与花腔《哭坟》《祭塔》的比较；民歌《五花彩》与花腔《打纸牌》的比较；等等。总之，庐剧花腔中的曲牌，或基本保持了原来霍山民歌的面貌，或稍有增减，或紧缩，或扩展，都是根据唱词所抒发的情绪而定，使之在母体基础上有所发展，有所前进。但它变来变去，还是带有皖西霍山民歌的特点。

综上所述，庐剧西路唱腔中无论是"主调"还是"花腔"，都能在皖西霍山民歌中找到它的"根"，即"5316"和"653"这一音列。而这一音列唯在皖西霍山民歌中才有。皖西霍山民歌与庐剧唱腔的旋法、旋律如此雷同，也只有在大别山区才能发现。这就至少从一个方面论证了庐剧西路唱腔的发源地，总的来说是在皖西大别山区，霍山是主要发源地。

五、新生与发展

旧社会，官府不准小戏进城，小戏班只能串乡流动演出，靠乞讨卖艺为生，生活极为穷困。唱小戏的人，被视为下等人，常受欺凌侮辱，甚至还遭到官兵的关押和毒打，苦不堪言。

新中国成立后，人民翻身得解放，党和政府十分重视庐剧（小戏）传统艺术的恢复与发展，从此，霍山的地方小戏获得了新生。1949年，霍山城关成立"新民剧社"，吸收"三义班"成员潘维江、李静仙、黄重新等人，在城关上演地方小戏。1950年6月，经县文教科批准，"新民剧社"改为"新民剧团"，成为专业表演团体。1952年6月，"新民剧团"又改为"霍山县倒七戏剧团"，并进行了一系列戏改工作。1955年夏，该团更名为"霍山县庐剧团"，体制属大集体单位。"文革"时期，该团虽一度奉命撤销，但不久即恢复。

在党的文艺方针指引下，县庐剧团自建团以来，就认真贯彻执行戏改工作指示，招收培养新学员，添置服装道具，增强音响效果，积极改编移植传统剧目，创作上演新剧目，并坚持上山下乡，为中心工作服务，为群众服务，从而取得了巨大成绩。正因为如此，1981年冬，该团光荣地出席了全国农村文艺工作先进集体、先进个人表彰大会，受到了国家文化部的表彰和奖励。

值得一提的是，该团创作上演的现代庐剧有17个，如《转变》《方小五》《霍山风景》《杜鹃啼血》《常青岭》《朱锡生》《拾油茶》《茶山新歌》《一瓶茅台酒》等。其中有不少剧目参加了地区会演或调演，并多次获得奖励。

尤其是《茶山新歌》一剧，备受人们青睐。该剧是1965年剧团编剧王晓兰先生创作的，并由剧团主乐李儒瑶先生等作曲配乐。该剧以大别山区茶山采茶为背景，围绕解决采茶的数量与质量的矛盾，歌颂了作业组长志宏等农村姑娘们一心为公、热爱集体的可贵品德，并以优美的旋律、优美的唱腔，载歌载舞，令人耳目一新，使人为之倾倒。1965年秋，该剧参加六安地区戏剧会演被选拔加工后，又参加了1966年5月省戏剧会演，并被评为优秀剧目，后又经省选拔成为参加华东戏剧调演剧目之一。安徽文艺出版社随即出版了庐剧《茶山新歌》单行本。1984年秋，省举办"江淮之秋"歌舞节，《茶山新歌》唱腔选段荣获音乐一等奖、演唱二等奖。最近几年，该剧仍然在上海、芜湖等茶博会上频频上演，它那娓娓动听的唱腔在海内外茶客茶商中经久传唱。

总之，霍山县庐剧艺术取得如此成功，令人刮目相看，并为庐剧剧种的形成奠定了基础，这些贡献是历代庐剧艺人们刻苦努力、积极进取的结果，也与新中国成立后党和政府对地方剧种和民间曲艺的关心扶持分不开。在当前新形势下如何进一步弘扬乡土文化、振兴庐剧艺术，仍是人们热切关注的课题之一。愿这朵土生土长、绚丽多姿的艺术之花重上舞台，再放光彩！

狮山中学——西山人才的摇篮

汪正如

清末新学兴起后,西山只有一所"㵐源两等小学校",1912年改为公立"第二高等小学校",简称"二高",学校位于黄栗杪。后由李晴峰、黄艮甫等提议,利用"二高"校产及经费,加上致远会会产,以及各界捐资,兴办初级中学。此议得到乡绅何国佑、孙绂庭等十余人的积极响应。

他们四处考察,最终选定了上土市狮山南麓的一片平地作为校址。㵐河在这一段支流被称为花园河,花园河自皖鄂边界的中界岭蜿蜒向北奔流,形成长20里、宽数里的谷地,临谷地北端横卧着的就是狮山。

于狮山南望,远山如屏,清流如带;楚天吴地,视野开阔。狮山林木葱茏,环境清幽,这里实在是修身养性的好地方。

学校筹建历时数年,待主体校舍玉玺楼竣工即开始招生。

于是,在辛亥革命的浪潮中,一座新学堂诞生了,这就是狮山中学,也称"霍山县西镇初级中学"。

狮山中学开西山新学之风,人文荟萃,声名远播。

狮山中学是西山文化的传承之地,办学之初,学校管理严格,秩序良好。对学生进行三民主义教育,以"四维""八德"为修身的最高准则,文理学科均开齐,特别重视体育,后来还为适应形势,进行军事训练。学生每天必须高唱校歌"总理遗教是则是从,信笃而行忠……成德达才国所重……健而健，勇而勇……牧人救世界济大同"，师生统一着装，集中住宿。

在这里执教的既有饱学的宿儒，如前清的何铋斋等；也有怀志报效桑梓的新学英才，如1908年加入同盟会的孙雨航，旅台后被称为"安徽活字典"；北大毕业的孙道粹，能够校正《辞源》、辨疑《左传》，终生从教，著述丰硕；有从各地延请的名师，北师大、上海交大的都有；更有以教书为掩护的革命者，如汪道涵、王昭铨、马洪范等。他们把满腔热忱、满腹学问化作夙兴夜寐的诲人不倦。时局的动荡、条件的艰苦没有淡化他们的师道，反而形成了"苦教"的传统。让西山文化薪火相传，人文蕴藉深厚绵延。

狮山中学是西山子弟成才的启航之地，西山四里八乡的子弟，到这里求知识，圆梦想。这里，成为他们的乐园，成为他们走出大山，改变命运的摇篮。无数的孩子秉承着西山人固有的质朴勤奋，背负着父母祖辈的殷切期望，在这里，啃着咸菜，吞着糙米，敝衣布履，刻苦攻读。甚至邻县六安、邻省英山的学子也纷至沓来，形成了狮山中学"苦学"的传统，让西山代出才俊，散布华夏，成为培养国之栋梁的沃土。

狮山中学更以新民主革命的策源地的光辉业绩永载史册。清末著名的"张正金教案"就发生在黄栗杪。如果说这被清廷镇压的反帝斗争表现了西山人不屈的性格，唤醒了西山广大人民群众；那么，在马列主义思想的启蒙下，西山无数仁人志士，才真正开始了清醒的有信仰的革命。是他们，书写了这红色西山的历史。

1921年，狮山中学进步师生郑普燕等创办新衡书店，出售进步书籍《新青年》《向导》等，传播新文化、新思想。1924年，西镇伍淑和与何云祥、何国耀等人组织"圣人会"传播马克思主义。1926年，张友印到广州农民运动讲习所学习，10月回到家乡，深入学校、农村，宣传毛泽东发动农民开展农村革命的思想。冬，刘渊西在武汉农民运动讲习所学习，回乡后积极宣传，使马克思主义在西山广泛传播，这里已经成为民主宣传的阵地。

1927年6月，革命家钱杏邨（阿英）由舒传贤陪同，从武汉经英山回霍山，钱杏邨在狮山中学发表演说，指责蒋介石背叛革命，宣传"中国革命的领导权已落在工人阶级的身上，应从农村实行武装割据"革命思想。从法国、捷克考察回来的黎本益也经常到学校和进步师生交流。

1927年10月，狮山中学成立了第一个党支部，徐育三为支部书记。1929年底，他和伍淑和带领进步师生参加了著名的"西镇暴动"，策应了六霍起义的全面爆发，西镇成为鄂豫皖革命根据地红色中心区域，狮山中学堪称皖西工农革命的摇篮。一代代的西山之子，走在救国、报国的路上，壮怀激烈。

民族危亡之际，这里是"霍立联中"，广纳皖鄂等地的流亡学生，使无数热血青年能够"攻书怀救国，高歌喊救亡"，把个人梦想与家国情怀紧紧联系在一起，许多人甘洒热血，前赴后继，英勇捐躯。

这里留下过许多革命者活动的足迹。

1932年3月，中共鄂豫皖省委常委、宣传部部长兼任红安中心县委书记成仿吾，曾经在这里和地下党联系，发动群众支援苏家埠战役。

1938年3月，汪道涵受中央委派，到新四军工作，曾来过西山。他为了工作方便，应聘做了狮山中学的教员，与教师身份的地下党员王昭铨一起开展工作。后担任四支队战地服务团领导，10月，汪道涵以省抗日动员委员会名义收编一支抗日武装，编入新四军第四支队。

王昭铨同志则受张劲夫指派，先后领导安徽省抗日救亡工作团在西镇一带活动。宣传抗日，支援抗日前线。特别是在鹿吐石铺战斗中，发动数百人运送子弹给养，取得了鹿吐石铺大捷，使得日寇打通江淮通道的企图以惨败告终。

支援前方战斗，帮助穷苦百姓脱困。1938年秋，章乃器资助由湖北购进一批食盐，多数分给了漫水河、大化坪、诸佛庵等西山人民群众。

抗战时期，在这里进行抗日工作的还有魏心一同志，他当时任立煌县委组织部部长、书记，多次来这里开展工作。

最能见证狮山中学辉煌历史的还有这座古朴典雅的玉玺楼。

玉玺楼的建筑设计体现着中西合璧的特点，这在现存古建筑中也很罕见。这座砖木结构的两层楼房共66间，为正方形四合院式，正中一方形楼阁，如一枚玉玺置于盒中，故得名。青砖黛瓦，雕梁画栋，是典型的徽派建筑风格。但是嵌在正面墙壁的那六根高出墙头的白色装饰柱是欧式罗马风格，能够与青砖墙壁和谐搭配，甚是奇妙。大门与窗子均为穹庐顶，取天圆地方之意；正门顶照墙两角微翘，如同雄鹰展翅；下方正中，为一巨大圆形图案，寓意朗朗乾坤青天白日。中楼玉玺与四周有回廊连接。一楼皆青砖铺地，多是教室；二楼是师生宿舍，后增建东西包厢。

玉玺楼连同它身边这棵老槐树，还有这沉默的狮山，一起见证着西山的百年沧桑。

一代代的西山之子，让西山文化薪火相传。他们走出狮山，在大江南北拼搏奋斗，让世人见识了西山人求学的钻劲、韧劲，吃苦耐劳的磨劲、狠劲。西山人就这样为人所称道。

新中国成立后，狮山中学更名为上土市中学，开始了它的新生。办学水平更上一层楼。广大西山子弟都有了读书的权利，高考恢复后，学校开始腾飞，成百上千的寒门学子从这里走出跨入大学校门。普通人家里，一家孩子都是大学生已经不是稀罕事。跨入名校的就有百余人。

西山子弟中，方林、张婷、刘胜志、余海洋考入北京大学；张晨光（全省理科高考状元）、吴林、刘杰、李振川、胡帮红已先后考入清华大学；刘太顺、杜鑫、何威、何泽洲考入中国科技大学；杨航考入复旦大学；孙盼成、朱小燕（女）考入中国人民大学；杜宏如考入浙江大学。

1958年，时任校长的李健飞当选全国劳动模范，受到毛泽东主席的亲切接见；1979年以来，学校数次被省市县授予办学先进单位。如今，西山的上土市镇已经是"安徽省文化之乡"；太平畈乡已经成为"硕士之乡"，还有一个"博士村"；漫水河镇是省级"文化先进乡镇"。2016年，上土市镇的殷怡航夺得首届"中华诗词大会"全国总冠军。

凡是在这里工作生活过的人，无不对这块土地独具情思。时常有耄耋老人在家人搀扶下回母校探望。

曾在西山启蒙并在狮山中学短暂工作过的中国白酒酿酒大师、迎驾总裁倪永培也深情眷顾着这里，关注着它的发展，设立迎驾基石工程奖激励山村教师，设立奖学金、助学金鼓励、帮助山村学子。

中国"药王"何云峙，几十年致力于霍山石斛的抢救和发展，让中华九大仙草之首的霍山石斛焕发青春，泽慧中华儿女。他在谈到在狮山中学仅仅一年的求学生活时，总激动不已，非常感念那时候老师的教育培养，让他在所有困难时期能坚持，能取得最后的成功。历届校友都十分深爱母校，关注它的发展，并以真情回报。

尽管行政区划改变很大，英山草盘金铺石头咀划归湖北，包家划到岳西，前畈后畈今属金寨，但是，改不了的是西山的人文，西山的传统。西山，越来越多的人在关注它、探究它、亲近它。玉玺楼已成为安徽省重点文物。

各级领导，外国友人，各地游客纷至沓来，在传承弘扬传统文化的今天，又是狮山的校友主动发起，多方呼吁奔走，踊跃努力，使西山文化研究氛围浓厚，呈现一片欣欣向荣景象。

青山不老，狮山中学不老，玉玺楼不老。

你远望它，如看枝叶繁茂的银杏，勃勃生机；

你了解它，如尝清甜甘洌的山泉，悠悠沁怀；

你回味它，如品尘封的老酒，醇厚、绵长……

大美西山，人文西山，你永远不老！

皋陶医学简论

杜兆雄

霍山居皖西边陲、大别山腹地,其人文、医学之发展,离不开皖西大环境。霍山文风受皋陶文化熏陶滋养,淠衡医学与皋陶医学互相影响,互相推动,前者既是后者的重要分支,又是后者的标本和窗口。为更好地反映霍山传统医药特质,不能不对皖西地域医学——皋陶医学的形成历史和发展现状作一简介。

潜质早具,呼之即出

皖西六安市,2000年前为六安地区,原辖六安、金寨、霍山、舒城、寿县、霍邱六县。20世纪60年代尚辖庐江、70年代尚辖肥西,1979年划六安县城关镇为县级六安市,后又与六安县合并仍称市,撤地设市时分原市为二区。现辖金寨、霍山、舒城、霍邱四县,金安、裕安、叶集、经济开发区四区。既是"红军故里,将军摇篮",又居吴头楚尾,文采斐然。几千年来受皋陶文化熏陶,传统医学底蕴雄厚。1994年10月22日,原地区中医学会在省大别山中药学校召开三届三次理事会暨九四年度学术交流会,笔者曾应邀作《倡立皋陶医学之我见》主题演讲,由此掀起创立皋陶医学微澜。该文1995年7月17日被《中国中医药报·学术版》刊载。1995年12月,原卫生部中医司老司长林伟教授题词"倡立皋陶医学,造福子孙后代",予以嘉勉。1996年1月,六安地区首届皋陶医学研讨会在省中医药学会副理事长兼地区中医学会理事长张琼林先生的主持下在霍山隆重召开，交流论文36篇，内含在省皖西籍专家论文2篇，拉开了皋陶医学研究之序幕。5月1日，《中国中医药报》头版作了专题报道。1997年11月，第二届皋陶医学研讨会在霍山召开，交流论文66篇，将研究工作推向一个新阶段。1998年7月，时任《中国中医药报》总编辑曾宝忠，在他的"安徽行"系列报道中又对此作了专篇论述。皋陶医学是霍山滱衡医学的源头和背景，介绍霍山传统医药，必须先了解皋陶医学的大势。故此，仅将当年《倡立皋陶医学之我见》原文内容转录在此：

  20世纪80年代中期以来，省卫生厅和中医管理局作出了重点抓好"南新安、北华佗"两大中医学术流派研究的战略决策，对全省中医学术振兴起到了极大的推动作用。通过分别召开"新安""华佗"学术交流会，成立相应的研究组织，开展大规模的资料收集和学术研究工作，取得了令海内外瞩目的成就。原卫生部副部长兼国家中医药管理局局长胡熙明1987年6月视察新安医学研究所时指出："中华民族历史悠久，祖国医药学是最珍贵的文化遗产的一部分，新安医学是传统医学的重要组成部分……现在我们看到的是新安医学，中国这么大，其他地区类似这样的工作有没有呢？肯定有！"

  面对江淮杏苑，"新安""华佗"两面大旗迎风招展，人杰地灵的皖西不得不令人感到相形见绌。近十年来，我一直在思考这个问题，皖西中医界人才辈出，只缺一张打得出、叫得响的招牌，只少一面具有凝聚力和号召力的大旗。对此，地区中医学会诸多前辈和领导，特别是张琼林理事长、朱德昌秘书长都有同感。如今要振兴皖西中医药，更显得刻不容缓。窃以为，皖西完全可以打出"皋陶医学"这面大旗，异军突起于安徽杏林，共成"南新安、北华佗、西皋陶"三足鼎立之势，叱咤江淮，互为掎角。

一、"皋陶医学"命名之由

中医学素有景仰圣贤、利用名人效应以广其学说之传统。《内经》依黄帝、《本草》附神农,即是明证。作为与尧、舜、禹齐名而被誉为上古"四圣"之一的皋陶,是我们皖西的始祖,是个神人兼具的典型,拨开神话传说的重重迷雾,历史告诉我们:皋陶氏部族原居于偃,"初,渔于雷泽"。偃,上古属东夷集团,址在山东曲阜,与孔子是同乡。"渔于雷泽"说明当时其部族的社会形态还处于原始社会氏族公社阶段,主要生活方式是石器时代的渔猎,属古东夷集团的一支,皋陶是其部族首领。

皋陶氏部族西迁至"六"是这样的。当时与皋陶部毗邻的有一徐氏方国,十分强悍,对其构成生存威胁,为摆脱窘境,皋陶遂率部西迁,途经淮水南岸,然后转向南方六安一带,见山川高平,河泽丰饶,宜于农耕,遂于此定居,其社会生活形态亦由渔猎而转化为农业生产,此乃了不起的进化。由于其部族居于淮水流域,故又称为淮夷。

皋陶对历史的贡献有二:一是为大理,作五刑,使混乱无序的初民社会有"法"可依;二是营建生存繁衍之地古"六(lù)",客观上为后来皖西中医药的发展提供了良好的物质基础和文化氛围。作为皖西的始祖,其历史地位与作用功不可没。1993年3月19日,《皖西报》云六安市已成立"皋陶研究会",筹划修建"皋陶陵园",以图弘扬皋陶文化,通过文化搭台,经济唱戏,振兴皖西经济,在这种大气候下,以之命名皋陶文化的重要组成部分——皖西中医药学是完全顺理成章的。

二、"皋陶医学"特点之优

依照胡熙明同志在皖南论述祖国医学的四大特点，作为富有皖西特色的地域医学——"皋陶医学"全部具备，兹综括为三点：

（一）历史悠久，自成体系，著作宏丰。

以霍山为例，民国年间，即有执业中医191人，中药店铺132个。著作方面：

1. 正式出版的有徐大桂著《脉症会解》《医法直指》《药石刍言》《经验方歌诀》《肝病论》《伤寒论类要注疏》6部；郭杞人著《新编医学五种》1部；杜兆雄《中药材》1部。

2. 自行刻印的有李青肇著《医家诀要》1部。

3. 脱稿未梓的有徐大桂《读徐洄溪医书笔记》《删节叶案方证释义》《钝斋医案》《钝斋医话丛编》4部；杜起鹤《针药歌诀》1部；刘元介《临床医案》1部；王子安《痘科百问》1部；余德昌《伤寒金匮辩解》《温病临证辩解》《传染病中西医结合三字经》3部；项寿亭《喉科秘锁》1部；杜兆雄《钝斋医案医话拾遗》1部。

总计民初以来出版和存稿医著20余部。

（二）名医辈出，经验丰富，各有专长。

1993年版《霍山县志》记载："新中国成立前，中医多私人开业，不分科，凡开业中医均有一科和多科专长：徐大桂内、外、妇、儿均精，以治温病见长。杜起鹤善治肝脾疾患，崇尚攻下。李青肇精于眼科。程朗轩善治痰饮、梅毒。程绍虞擅伤科接骨和伤寒杂病。内科有徐大昭、陈家桢、余德昌、张文斯、金景发、吴润璞、储德祥、余良辅、项宏德、梅玉如、汪墨斋、苏英甫、陈月珊、吴义庭。外（伤疮）科有张兆荣（自制麻醉嗅剂做小手术）、赵汉臣、万岳西、储德明。骨科有程惟卿、项寿亭、张肇祥。妇科有刘子风、刘元介、丁善怀。儿（痘）科有张兆荣（善灯火推拿）、孙世和、王子安、龚中梓。名药剂有刘朗三、汪厚卿、杜晓亭、童仰之、苏有成等。"

新中国成立后，区、乡基层医院的中医仍是各科兼治，各有特长。朱厚永治肾病，刘钟奇、杜本生治肝病、温病，吴墨如治妇科病，并用火针治风湿病、腹部包块，程仰奎治儿科、推拿、伤科接骨，杨典元用割治法配健脾膏治疳积，徐炳味治急症，王昌禄治寒症，刘光国治妇科、眼科病，怀富友治血症、寒症，石庆文专长针灸，汪中正治内科病，杜兆雄在理论上对肿瘤的中医病机和治略提出新见解，在全国中医学术会议上交流，获省优秀论文三等奖。

1992 年版《金寨县志》载："明末，果子园的金六先生是本县最早的知名中医。清代，群众对古碑著名中医李三畏有'起死回生'之说，誉满六安、霍山诸县，曾获清廷授予'德优硕庆'巨匾一幅。南溪中医鲍尊源任光绪御医。中医蔡宏德在清廷太医院供职。清末至民国初年，张畈乡著名中医胡焕章擅长痘疹、伤寒、流感等传染病的防治。南溪名中医张竹渠，曾任河南国医馆馆长。胡店中医陈艮山被列为全国名医之一。老中医彭久如，1981 年被行署卫生局授予'名老中医'称号。……1950 年后，中医逐步使用普通的西医诊疗技术，对肝、肾、胃、造血等疑难病症的治疗积累了较好的经验。1962 年，古碑看戏群众拥挤踩伤骨折 7 人，中医方升福采用中医复位固定法连夜抢救，无一例感染或畸形。1970 年，县卫生局抽调中医中药人员搜集民间单验方 1200 多种，编印成《民间单验方选编》。1983 年，槐树湾乡中医汪德润采用针灸加服中药，仅 15 天即治愈一头部外伤引起失语两个月的病人。1979 年，中医人员参加全省录用考试，录用 14 人，居全省第二。"

1992 年《寿县志》（评议稿）称："寿地古为通都大邑，名医代出。新中国成立前后，寿县城乡约有中医 300 余名（不包括中药品、药材产制销售者），著名老中医有陶枕秋、金金山、周德甫、徐冠军、石昆甫、张永安、尹硕辅、邹叔瑚、甘泽新等 20 余人，或在城镇挂牌开诊，或居乡宅坐堂治病，时重医德，虽风雨晨昏，无违出诊；对内、外、儿、妇各科，临床经验丰富，并多有验方记录。1951 年，张永安、尹硕辅应聘为地区人民医院中医师；其后，徐冠军应聘为寿县县医院中医师。……1987 年，全县共有中医人员 110 名，其中主治 1 名，中医师 19 名。……寿县中医院主治医师吴靖寰擅长治中风后遗症，以针灸治白癜风，以自制'五色膏'敷治丝虫病疗效显著；中医师冯崇环善于治乙型肝炎、糖尿病等。二人均有论著问世，在群众中享有较好的声誉。"

1992 年版《霍邱县志》云："本县历代都有名医。元末明初寿安人徐富生，明洪武年间在太医院供职，医术名闻一时。清初，淮阴（淮河以南）乡人张士铎，时人比为扁鹊。旧《霍邱县志》记载的名医共有 15 人。清末民初城关李阆斋父子医术名传遐迩，蜚声杏林。河口刘明怀精于妇科、痘科，善用石膏治白带。何尊五幼年患痘，诸医束手，刘明怀辩证论治，终于治愈。民国后期，城关宋保三、刘绩成、萧墨村等人医名远播。乌龙濮少坤用单方预防和治疗狂犬病有奇效。这些名中医，多数不仅精医术而且重医德，不论贫富贵贱，一视同仁。对困苦病人，往往能免费施医施药。但大多有价值的医著及单、验方均已失传。1943 年调查，全县尚有医术尚可的中医 150 多人。……1956 年 10 月，以中医针灸疗法治疗血丝虫象皮肿，病情明显减轻。1958 年 10 月至 12 月，以中医温病理论辩证论治，治疗流行性出血热 52 例，治愈率为 63.46%。砖洪乡卫生院宋小勋研制中药药兜，治疗哮喘、痨瘵（结核病的一种）等多种慢性疾病（不易服药者），有显著疗效，内蒙古、山东等地病人慕名前来求医。1979 年，中医谢午翘发表《浅谈迁延性慢性肝炎的治疗》理论文章，用以指导治疗肝炎，取得良好的成绩。80 年代初运用针刺麻醉施行胃切除、子宫摘除、剖腹产、宫外孕、阑尾炎、胆囊炎等手术313例，均取得成功。1982年以来，推拿医师陈太顺用理疗法治疗颈椎骨质增生，效果较好。1983年，城郊区医院药剂师张树农用中药青黛散油治阴囊湿疹，治愈率达80%。1985年前后，狂犬病发生较多，因治疗狂犬病患者常出现中药斑蝥中毒。中医以中药结合西药维生素和激素类药物进行治疗，无论轻度、中度和重度中毒症，都取得很好疗效。医师梁昌银根据治疗情况写出《斑蝥中毒33例的报告》，获县科技奖。1978年搜集整理内、外、妇、儿、传染病等科单、秘方400个，编印出《霍邱县单验方选编》，供医生灵活选用。……"

1990年《舒城县志》（评议稿）谓："民国时期，本县中医师约有200人，其中宋仁甫、沈信古、朱文甫、汪道南医生医疗水平较高，被称为舒城'四大名医'。中医分内科、外科、妇科、小儿科、花科、针灸科、骨科，绝大多数医生兼营中药铺（店）。……1951年，全县中医由1948年的110人增到354人，占全县医务人员总数的83%。……1962年县人委下文指定名中医郭溢三、朱坚中等人，每人带徒2人；……至1985年，全县计有中医99人，其中，中医药师47人，……县医院自1971年以来，采取中、西医结合诊断的方法，非手术治疗阑尾炎202例。县中医院通过实践，总结了《中医通里攻下法在感染性休克中的防治作用》论文，在华东地区首届中西医结合学术会上交流。"

1989年《六安县志》（评议稿）曰："本县中医素有家传师承和自学方式连续发展，源远流长。明有李成章、杨万里、程守仁；清有俞士杰、朱绳武、夏晓轩；民国年间有张秉和、林春池；新中国成立后有李道甫、林焕卿、陈晓贤等人，医道娴熟，远近闻名。建国前夕，本县有中医400余人，分散在城乡各地单独行医。……1959年上半年，全县开展'三献'（献方、献荐、献书）的采风活动。在国庆期间举办了'六安县庆祝建国十周年卫生工作伟大成就展览',展出了大量实物和图片。其中比较稀有的实物有犀角杯1只;城关老中医冯蓝生先生收藏多年的《洗冤录》1部;石板冲乡兽医秦本义家传三代的喻本元、喻本享兄弟所著《疗马经》1部。同期还展出单验方千余个,经整理汇编成《六安县中医单方秘方汇编》(第一册)。"

1991年版原《六安市志》记:"新中国成立前,城区私人开业的中医郭玉玺(女),主治妇科;范祥斋,主治内科;冯蓝生,主治天花、麻疹。他们医道较高,求诊者很多。此外,中医张爱泉(妇科)、刘小松(内、妇科)、刘亚东(内、妇科)等医术也有较高造诣。新中国成立后,……刘建屏以'妙香散'治疗癫痫、神经衰弱,以'伐木丸'治疗黄肿病,以'加味养阴清肺汤''三五白散'治疗白喉,均获满意疗效。孙杰三以'脱瘰丹'治疗瘰疬(颈淋巴结核)159例,治愈率100%;以'四妙勇安汤''千锤青'治疗脱疽(血栓闭塞性脉管炎)3例,治愈2例。杨开林用针灸治疗小儿麻痹后遗症300余例,显效率达80%。此外,城区马姓和斯姓等回族中医也有较高的医疗水平。1979年后,市第一、第二医院均设立中医科。市一院老中医张智安使用自制的'控涎丹'治疗'癫狂',2例均取得满意的疗效;市二院中年中医师陈家顺刻苦钻研中医理论,擅长脾胃及妇科疑难杂症的治疗,治愈率达85%。"

(三)中药地道,资源丰富,质量上乘。

皖西是我国中药材重点产区,野生资源丰富,种、采历史悠久,自然条件优越,适合动植物生长。资源优势表现在两个方面:一是品种繁多,分布全区境内的植物类药材1707种、动物类药材142种、矿物类12种、其他类5种,共计1866种。二是蕴藏量大,全区总蕴藏量达19943万公斤。道地大宗药材150种,年产100万公斤以上的有断血流、野菊花、葛根、茯苓4个品种;50万~100万公斤的有香附子、合欢皮等9个品种；20万～50万公斤的有山楂、苍术、茵陈等5个品种；10万～20万公斤的有桔梗、紫苏等39个品种；5万～10万公斤的有天麻、半夏、何首乌等40个品种。较为名贵的有茯苓、断血流等10多个品种；较为珍稀的有天麻、霍山石斛、杜仲等20多个品种。其中断血流在全国独一无二，霍斛是斛中珍品，人工栽培已获成功，舒半夏也上了中华药典。丰富的资源是皖西发展中医药事业的优势，也是我们创立"皋陶医学"的可靠基础。

三、"皋陶医学"研究之路

（一）认清流源，确定框架

纵观中国医学发展史，凡能构成地域医学的要素大约有四：一是有一至几个经得起历史检验的公认的代表人物；二是有一批学验俱富的理论临床兼精的名医群体；三是这些群体通过师徒授受，学术相衍，形成各具特色的学术流派，有脉络清楚、代代接力的人才链；四是有与之相应能代表其学术水平的力作（反映其学术特点的著作、论文）行世。

"新安医学"和"华佗医学"研究有一个共同的特点，就是发掘历史宝藏，使之服务当代，造福子孙。华佗因遭权贵迫害，英年遇难，著作无存，研究难度大，但若出成果，意义也大，价值也高。"新安医学"则自宋至今，绵延数百年，卓然成家者776人，其中355人撰有医学论著659篇。这都说明，南新安以其名医众多，著作汗牛充栋而倍显辉煌；北华佗则以华佗在世界上所创的多项第一彪炳史册。我们西皋陶，远溯汉魏，可能不及"华佗医学"峰高；近比宋清，肯定不及"新安医学"面宽。但若论民国迄今，则未必尽输于人，我们有我们的优势，关键是还没有很好地发挥、显示出来。"皋陶医学"的创立之旨，研究之宗，就是要充分发挥这种优势，显示这种风采。

"皋陶医学"犹如浩大的淠史杭工程，是功业千秋的盛举，应当建造几座类似于皖西五大水库般的总结性枢纽工程，尽溯其源，不辞其远，使千壑细流汇成巨川，形成巨大能量，然后力畅其流，务求其沛，使当代学术灌溉体系星罗棋布，覆盖江淮，辐射华夏。

为使"皋陶医学"研究深入扎实地开展起来，各县市要突出自己的特色，形成自己的分支特点，如霍山的可谓"淠衡医学"，金寨的可叫"史河医学"，舒城的可名"杭河医学"或"龙舒医学"，寿县的可曰"寿春医学"，霍邱的可称"古蓼医学"，各县市与总体的"皋陶医学"合中有分、同中见异，百花齐放、百家争鸣，"皋陶医学"才会根粗枝茂，欣欣向荣。

(二) 由近及远，注重当代

"皋陶医学"的研究重点应放在民国以来，尤其当代，对有影响的学术、临床大家的学术思想、临证经验，要认真总结，形成体系，昭示特点。

构成"皋陶医学"的主流就是目前在省内外卓有影响的地区中医学会的资深理事，首推张琼林老先生，其次是张尹岑、章长立，还有六安的针灸名家杨开林先生，木厂的精神情志病专家鲍家宁先生，寿县的中医痹症和针灸专家吴靖寰先生，已故中医名家谭祖贯先生，金寨的孟宪厚先生，舒城郭幸福、高先德、程建中先生，以及鲍氏中医眼科，霍山四大医学流派创始人徐大桂、杜起鹤、程朗轩、吴墨如及其弟子。要抓住他们及其弟子大部分年事已高，而壮心不已的难得机遇，从整理研究其本身经验入手，上溯其先师所承流派的学术特点，旁征其学术体系构成的基本要素，逐渐显示"皋陶医学"的学术特色。如对"皋陶医学"的泰斗张琼林理事长，即可从其拜皖西名医"神针"刘惠卿为师,得其不传之秘,成为其第七代传人人手,探讨他在60余年的医学生涯中形成的学术特点,如他主张"医必有派,医不守派,治必有方,治不泥方",力倡深研遍览,博采众长,反对各承家技,作茧自缚。在临床上,主张"精方简药",崇尚辨证准、组方简、治方活、收效捷,经方、时方、验方、单方,如信手拈来,通变化裁,切中病机,治多灵验;兼用针灸、推拿、拔罐、敷贴、发泡、体疗、心理调剂、语言开导,不拘一格,视病邪之轻重,或单行或并施,纯为求效而设,以愈疾为期;等等。这些难得的临床经验,独到的学术见解,是我们"皋陶医学"的宝贵财富,是构建"皋陶医学"华厦的学术栋梁。对霍山中医界影响最大的徐大桂、杜起鹤、程朗轩三大医派,已形成三传、四传的学术人才链,多至百余人,少的也有数十人,加上东乡的吴墨如、西镇的李青肇,便是构成"皋陶医学"重要分支——"淠衡医学"的主体支架。以此类推,不言自明。

(三) 成立组织,落实措施

此项建议如能成立,则首先要得到各级政府和卫生主管部门的重视支持,需要各级中医学会的组织协调。宜将"皋陶医学"研究列入议事日程和卫生事业发展规划,提出可行性方案,予以检查落实。地、县中医学会内应成立"皋陶医学"及其分支医学研究会,当作学会活动的主要内容。研究会要当好同级学会乃至主管部门的参谋,提出工作计划,确定研究对象名单,确定专人负责,限以时日,保证完成。被确定对象要有高度的责任感、使命感和紧迫感,对自己的学术经验进行一次系统的回顾,认真地总结,力争尽快拿出一些有分量的东西来。门人和整理者要虚心求教,努力钻研,吃透精神,掌握精髓。目前第一步要抓紧整理60岁左右专家的学术经验,同时注意挖掘已故医家的学术经验,以免造成不应有的损失,对55岁以下的名医可作为被整理的第二梯队,做好早期准备工作。

如此坚持下去，积以时日，定能水到渠成。中青年一代一方面要认真继承发扬前辈的绝技，当好"皋陶医学"的二传手；更主要的要有雄心壮志，敢于立德、立功、立言，成名、成家、成学派，将"皋陶医学"这项跨世纪工程勇敢地承担起来，发扬光大。

四、"皋陶医学"希望之光

人类"回归大自然"的呼声日高，对传统医学优越性的期待日隆，作为传统医学中的佼佼者——中医药学，面临前所未有的发展机遇。皖西得天时、地利、人和，应该做出自己应有的贡献，打出自己独特的招牌，使杏林刮目。本人自知才疏学浅，仍大言不惭，呼吁创立"皋陶医学"，并非为了标新立异，故弄玄虚，实是想班门弄斧、抛砖引玉。鲁迅先生说，越是地方性的东西，越具有世界性。我们只要将"皋陶医学"大旗高擎，老中青三代同心同德，将接力棒一代一代传下去，将学术研究一层一层深入下去，"皋陶医学"的传承和发展绝非白日做梦，天方夜谭。纵观中国医学发展史，凡是创立地域医学成功的地方，只要具备一批有影响的医家，出版一批有创见的论著，临床上形成一套有特色的治法，便可成大气候。江苏孟河不过弹丸之地，却在中国医林独树一帜，以"孟河医学"饮誉古今。皖西医精药广，人杰地灵，非不能也，恐不为也。凡事预则立，不预则废。有了明确的目标，再辅之可行的规划、切实的措施，"皋陶医学"必将昂首于安徽医林，扬眉于21世纪。

浔河

——西山人的母亲河、皖鄂的古通道

认识西山人的母亲河——淠河

姚治中

淠（pèi）河滋润了大别山区（西山地区、霍山弧地区）5000年文明，是皖西人民的母亲河。本文提出几个问题，以便更贴切、更深入地认识我们的母亲河。

一、最早见于文献的古河流之一

淠河是最早见于文献的中华古河流之一。

公元前1318年，商王盘庚迁都于殷（今河南安阳），商王朝进入全盛时期。盘庚传承三代之后，大致商的第23代王武丁开始解决几百年前就时叛时服的大别山区的"畎夷"问题。商王从癸殳（古葵丘，今河南民权）出发，来到向（今安徽怀远），溯沛（淠）河而南，每到一处就进行占卜，向天神叩问前途的吉凶，今选几则以了解商王的动向：

"癸巳卜，在反贞，王旬亡畎？在五月，王迓于上𧈪。"（前2.4.1）

"癸卯卜，在麋贞，王旬亡畎？在六月，王迓于上𧈪。"（前2.4.1）

"癸丑卜，在定贞，王旬亡畎？在六月，王迓于上𧈪。"（前2.4.5）

"癸亥卜，在向贞，王旬亡畎？在六月，王迳于上鬵。"

上述地名，向即今怀远，其余都在向之南，以淠河为主轴的淮南地区，上鬵可能是商王在今寿县、霍邱、六安交界处建立的基地，大致呈以下路线：

从这年的5月到6月，商王在这条线上与"畎夷"反复拉锯作战。多次往返于上鬵。迳，即返。贞，即以龟甲或牛胛占卜。商王一路战斗，一路占卜。到这年的7月，战事有了结果，商王在上鬵占卜，说"王旬亡畎"，不像前四条卜辞是问号，这里应该是句号或逗号了。因为在7月的稍后几天，商王的卜辞说"王正叕"，即达到"亡畎"的目的之后，商王回到了叕（葵丘）。

卜辞还说，商王多次在淠河两岸活动，卜辞《林·15·16》记述，商王未日在上鬵，酉日"涉沛"，在另一个癸巳日，商王的巫"在沛贞"，在沛河上或岸边占卜，问天神在旬日之内可能"亡畎"？商王率军队已到沛（淠）河上游。"癸丑卜，在霍贞，王旬亡畎。"商王已深入今霍山、金寨的大别山深处。军事行动成功了，商王深入灊境，"癸巳卜，灊师，王旬亡畎？"在大别山深处建立了军事据点，叩问上苍："王旬亡畎？"（这期间会不会发生事故？）考古发现证明这是史实。金寨麒麟湾（今作七林湾）曾出土商代青铜爵、斝，是商贵族使用的酒器，佛子岭也发现过商代青铜爵（出土状况不明）。经过这次军事行动后，淠河流域的六国与商王的关系恢复正常。

（一）商王宫中常用六地进贡的龟甲作为占卜的材料。"戊戌卜，㱿，贞妌六来㠯三？一。"（佚991，续存下44）巫师卜问天神，可以用六国进贡的龟甲吗？用三枚（次）行不？只用了一枚（次）。即是龟甲。

（二）商王宫中有六国妇女主持占卜（当女巫）。"戊戌，帚六示🕱，箙。"［北大藏骨（合集）1834］"丁巳，（帚）六示🕱，岳。"（故宫藏骨）帚六，即六国来的女巫，示🕱，用牛胛骨占卜。

甲骨文是我国现存最早的已臻成熟的文字，甲骨卜辞是我国现存最早的国家档案。《史记·夏本纪》记载皋陶的后裔被禹封于英、六。说明西汉时，西周的金文、商代的甲骨文为司马迁的论述提供了充分的文献依据，甲骨文中已记载有霍、灉、六等淠河上游（西山地区）的地名。甲骨文多次记述了沛河流域的多处地名，记述了商王多次"涉沛"，甲骨文中只有"沛"字而无"淠"字，沛与霍都有此处雨水丰沛的意义。沛河即淠河，是我国最早见于文献的河流之一，至少已有3000多年的历史。"淠"读作沛，不仅是读音之别，而且是对历史传统的传承，这一传统在大别山区民间传承至今，没有改变。

二、淠河在唐宋之前的历史地位

（一）华夏国家萌芽的中心地区之一

根据考古发现，淠河下游与淮河流域的交汇地点，是大汶口龙山文化分布的南部地域，它在今豫、皖交界处，与中原的仰韶半坡文化相衔接，都是华夏国家萌芽期的考古学遗存。文献记述有舜部落与三苗盘瓠氏在淮河中游的融合。禹在涂山与涂山氏的联姻，在涂山氏大会"诸侯"建立国家的权威。公元前2083年，禹封皋陶之后于英、六，原因在于皋陶生前"敬禹之德，令民皆则禹，不如言，刑从之，舜德大明"。淠河流域在我国第一个多民族统一王朝夏建立时，起到关键作用。

（二）楚庄王时期（前613—前591），孙叔敖督导修建淮、颍、史、淠交汇处的水利，兴建以芍陂为中心的淠、史两河下游的水利工程，并且"秋冬则教民山采，春夏以水，各得其所便，民皆乐其生"。

这一水利工程有以下几方面的作用：

（1）与淠、史、杭上游以畎沟宣泄山水的梯田相呼应，其下游是以人工水库灌溉的平原地区农业，共同构成了中华传统农业的基本模式。

（2）以水利带动林业、水路航运，不仅形成多种经营的产业，并且建立了淠史杭地区与中原及长江中下游的联系与一体化。

（3）开辟了州来这个新的居民点，从州来而下蔡、寿春，使淮河以南地区（整个"霍山弧"内）成为古代中华经济体系的新的增长点。

（4）在经济的基础上孕育了新的文化教育中心：晚楚文化的中心地，为汉文化的形成奠定了重要的基石。

（三）汉唐之后，是南北经济文化交流的枢纽。突出的有以下三个方面：

（1）黄河流域文化与长江中下游及其以南政治经济文化的中心，文翁对汉代文化的影响，灊县杜夷家族及何氏家族对东晋南北朝教育文化的影响对于中华民族古典文明的作用是全面性的。

（2）唐宋时期淠河流域（含史、杭流域）在茶产业中地位举足轻重，带动了金融汇兑等产业的发展，推动了茶文化及社会风气的进步。

（3）茶产业的兴盛不仅促进了民族贸易，茶还成为丝绸之路上的重要商品。促进了文化交流，如唐代佛教进入大别山区是禅宗的高潮时期，是标志佛教中国化的重要环节。

宋朝开始，淠史杭地区逐渐淡出了中华文明发展的主流。原因很复杂，本文列述两宋时期淮河流域（含淠史杭地区）的自然灾害供朋友们参考。

三、两宋：淠河流域成为重灾区

汉唐时期，淠河流域还不是全国的重灾区，今列其大概，供朋友们参照。

公元前206年至公元25年，西汉共231年，大范围旱灾13次，水灾10次。其中影响较大的是黄河两次决口，公元前168年，河决酸枣（今河南延津）；36年后，河决瓠子（今河南濮阳），殃及淮、泗。公元前109年，汉武帝亲临现场，督率文武百官参与抗洪，堵住了决口，"自是之后，用事者争言水利"，汝南、九江两郡开始关注淮河水利。70多年后（前39），庐江等四郡才因久雨而"坏乡聚民舍，及水流杀人。东汉（25—220年）195年，水灾12次，旱灾18次，泛称'郡国淫雨'，未曾有特指淠史杭的水旱之灾"。

唐朝（618—907年）共289年，发生地震18次，山崩10次，水旱灾26次，雷击6次，蝗灾12次，火灾8次。所载灾情分布地区以京城及京畿为中心的黄河流域为主，涉及淮南地区的水灾3次。唐代中前期朝廷很认真地防治自然灾害。628年，唐太宗在宫中抓蝗虫吃，向上苍祝告，天灾由他当皇帝的过失引起，不要祸害民众。716年，宰相姚崇顶住迷信思潮，向灾区派出"检校捕蝗使"，将数以万斤的蝗虫捕获掩埋，减轻了虫害。

到了北宋时期（960—1127年），没见到汉唐时君臣那样坚决的抗灾记载。为便于分析，我们按《宋史·五行志》，仅将水旱灾罗列如下：

971年："蔡州淮及白露、舒、汝、庐、颖五水并涨（指这五地的河水，"庐""舒"包括淠、史、杭三河）坏庐舍、民田。"

972年："河决澶州濮阳。绛、和、庐、寿诸州大水。"

973年："颖州淮、淠水溢，淹民舍、田畴甚众。"（此淠水，又

作濞水、淠水，皆读 pì，在今河南潢川）

986年："六月，寿州大水。"

994年："寿州等九州雨水害稼。"

998年："淮南……旱。"

1022年："是岁，京东、淮南路水灾。"

1041年：一连七年旱灾，宋仁宗除每年派官员祈雨之外，没有采取任何有效举措。

1057年：淮水自夏秋起"暴涨"。

1061年：淮南等地淫雨为灾。

1064年：包括庐、寿等州的淮河流域大水。

1074年：连续两年，淮南等地大旱。

1078年："舒州山水暴涨，浸官私庐舍，损田稼，溺居民。"

1081年："五月，淮水泛涨。"

1093年：淮南等地"自四月雨至八月，昼夜不息"，"大水"。

1108年："自六月至十月，淮南等地不雨。"

1111年："淮南旱。"

1119年："淮南旱。"

1100年到1125年，宋徽宗赵佶当政。他终日听道士讲道，懒于理政。他有很深的艺术修养，同时也竭力追求享乐。动员大批人力到江南搜寻奇花异石，却不顾大江南北的灾情。为满足私欲，他滥发纸币，巧立名目，增加赋税。北有宋江起义，南有方腊造反，金军兵临城下，1127年，其与儿子宋钦宗一起被金兵俘虏，最后囚死于五国城（今黑龙江依兰）。

南宋（1127—1279年）共152年。1234年前金宋对峙。1234年之后，蒙古（1271年，忽必烈改国号元）与南宋对峙。江淮之间成为南北政权战争的主战场，人祸加剧了天灾。

1152年："淮甸水。"

1158年："江东、淮南数郡水。"

1164年：庐州、寿县及"淮东郡皆大水，浸城郭、坏庐舍、圩田、军垒，操舟行市者累日，人溺死者甚众。越月，……水患益甚，淮东有流民"。

1171年："江西东、湖南北、淮南……皆旱。"

1176年："淮、浙积雨损禾、麦。"

1175年、1178年、1180年、1181年、1183年、1184年：淮南地区旱。

1178年：淮西郡县却遭大洪灾。

1188年："淮甸大雨水"，庐州城（今合肥）被冲垮，但舒州（今安庆）却大旱。

1193年：安丰军（今寿县、西及霍邱淠河下游）大水，平地三丈余，漂田庐，麦皆空。连续，4年"亡麦"。

1193年、1194年：淮河流域连续两年大旱，无法播种。

1205年："汉、淮水溢……圮民庐，害稼。"

1209年、1215年、1218年：淮河流域各郡大旱，安丰军等六州府为甚。

1215年："江淮杯水数十钱，渴死者甚众。"

1274年："庐州水。"

为节省篇幅，两宋时期的蝗灾、风灾、疫病等暂不列入。值得注意的是南宋时期愈演愈烈的难民潮，难民以淮河流域居民为主，其中自然不乏淠史杭流域的居民。

1164年：冬，"淮甸流民二三十万避乱江南，结草舍遍山谷，暴露冻馁，疫死者半，仅有还者亦死"。

1209年：夏，"淮甸大疫，……淮民流江南者饥与暑并多疫死"。这年"淮民大饥，食草木，流于江、浙者百万人。先是淮郡罹兵，农久失业，米斗二千，殍死者十三四，炮人肉、马矢食之"。

1209年：春，"两淮、荆、襄、建康府（今南京）大饥，米斗钱数千，人食草木。淮民刲道殣（死在路边的人）食尽，发瘗胔（才埋入土的死人）继之，人相掂（活人相杀）噬（吃）；……殍死日八九十人"。

1215年、1218年、1223年：江淮之间闽浙等地都发生饥荒。

淠史杭三河流域（特别是我们的母亲河淠河），从远古到汉唐都是中华民族重要的经济文化区，变成两宋时期的重灾区，读者们不难得出结论。宋孝宗淳熙年间（1174—1189年），诗人林升所作《题临安邸》可启发我们许多思绪：

山外青山楼外楼，西湖歌舞几时休？

暖风熏得游人醉，直把杭州作汴州。

四、一部永不消泯的中华民族兴衰史

中华传统文明的主干是农业文明，水利是农业的命脉，几千年来，维护并不断强化这一命脉是各个时期国家政权的基本职能。有一首流传百年的民谣："说凤阳，道凤阳，凤阳本是好地方，自从出了朱皇帝，十年倒有九年荒。"将淮河流域成为重灾区完全归罪于朱元璋，虽有些过分，但究其根本原因，在于封建统治的腐败，这是事实，铁证如山。

我们没有引述元明清三代的史实，淮河成为重灾区，起源于北宋末年，折腾了几百年，直到中华民国时期都没有根本的改变。20世纪30年代，日本帝国主义大举入侵，淮河流域灾害频发。盘踞安徽的军阀李品仙没有率领部下积极抗日，也没有致力治淮，而是以大队人马盗掘朱家集楚墓。淮河上游的河南省有民歌唱道："河南四殃，水旱蝗汤。"汤即指时任鲁苏豫皖四省边区党政分会主任兼边区总司令的汤恩伯，民众将他与蝗虫相提并论，就是他，说是为了阻滞日寇，扒开黄河，造成黄淮地区民众几十年的大灾难。

20世纪50年代初，毛泽东主席发出号召："一定要把淮河修好！"1952年，淠河上游的佛子岭水库开工。我们不会忘记，中华人民共和国于1949年10月1日刚刚成立，国民政府蒋介石势力的残余还在全国各地企图颠覆人民政权。1950年开始，美国纠集十多个国家组成"联合国军"疯狂侵略朝鲜，人民志愿军在极其艰苦的条件下浴血奋战。就是在这样的条件下，中国共产党领导人民开始了根治淮河水患的决战，淠河开始走向新生。

淠河，是我们的母亲河，也是一部永不消泯的民族奋斗史。淠河天天奔流，天天在告诉我们：不应忘记过去，忘记就意味着背叛！

附记

商代甲骨卜辞将霍山弧的核心地区（西山）称为"霍"（或潜），将发源于这里的西山居民（各部落）的母亲河叫作沛水。也就是说，最迟在公元前1318年（盘庚迁殷）之前，还没有"淠"字。

淠字最早出现于《诗经》中一些西周时期（前1046—前771年）的篇章中，它们是：

《诗经·小雅·小弁》记载："萑苇淠淠。"指河流两侧的芦苇生长茂盛。又《小雅·采菽》记载："其旂淠淠。"指诸侯仪仗中旗帜飘动的形状。《诗经·大雅·棫朴》："淠彼泾舟。"指泾河中帆船缓缓地航行，且将"淠"写成"淠"。以上的"淠"或"淠"，南宋学者朱熹都注释说读譬（pì），但西汉学者毛亨、毛苌所撰《毛诗》说，"淠"读作pèi。可能西周开始出现"淠"字，读作pèi或pì，但没有作为河流的名称，是形容词。至迟在西汉，有学者将"其旂淠淠"中的"淠"读作pèi，也没有专指商代大别山区的沘水。

《汉书·地理志》说庐江郡有潜县，此说与商代甲骨文《史记》等文献一脉相承。唐人颜师古注解道：灊"天柱山在南。有祠，沘山，沘水所出，北至寿去入芍陂〔（què bēi），今安丰塘〕。"颜师古注解的根据是东汉末年的《水经》，北魏（386—534）末年，郦道元《水经注》说："沘字或作淠。"读作比（bǐ）。可能商代的沛水，西汉时被读作沘水，或写作淠水，都读作沘（bǐ）。总之，唐代之前，沛水在文献中写作沘（或淠）水。没有读作 pì 水的，更没有文献证明，大别山区民间传承几千年的传统沛（pèi）河的称呼已经改变，事实上写作沘也好，淠也罢，民间称母亲河为沛（pèi、淠）河 3000 多年没变。

《辞海》2002 年版"淠河"条，读淠为 pì，但在"沘水"条又称沘（bǐ）水，"即今安徽淠河"。没有说明淠河原来是商代卜辞中之沛水，更没有说明，它（《辞海》）不根据原始材料称之为沛水，也不根据汉代文献读作 bǐ 水，而将淠读作 pì，称淠河为淠（pì）河，不知根据何在？

无论文献记述如何变动，几千年没变的是民族传统。1958 年，今六安市解放北路与小东街交界处有"淠声剧场"，鼓楼街有"淠河酒家"，还有公社名称（"淠东公社"）以及许多人名（有的烈士也以淠为名）。如果读淠为 pì，情何以堪？这是民众认可的读音，不要以"pì"亵渎民族传统，这是民众不认可称母亲河淠河为 pì 河的原因。

今河南潢川境内有一条河，汉代称为澨水，《说文解字》："水出汝南弋阳（今河南潢川）垂山，东入淮，亦作淠。"《水经》也记有这条河，"淮水又南北，淠水注之"。淠与淠互通，读作 pì，但不是西山地区的母亲河：淠河。

一些文献将淠河称为"害河"，也是不公平的，淠史杭等河亘古以来哺育芸芸众生，它之所以有水旱之灾，一是气候变幻，二是人祸。公元514年，梁武帝萧衍发动军民20余万，在今明光县境淮河上筑浮山堰，516年完成。目的是堰塞淮水淹灌北魏统治的寿阳城。造成淮河中上游几百里水患，寿阳城崩坏，北魏移戍于八公山。南宋建炎二年、1938年，当时统治者都扒开黄河，造成延续几百年的重灾区、"黄泛区"，黄河、淮河及其支流（如淠河）都被蒙上"害河"的恶名。

从炎、黄二帝开始，营建天人和谐的关系，抵御自然灾害就是中华民族国家最主要的职能之一。风调雨顺，才能国泰民安；君主腐败，政府无能，必然造成天灾频频，人祸导致天灾，加剧天灾；历史证明这是真理。淠河（我们的母亲河）受害于腐败的政权，被诬称为"害河"，新中国成立之后，彻底改变了它的命运，现在它不仅哺育皖西人民，而且还滋润淮南、合肥、滁州等地区。

也谈"浠"字的读音

张书圣

几年前,余新华先生关于浠河的"浠"字读音问题做了一番考证和研究。他在查阅大量的辞书、典籍后,随以成文,名为《关于"浠"字的读法》。先生的结论是:从汉代的《说文解字》到清时的《康熙字典》,浠有两种读音,可读"沛"音,也可读"屁"音。

然而,当代的《新华字典》《辞海》《现代汉语词典》关于"浠"字就是一个读音,即"pì"。不知那些编辑老师们的依据是什么?

余先生最后引用孟子的话:"'尽信书,不如无书'。所以我们也不能尽信字典。"故他认为,"浠"应该读"沛"音。

最近,我看了两期《记住乡愁》的电视节目。其分别介绍了山西省的解州镇和重庆市永川区的松溉镇的历史文化及当代发展等情况。两个纪录片中都涉及这两个镇名的读音问题。

先来看解州。解州的"解",当地人读作 hài(害),而不读"xiè"或"jiě"。笔者查阅了几部辞书,均未见"解"字注音为"hài"。《辞海》有"解州"这一词条,将"解"字注音为"xiè"。尽管《辞海》这么定了,一些电视媒体和外地人也都读作"xiè",但解州人依然我行我素,不予理睬。

重庆市永川区的松溉镇,因境内有松子山、溉水,故"松溉"即为镇名了。古时,那里有位举人在外地做官,在一次省亲回乡时,把"松溉(gài)"读成"松既"了。乡人不解,以为举人是有学问的人，此可能有高明之意，便也都默认了，故均将"溉（gài）"读作"既"了。此后这"松溉镇"就叫"松既镇"了。近年来，永川区政府依据群众意见向重庆市政府提出了将"松既镇"恢复原名"松溉（jì）镇"的请示。重庆市政府根据该镇名的历史由来和相关资料，为尊重历史、尊重群众意愿，充分挖掘松溉的历史文化资源，同意将"松既镇"恢复为"松溉（jì）镇"了。

再来看看淠河。淠河，古称沘水、白沙河。流经霍山境内的称东淠河。它的源头有两支，一是漫水河，一是黄尾河。西淠河的源头在金寨县，主要流域在金寨和裕安区。东、西淠河在裕安区的西河口汇合为淠河。霍山人称的淠河即东淠河，它以无私奉献的精神，哺育着这里的乡民。因此，淠河是霍山人民的母亲河，故霍山人对它怀着深厚的感情。几千年来，霍山人称它为淠（pèi）河，这已成了习惯，成了历史。你知道吗？这里面有多少情思，有多少乡愁！所以当有人称其为"淠（pì）河"时，我们即会顿生不快之情。所以，依感情上看，霍山人就压根儿不想把"淠"读作"淠（pì）"。（因为它太难听了！）

《穀梁传·桓公二年》记："孔子曰：名从主人，物从中国。"其意为：地名的读音，应以当地人的读音为准。此也为国际惯例。比如领土的认定，"名从主人"是极其重要的条件。

鉴于上述一些缘由及解州镇、松溉镇的做法和经验，笔者认为"淠河"应读作"淠（pèi）河"。这也是尊重历史，尊重乡人的习惯。同时，我们也可以采取永川的做法，请示报告市政府批准此事。倘能如此，关于"淠"字读音的探求或争论，也就可以画上一个较为圆满的句号了。

大别山与巢湖、霍山与合肥人文地理关系简描

宁业高

一、辨史乘看霍山县与合肥关系

今合肥是安徽省会。在远古时期，属于有巢氏部落。"构木为巢"的始祖有巢氏开创巢湖流域文明，也开创中华民族远古文明和人类文明，位于北京的中华世纪坛和中华百帝宫，有巢氏被尊为中华第一人文始祖，燧人氏、伏羲氏（女娲氏）、神农氏（炎帝）、轩辕氏（黄帝）及尧、舜、禹等远古帝王，均序列其后。始祖有巢氏被世界公认为"巢居鼻祖"而受到历代崇拜。

经过20世纪以来的考古发现和历史研究，大家认定，有巢氏生籍地及其氏族繁衍地即是物产富庶、气候温润的巢湖流域。

安徽名人馆第一展厅奉立始祖有巢氏塑像，介绍其伟大业绩与泽被万代的不朽功德。

安徽名人馆有巢氏塑像

有巢氏文化发展路线图：

●鸟巢（鸟类之窝）——人巢（人类之居）

有巢氏（巢居首创者始祖有巢氏、屋居首创者皇祖有巢氏）→有巢部落（炎黄时代）——巢父（尧时代）

→巢国（南巢，夏之前）→巢伯（诸侯巢国之君主，夏、商、周，春秋）

→巢邑（巢国亡国后的都城旧邑，即巢城，春秋中期至战国）→居巢县（秦、汉、晋）→巢湖（焦湖，东汉末至今）→巢州（唐、元）

——巢县（唐、宋至中华民国、新中国成立后），迄1984年

——巢湖专署（中华民国）→巢湖地区（新中国成立后）

——居巢区［县级；巢湖市（县级）；巢湖市（地级）；巢湖市（县级）］

由上列史图可见，夏、商、周三代，巢湖流域为巢、六、英三个血缘氏族方国和睦共处。西周末及春秋时期，分辖巢湖流域的是巢、庐及"群舒"。从历史沿革上讲，霍山与合肥，血同缘，族相通，史同篇，政相连，一贯数千年。

以合肥为中心的巢湖流域的历史人文价值定位与特质，可以"三个之一""三个地带"来概括，即：

巢湖流域是东方人类发祥地之一；

巢湖流域是中华文明发祥地之一；

巢湖流域是夏文化发祥地之一；

巢湖流域是东西（吴越与荆楚川蜀）文化交汇地带；

巢湖流域还是南北（长江、钱塘江与淮河、黄河）文化交汇地带；

巢湖流域是安徽（八皖）文化中心地带。

霍山文史具有上述"三个之一"特点，霍山地域同巢湖流域一

样也具有"三个地带"的元素内涵与特征。

二、解地缘看大别山与巢湖关系

从表现上解读大别山与巢湖地缘关系是一目了然的。大禹治水时即有所发现,《尚书·禹贡》即有两处记载,一曰:"淮海惟扬州,彭蠡既猪,阳鸟攸居。三江既入,震泽厎定。"二曰:"至于大别,南入于江,东,汇泽为彭蠡,东,为北江,入于海。"这其中的"彭蠡"即今巢湖。由于班固《汉书》之误,有人将"彭蠡"名称张冠李戴给了鄱阳湖。自朱熹、蔡沈而下,历史学者、地理专家已经给予了明确的辩证。汉武帝也有所发现,《史记·封禅书》记载元封五年(前106)汉武帝东南巡狩路线,进入今安徽境内,他先是上天柱山,后过彭蠡即今巢湖,再访琅琊山。霍山、巢湖,都在他的路线图上,并非偶然。

隋文帝一坐上龙椅,即派钦差大臣卢思道专程来庐州祭祀巢湖湖神。朱元璋入巢湖登姥山结盟巢湖水师,在金陵紫金山筑巢湖神庙。之所以如此隆重,是因为在他们心里,"霍山山灵重要,巢湖湖神重要"。封建帝王刚登基时都会祭拜天地,祭拜祖先,祭拜山水之神灵。帝王们虽然是"天帝之子",但他们认为,只有得到四方之神、山水之神的认可和卫护,国家才能国泰民安,江山才能稳定,自己的龙椅才能坐得住。现代巢湖被列入"全国五大淡水湖",早期巢湖的规模在淡水湖中是居老大老二地位。"初时,巢湖范围西近六安双河镇,北抵今合肥市,南与庐江县白湖相连,面积超过100平方公里"(《中国湖泊志》),巢湖的全盛时期"要比现在的大三四倍,湖水也深得多"(《中国名湖》)。巢湖古时面积大,规模巨,所以,名位显,帝王尊。

就巢湖与霍山特殊关系,大禹、汉武帝也许都没有真正知晓,这是后世地理学家实地勘察后发现的。我琢磨许多年，想用两句话概括：

论山脉，霍山是"山之头"，即霍山是巢湖周边山丘的"头"，这是就"霍山弧"对于巢湖盆地形成的特殊作用来概括的。大别山走向是西北往东南，霍山是东南往西北，构成"霍山弧"。霍山山脉分两支，一支往巢湖南，延达桐城北砝山；一支往巢湖北，延至滁州明光市东，如双臂紧抱巢湖。再观察北部，自北向南，蒙良山、琅琊山、龙王尖、玉屏山、东黄山、青龙尖……群山连绵起伏，直至巢湖南、庐江北，成合拢之势，包容之态。地理地质学家称为巢湖盆地。

论水源，霍山是"水之源"。巢湖及其入水主流的南淝河之源头。巢湖注入主河流南淝河，合肥人称之为母亲河，其水源于大别山。合肥饮用水库董铺水库溯源，即是霍山县境的磨子潭、佛子岭水库。2014年6月，合肥有识之士搞了一个"2014碧水寻踪行动""母亲河溯源科普之旅"活动，颇受关注，甚得好评。其中一项就组织近20名摄影家、环保志愿者参加，对合肥的母亲河南淝河展开溯源活动，从合肥的董铺水库一路向西南，直至源头——大别山佛子岭水库，沿途开展两岸生态摄影考察，并检测水质，使人们清晰地了解到目前母亲河的水质状况及两岸生态情况。巢湖西部的入注河流杭埠河等均源于大别山。我喝着巢湖水长大，现住合肥城，饮用董铺水库水，我说我是"巢湖的儿子，也是大别山的儿子"，显然是情由之衷，理所当然的。

清清河水

许建华

淠河是皖西的一条大河,发源于安徽省霍山县,流经六安,在寿县正阳关入淮河。淠河也叫淠水,古称沘水,早在南北朝时郦道元所著的《水经注》里就有关于淠水的记载:"沘水出庐江灊县西南,霍山东北,灊者,山、水名也。"《开山图》也提到灊山围绕大山为霍山。郭景纯曰:"灊水出焉。县即其称矣。"《春秋》记载:"昭公二十七年,吴因楚丧,围灊是也。"《地理志》曰:"沘水出沘山,不言霍山,沘字或作淠。淠水又东北径博安县,泄水出焉。东北过六县东,淠水东北,右会蹹鼓川水,水出东南蹹鼓川,西北流,左注淠水。淠水又西北径马亨城西,又西北径六安县故城西,县故皋陶国也。夏禹封其少子,奉其祀。今县都陂中有大冢,《民传》曰:'公琴者,即皋陶冢也。楚人谓冢为琴矣'。"汉高祖元年(前206),别为衡山国,五年属淮南,文帝十六年(前164),复为衡山国。武帝元狩二年(前121),别为六安国,王莽之安风也,《汉书》所谓"以舒屠六"。晋太康三年(282)庐江郡治。淠水又西北,分为二水,芍陂出焉。又北径五门亭西,西北流经安丰县故城西。《晋书·地道记》记载:"安丰郡之属县也,俗名之曰安城矣。又北会濡水,乱流西北注也。北入于淮。水之决会,谓之沘口也。"泄水出博安县,《地理志》记之博乡县也,"王莽以为扬陆矣。泄水自县,上承沘水于麻步川,西北出,历濡溪,谓之濡水也。北过芍陂,西与沘水合,泄水自濡溪径安丰县,北流注于淠,亦谓之濡须口。西北入于淮。乱流同归也"。

上文的大意为：沘水发源于庐江郡灊县西南、霍山东北，灊是山名和水名。据《开山图》，灊山围绕的大山是霍山。郭景纯说："灊水发源于此，县也按水命名。"《春秋》："昭公二十七年，吴国乘楚国有丧事而包围了灊。"《地理志》说"沘水发源于沘山"，而不说霍山；沘字也有写作淠字的。淠水又往东北流经博安县，泄水发源在这里。往东北流过六县东边。淠水往东北流，在右边汇合了蹄鼓川水，此水发源于东南方的蹄鼓川，往西北流，在左边注入淠水。淠水又往西北流经马亨城西边，又往西北流经六安县老城西边。六安县就是旧时的皋陶国。夏禹把这地方封给他的小儿子，料理对他的祭祀。现在城郊的丘陵中有座大墓，楚人称坟墓为琴，民间相传叫公琴的，就是皋陶墓。汉高祖元年（前206），把六安划出来立为衡山国，五年（前201）改属淮南；文帝十六年（前164）又恢复衡山国；武帝元狩二年（前121）立为六安国。就是王莽的安风。《汉书》中说的以舒人屠杀六人，六即指六安。晋太康三年（282），这里是庐江郡的治所。淠水又往西北流，分为两条，芍陂就由此分出。又往北流经五门亭西边，往西北流经安丰县老城西边。按《晋书·地道记》载安丰县是安丰郡的属县，俗称安城。又往北流，汇合了濡水，然后乱流向西北奔去。往北注入淮水。沘水与淮水汇合的地方，叫沘口。泄水发源于博安县，博安县就是《地理志》里的博乡县，王莽称为扬陆。泄水上流在博安县麻步川承接沘水，往西北流出去，经过濡溪，称为濡水。往北流过芍陂，西流与沘水汇合。泄水从濡溪流经安丰县，北流注入淠水，汇流处也叫濡口。往西北注入淮水。此后水就分散乱流，一齐注入淮水。

《水经注》的作者是北魏时的郦道元，《水经注》是郦道元为《水经》所做的注文。《水经》全书10000余字，而《水经注》有40卷，字数是《水经》的20余倍，名为注释《水经》，实则以《水经》为纲，自成巨著。郦道元在注文中纠正了《水经》的许多错误，并指出文献引用处的正误。但由于当时南北朝分裂，郦道元的足迹未能到达南方，因此涉及此部分的注文有不少错误。传至宋初，已缺5卷，后有人将剩下的35卷析为40卷，又迭经传抄翻刻，《水经注》遂失其真，有的章节误简夺讹十分严重。明、清两代学者开始重视《水经注》的校理工作。明代朱谋㙔著有《水经注笺》。清初顾炎武、顾祖禹、阎若璩、胡渭等人又治《水经注》。乾隆年间有全祖望、赵一清、戴震三人全力以赴，各成专书。光绪年间，又有王先谦汇列全、赵、戴三家校语，参考其他研究成果，撰成《合校水经注》。不但从大体上分清了先前被混淆的经文与注文，补齐了散佚的5卷《水经注》佚文，而且纠正了郦道元《水经注》中原有的不少错误，《合校水经注》已逐步接近《水经注》原貌了。

现在所出的《水经注》大多依据王先谦《合校水经注》版本出版。王先谦之后研究《水经注》的是光绪年间的杨守敬，杨守敬（1839—1915年），湖北省宜都市陆城镇人，清末民初杰出的历史地理学家，他对《水经》和《水经注》做了深入研究和考订，与门人熊会贞历时数十年写成《水经注疏》40卷，他总结前人研究成果，比前人的研究更为周详，与熊会贞成为郦学地理学派创始人，使中国沿革地理学达到了高峰，其舆地学与王念孙、段玉裁的小学和李善兰的算学被誉为清代"三绝"。杨守敬最大的成就是舆地学，代表作《水经注疏》、《历代舆地沿革图》2301幅，军用图《历代舆地沿革险要图》70幅，绘有《水经注图》304幅，以及《隋书经籍志补正》《晦明轩稿》《汉书地理志补校》等20多部。世人评价最高、最多的是《水经注疏》，它将郦道元《水经注》所引之书，皆注出典；所叙之水，皆详其迁流。集当时研究郦学及地理各家之长于一书，正误纠谬，旁征博列，疏图互证。全书40卷200余万字，论述河流3000余条。

关于"沘水"（淠水）的这段文字记载，历史上有许多争议，首先是"灊"，最早的《水经注》版本都是写作"灊"，这是个古文字，与"潜"同音，现在通行版本的《水经注》里已经看不到这个字了，取而代之的是"潜"字，是因为在1975年时，因为文字发展的需要，把许多古文字简化了笔画和写法，成为简化字，"灊"与"潜"在古代同音，所以"灊"就简化成了"潜"，因此许多人认为"灊"就是现在的"潜山"。

那么历史上的"灊"到底在哪儿？杨守敬《水经注疏》32卷载："《左传》，原文潜作灊。杜预注，楚邑，在庐江六县西南。《汉》《晋》《宋》《齐志》作灊，《续汉》《后魏志》作潜，二字古代通用。汉灊县属庐江郡，后汉、魏、晋因之，宋为郡治。齐郡徙，县属。梁因，后魏复为郡治。"还指出灊邑故址就在今霍山县东北30里处。光绪《霍山县志》记载得较为详细，光绪《霍山县志》由清霍山知县秦达章主修，成书于光绪三十一年（1905）秋，据光绪《霍山县志·卷一地理志·沿革》记载："霍山于春秋楚灊邑，春秋昭公二十年左传，吴使公子掩馀公子烛庸帅师围灊。"杜预注："灊，楚邑在庐江六县西南。"按《史记·夏本纪》记载："封皋陶之后于英、六"，春秋僖公七年，齐人徐人伐英氏。杜预注："在六县西，文公五年秋，楚成大心，仲归灭六。"其大意为：今庐江六县，一说皋陶次子英伯仲甄仕夏大禹封或曰汤封之，或又谓仲甄仕夏封灊盖当楚未灭六时，英、灊必为六属国，楚灭六始属楚。通志引华亭姚培谦云，今六安州西有英氏城接英山境。嘉庆《六安府志·沿革考》记载："英地或在汉灊西，昭公三十一年左传，吴人侵楚灊、六，吴师还，楚迁予南岗。"《江南通志》中有"南岗即汉灊县地"，唐《括地志》记载："灊，故城在霍山县东二百步，按今县西有灊台当以古灊得名。"

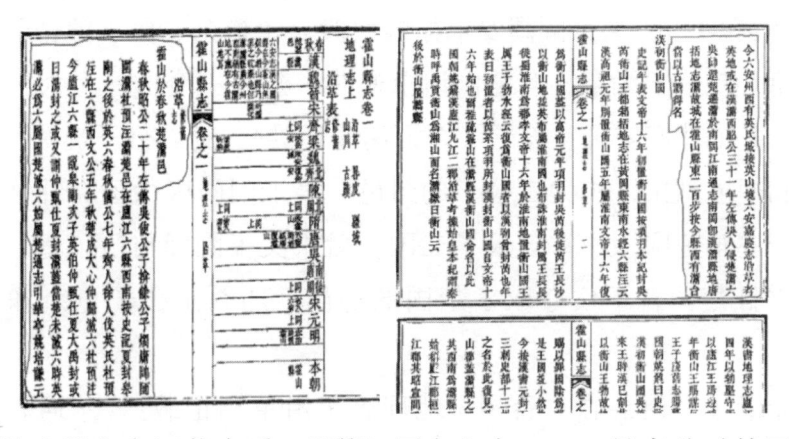

从这段文字记载来看，"灊"历史上有二，一是春秋时楚国的灊邑；二是后来汉时的灊县。先有了灊邑，才后有了灊县。邑，《说文解字》记载："邑，国也，即封国、食邑。"会意字，甲骨文字形上为口，表疆域，下为跪着的人形，表人口，合起来表城邑、都城、都邑等。《左传》记载："凡邑，有宗庙先君之主曰都，无曰邑；孔颖达疏：小邑有宗庙，则虽小曰都，无乃为邑，为尊宗庙，故小邑与大都同名。"泛指城镇。春秋时楚的灊邑原来是皋陶的小儿子英伯仲甄六国的属地，后被楚国占领，成了楚国的灊邑。据司马迁《史记·吴太伯世家》记载："十二年冬，楚平王卒。十三年春，吴欲因楚丧而伐之，使公子掩馀、烛庸以兵围楚之六、灊。使季札于晋，以观诸侯之变。楚发兵绝吴兵后，吴兵不得还。"楚昭王二年（前514），吴王僚趁楚平王驾崩，楚国国内局势动荡之机，派兵攻打楚国。派弟弟公子掩馀和公子烛庸率军包围楚国的六邑、灊邑，结果吴军的后路被楚军切断，进退两难，僵持不下。就在这时，吴国发生了宫廷政变，公子光听从伍子胥的安排，派专诸在宴请吴王僚的宴席上，把一把很小的剑藏在鱼腹中，在上鱼这道菜时拔出剑，刺杀了吴王僚，公子光当了吴国的大王，就是吴王阖闾。这就是历史上专诸刺王僚的故事。当时吴国内乱，吴国无暇顾及楚国，吴王僚的弟弟公子掩馀逃奔徐国，公子烛庸奔钟吾（今江苏宿迁）。楚昭王四年（前512），吴王阖闾要求徐国引渡公子掩余，要求钟吾引渡公子烛庸，二公子无奈，向楚国请求避难。楚昭王令监马尹大公迎接二公子，把他们安置在养邑（今河南沈丘县），为二公子筑城，并以城父和胡邑割田，扩大二公子的封邑。吴王阖闾因徐国和钟吾纵容二公子逃奔楚国，一举攻灭了二国。后来吴王阖闾与伍子胥、孙武率军攻打楚国，不仅夺取了楚国的舒邑，还杀了公子掩余和公子烛庸。

光绪《霍山县志·卷一·地理志·沿革》记载："尔通志潜水废县在今县东北即下埠口，今名下埠桥，距今治二十里，相传有古城址，或疑即春秋吴所伐之灊也。"

光绪《霍山县志》成书于光绪三十一年（1905）秋，据书前"凡例"介绍，是依据嘉庆《霍山县志》的原志续修成今志，嘉庆《霍山县志》由嘉庆时霍山知县潘际云主修，而关于嘉庆时霍山知县潘际云的事迹，光绪《霍山县志·卷六·秩官志·官绩》有记载："潘际云，字春州，江苏溧阳人，嘉庆十三年（1808）由翰林改官霍山，际云有适度，文辞深博尔雅，政暇喜流览山川，问风土物俗之情，发为咏歌抒其忠悃。嘉庆十八年（1813）调灵璧复任。"潘际云在霍山五年间参考明万历《霍山县志》（佚失）、明天启《霍山县志》残本（佚失）和清乾隆《霍山县志》，为霍山编修了嘉庆《霍山县志》，书中参考古籍经典，前人记载等翔实的史料为霍山留下一部历史资料。关于潜水废县比潘际云嘉庆《霍山县志》更早的有清顾祖禹《读史方舆纪要》一书。顾祖禹（1631—1692年），字景范，江苏无锡人，居常熟，顾柔谦之子。生于明崇祯四年（1631），卒于清康熙三十一年（1692），享年62岁。清初沿革地理学家，生于江苏常熟，徙居无锡宛溪，故称宛溪先生。他的高祖顾大栋撰有《九边图说》，曾祖顾文耀、父亲顾柔谦都通晓舆地之学。在家庭的影响下，他毕生专攻史地，以沿革地理和军事地理的研究为精深。从清顺治十六年（1659）起，他参考21史、100多种地方志和其他大量文献，并尽一切可能"览城郭，按山川，稽里道，问关津"，实地考核异同，历时30余年，编著成130卷、280万字的《读史方舆纪要》一书。《读史方舆纪要·卷二十六·南直八》篇："浠水废县在县东。梁置北沛郡，治新蔡县。东魏因之。陈大建五年，吴明彻等伐齐，别将湛陀克新蔡城，是也。后周亦为北沛郡。隋开皇初，郡废，改置浠水县，以新蔡县并入。唐废。"可以看出嘉庆《霍山县志》包括后来的光绪《霍山县志》都与《读史方舆纪要·卷二十六·南直八》里的记载一致，应该是潘际云在编撰嘉庆《霍山县志》时，参考了前人的笔记、史料考证了。关于春秋时楚灊邑的记载，同样见于《读史方舆纪要·卷二十六·南直八》记载："古城，县东北三十里。春秋时楚之灊邑。《左传》昭公二十七年，吴子因楚丧，使公子掩馀、公子烛庸伐楚，围灊。又三十一年，吴人侵灊、六，楚沈尹戌帅师救灊，吴师还，楚迁灊于南岗，是也。汉置灊县，属庐江郡。后汉及晋因之。刘宋为庐江郡治。齐属庐江郡。梁亦为庐江郡治，并置霍州。东魏因之。高齐时，州县俱废。"

灊，春秋时是皋陶后裔英伯仲甄六国的属地，文公五年（前622）秋，楚成大公，终于灭了六国，楚灭六后设灊邑，后迁至南冈。汉高祖元年（前206）属衡山国，五年改属淮南国，文帝十六年（前164）复属衡山国，汉武帝元狩元年（前122）改衡山国为衡山郡，元封五年（前106），设灊县，属庐江郡。

南朝宋文帝元嘉二十五年（448），划出部分设开化县，属庐江郡；梁武帝天监六年（507），分设霍州、岳安，并别置北沛郡新蔡县，太清二年（548）入东魏，废岳安县，置安城县，又别置义兴县。北齐废霍州，复名岳安县。陈文帝天嘉二年（561），复为霍州；宣帝太建二年（570），入北周。

隋初属庐州，后属庐江郡。隋文帝开皇元年（581），改北沛郡新蔡县为浠水县，废岳安郡，改岳安县为霍山县。

唐高祖武德四年（621），以霍山、应城、潜城三县置霍州，并改浠水县为开化县。太宗贞观元年（627），废霍州，应城、潜城、开化、灊县统入霍山，霍山兼有五县之地，属淮南道寿州。武则天神功元年（697），改名武昌县。中宗神龙元年（705），仍名霍山县。玄宗开元二十七年（739），改名盛唐县。天宝元年（742），废盛唐别置霍山县，属淮南道寿春郡。

历史以事实为依据，先有了古灊邑，才后有汉灊县。换句话说，先有了今日之下符桥，才后有了现在的霍山县。

下符桥，又名下埠桥、下埠口，春秋楚灊邑。

至于何时古灊邑成了下符桥，在光绪《霍山县志·卷一地理志·沿革》篇有记载："下符桥在县东北二十里，元至正间富民洪氏得金于此，因以造桥，旁铸铁牛一重千钧。明弘治年间，知县吴承霖庐守马橄建造新桥，制极崇巨甲于他郡，名淮西第一桥，通光山下有摩崖碑记造年约略可识。"

如今通光山下的摩崖碑记仍然清晰可辨，字刻在陡壁上，占壁面积5平方米左右，轮廓完整，字迹清晰，正楷工整，雕刻粗犷，

刀笔有力。文曰："霍山县淮西第一桥旧名下符桥倾圮至大明弘治十七年甲子七月庐州府马檄本县知县吴承霖鸠工江镜等五十人建历二十八年己丑迄正德元年丙寅五月桥成并立磨崖于右。"

古淮西第一桥，为单孔圆拱桥，全部为石所筑，桥旁坡岗卧有铁牛一只，大小如成年牛，周身布满篆字，历几百年不锈，可惜在全民大炼钢铁中被毁。古桥桥面宽阔高大，桥孔水面船可通行，为明、清时进出霍山的古道津梁。据光绪《霍山县志·卷三·建置·津梁》篇记载："下符桥在上渡桥北。事见古迹。不知何时倾圮，明弘治间，知县吴承霖庐守马檄再建造新桥，名淮西第一桥，今桥下已成平地。"短短几百年间，所谓沧海桑田不过如此。1938年，为了阻击日军南进霍山县城，淮西第一古桥被国民党工兵用上千斤炸药炸毁，爆炸声十几里外清晰可闻，现仅有一孔条石桥，古桥早已随着历史的长河烟消云散了。

下符桥古镇还有一座上渡桥，建桥年代要晚些，据光绪《霍山县志·卷三·建置志·津梁》记载："上渡桥，县北二十里，国初下符桥水南徙，善士程大锡改建石桥长二十丈，费千余金。乾隆三十年，桥面为水冲毁，生员广士杰倡捐重修。"

清顺治年间，下符桥河水改道南徙，善士程大锡出资重新建了新渡桥，新渡桥旧址在2009年建的新桥处，桥头立有善士程大锡捐资建新渡桥的碑记，新中国成立前还在，现早已不知所踪。下符桥当地人把原淮西第一桥处称为老桥荡，新渡桥处称为小桥荡，两处相距有2里左右，新渡桥旧址，当地人也叫渡船口，是因为新渡桥也不知何时坍塌了，改为渡船过河，直到1976年在下游修建了原混凝土桥为止。2010年，渡船口村在新农村改建时，在原新渡桥原址处挖出大量的长石条，为原新渡桥旧物。

下符桥是否存在过古灊邑城址呢？新中国成立前，下符桥保留有两座城门，一在原下符桥镇政府前现在的"贸易货栈"处，为南门,南门门头上有四个大字,第三个字为"巽";一在下符桥老街北头处,为北门,两门相距几百米左右,新中国成立后被拆除。现北门旧址路边保留有古井一口,井水清澈,仍为居民使用。距离此处往北不远有古烽火台遗址,在现在的亿民照明厂房背后的山坡上,遗迹犹存,当地人称烟墩,古时在大道边设置烽火台,十里一烽,五里一燧,故此许多地方保留有五里墩的地名。

《水经注》云:"淠水东北,右会躧鼓川水,水出东南躧鼓川,西北流,左注淠水。"

从记载来看,淠水往东北流经一个叫躧鼓川的地方,但霍山境内没有躧鼓川、躧鼓山之类的地名,所以有学者怀疑躧鼓川是否为郦道元杜撰的地名,光绪《霍山县志·卷一·地理志》:"六安州志灉水北过霍山县治西北又东北入六安界,又北合淠水,此灉水水经注呼为躧鼓川,云盖郦道元从汉书以出沘山者为正源,故则名此水为躧鼓川,虽注水经而与水经以霍山为正源者异旨,考《水经注》原文:淠水东北右会躧鼓川水,水出东南躧鼓川西北流左注淠水。此州志所本,但州志虽与《水经注》合而与今日河流情形不同,今土人咸指县治所出之河名东河,湄水下流麻步川名西河,县治之水自东北流注麻步之水自西北流注,故名两河口,曰东河者与水经注淠水东北之势合,窃疑左右字水出东南等字世久不无讹衍,且水经原文淠水出霍山东北过六县东,其注云淠水东北,承《水经》原文而言明指今县所出之水矣,若以今麻步水为淠水正源是在今霍古灉之西北矣,不得云东北也,或疑躧鼓川即麻步川转音,考《水经注》下文泄水上承沘水于麻步川,谓之濡水,今西北并无此水,盖注《水经》者以麻步躧鼓为二,故淠泄方向皆误,山川之学,百闻不如一见,古今形势平原水道或有变迁,山溪则终古无易,考古者宜以亲历山川之脉络辩证古人,不可附会古人以强合今日之山水形势,况郦道元注《水经》时南北间隔道殆,惟博采载籍未出户庭乎!"

麻步川，麻步也称麻埠，清顾祖禹《读史方舆纪要·卷二十六·南直八》记载："麻埠镇，州西南九十里有麻埠河，置巡司于此。万历二年，添设把总，以防矿贼，而巡司遂革。"流经汉潕县故城的淠河，今人称东淠河，从麻步川流出的水今名西淠河，两河交汇处叫两河口，又名西河口，与现在的六安县青山乡陶洪集村隔河相望，存有宋代古塔一座，又名望江湾，塔名望江寺塔。

光绪《霍山县志》认为《水经注》所说的蹲鼓川即为麻步川，千百年来义随音转，讹成了麻步川，但却又与《水经注》记载的水流方向有误，因此怀疑《水经注》原文"左右""水出东南"等字是后人添加的。《隋书·地理志》记载："庐江郡属有开化县，注：梁置。有衡山九公山蹲鼓山天山多智山。"

九公山，清顾祖禹《读史方舆纪要·卷二十六·南直八》记载："九公寨在州西南六十里九公山上。山有九石，如人立，因名。"今名九公寨，在两河口以北6里左右，隔西淠河相望。那么隋庐江郡开化县在何处？《读史方舆纪要·卷二十六·南直八》记载："开化废县，州西四十里。梁置。隋因之，属庐州。唐废。"

光绪《霍山县志·卷一·地理志·沿革》记载："宋始析置开化县，齐梁魏北齐陈周隋无改。宋书·州郡志：文帝元嘉二十五年边城左郡统有开化县。"《南齐书·州郡志》记载："安丰郡统有开化县。北魏·地形志：西边城郡有开化县。"《隋书·地理志》记载："庐江郡属有开化县，注：梁置。有衡山九公山蹲鼓山天山多智山。"《太平寰宇记》记载："开化县在六安西四十里。"《国朝乾隆府志·州县志》记载："开化县在今县北开化乡，自宋析开化，潕县疆域自是割并，乃殊于旧开化本宋元嘉时置，隋书称梁置误，梁始改潕县曰岳安，魏改安城，北齐复为岳安，陈周因之，隋改名霍山县。"光绪《霍山县志·卷一·地理志·沿革》记载："江南通志，霍州，在今六安州南五十里又称岳安故郡，在县北五十里，今州南县北适中有青山镇，一名小霍山，城址庙祀尚存。"

根据这段文字记载，可以肯定隋庐江郡开化县、北齐岳安郡都在今天的六安市青山镇以南，也就是现在的霍山境内，杨守敬《水经注疏》卷32记载："淠水东北，右会蹋鼓川水，水出东南蹋鼓川，朱脱鼓字，戴、赵增。会贞按：当作水出东南蹋鼓山，《隋志》，开化有蹋鼓山，蹋、蹹通。山当在今六安州东南。"

杨守敬的门人熊会贞根据《隋志》推测蹋鼓山当在现在的六安县东南。但在霍山境内或者与六安交界处就没有山名蹋鼓山，所以光绪《霍山县志·卷一·地理志》才有了上面的说法，认为蹋鼓川就是麻步川，《水经注》原文"左右""水出东南"等字是后人添加的。

考据地理需身临其境，方能了解山川走势。古语云，三十年河东，三十年河西，说的是河道会随水势而改变，但山川千百年不会有太大的更改，所谓青山不老也！蹋鼓川，蹋鼓亦作蹹鼓或踏鼓，古时的一种歌舞，着革履踏行大鼓之上，谓之踏鼓；川，说文解字，象形，水也，本义归向泽、海的水流，引申为像水流一样的平地、平原都可以称为川，一般与山相连，名山大川、一马平川等。

淠河流入六安境内经过相对于丘陵来说，有着一马平川的地方当为属于古灊邑的下符桥镇附近，这里有一片平原地带，南北长有9～10里，东西宽有10里左右，四周丘陵低山环绕，淠河从平地的西边流过下符桥境内，而且下符桥有河从东南部流向西北经新渡桥旧址而下，左向流入淠河，与《水经注》原文"淠水东北，右会蹹鼓川水，水出东南蹹鼓川"的记载惊人的相似。

　　下符桥之南有通光山，山下有古官道通往霍山县城，山顶有巨石相邻，一字排开，最高的巨石六七米高，在距离巨石十几里的地方肉眼可见，光绪《霍山县志·卷一地理志·山川》记载："通光山，邑东北十五里，山上有石窍通光如月，又有二石相并瘦影竭屏，中间如削，土人谓之相思石，知县潘际云诗：石妇无言临蜀道，望夫有恨立江湄。风风雨雨长相守，看尽人间多别离。"

　　光绪《霍山县志·卷一地理志·古迹》记载："香炉石，县东北十五里通光山脊，有石上丰下杀形如香炉，旧志。"后面有"旧志"二字，说明原为嘉庆《霍山县志》编撰，因为光绪《霍山县志》是从嘉庆《霍山县志》续修而成。比嘉庆《霍山县志》记载"通光山"还早的只有《读史方舆纪要》，《读史方舆纪要·卷二十六·南直八》记载："又通光山，在县东北十里，道出六安。"除清末民初杨守敬《水经注疏》外，从《水经注》到《隋书·地理志》再没有古籍文字里提到"淠水东北，右会蹹鼓川水，水出东南蹹鼓川"等记载。

　　光绪《霍山县志·卷一地理志·山川》记载的香炉石、相思石应该是指同样的通光山脊的巨石，关于通光山脊有石窍通光如月，所谓的通光山名的来源有些牵强附会，山顶的巨石形似巨鼓，应该比石窍通光如月更显而易见，实际上现实中也并未见到通光山上如月的石窍，应该是潘际云嘉庆《霍山县志》牵强附会的说法。古人有指石为鼓的习俗，如陕西渭南的石鼓山，刘秀指石为鼓的记载，通光山顶巨石从远近来看都似巨大的鼓的形状，郦道元著《水经注》时南北割据，郦道元未能到达属于南蛮之地的灊邑故地，郦道元依据当时的典籍记载了"渒水东北，右会躂鼓川水，水出东南躂鼓川"的历史史料。

直至明末清初时顾祖禹《读史方舆纪要》："览城郭，按山川，稽里道，问关津。"在他到达现在的下符桥时，可能千百年来义随音转，当地人已将此山口讹为通光山，而潘际云编修嘉庆《霍山县志》时也沿用了顾祖禹的记载，未尝没有这种可能。光绪《霍山县志卷首·图说》所绘北乡十二图，所属为现在的下符桥地区，原霍山县通六安州的古官道，从通光山下经过，越过下符桥古镇通往六安州。虽然距今只有几百年，但河道已经有了改变，古图上面通光山南面的河流现在早已不存在了，良田如画。尽管如此，从此图还是可以看出，与《水经注》原文"渒水东北，右会躂鼓川水，水出东南躂鼓川"的记载惊人的相同。由此可以推断通光山即《水经注》里提到的躂鼓山，千百年来义随音转，口讹为通光山，而躂鼓川即是古灊邑所在的下符桥平原地带。

历史需要后人尽可能地去还原真相，而不是牵强附会，混淆古今。

漫水河与西山的大河文化

叶茂盛

古人类文明的发源地往往在大河流域。埃及文明发源于尼罗河流域，巴比伦文明发源于幼发拉底河与底格里斯河的两河流域，印度文明起源于印度河流域。如果说中华民族的母亲河是黄河，那么西山人的母亲河就是东淠河上游的漫水河。西山属于亚热带湿润季风区，雨量充沛。从远古到 20 世纪 50 年代，这里的自然资源一直没有遭到破坏，原始森林覆盖面积广，涵养水分极为丰富，漫水河一年四季浇灌着两岸及其支流上的大量良田，养育着西山的儿女，也孕育了西山文化。

漫水河（古称西河）是东淠河上游最大的（西部）支流，发源于霍、英、岳三县交界的李家寨，从中界岭向北流经古佛堂、上土市、漫水河，再向东北经千笠寺、梅林坪、徐家滩、白莲崖、叶家河、王家畈、舞旗河、操场河，在老丫岭与潜河（东河）交汇成东淠河。漫水河水系流遍了西山整个区域，包括现在大化坪镇、漫水河镇、上土市镇、太阳乡、太平畈乡几个乡镇。

漫水河与西山的农业：漫水河干流西镇以上的沿河地带地势平坦，沿河较大的滩涂平畈有古佛堂、毛家滩、良家畈、上土市、陡沙河、西镇。从西镇经响水洪到黄石河一段河道弯曲、狭窄、落差较大，沿河不可能形成较大的滩涂。从黄石河以北一直到老丫岭，凡是有较大支流汇聚的地方，一定也会冲击而成沙洲、滩涂。马槽河汇集的地方有大平地、何家花屋，安家河入河口对面的是千笠寺，蓼叶沟下面有徐家滩，高岩河汇集的地方有西河畈，洗脚河对面的是董家滩、叶家（河）畈，三岔沟入河口大兴湾上沿的是王家畈，石羊河入河口对面的是大河北（畈）。以上都是漫水河主流上水田最为集中的地方，是水稻的主产地。

漫水河汇集了不少支流，在这些支流流经的开阔地带沿河垒坝，引水灌溉，也形成了大量的田畈或梯田。如九龙井流经洪家畈，五桂河上游是太平畈，下游千工堰浇灌的是良家畈、皮家畈，马槽河上游是船仓与太阳，安家河上游的各支流就有板仓、道士冲、漫涧冲、东冲、黄泥畈、刘家堰、安家（河）畈，蓼叶沟上游是俞家畈，石羊河上游是冷家畈、和平畈、大化坪、毛栗畈、唐家冲，高岩河上游有刘家冲、周家冲、唐家冲、张家冲，洗脚河上游是汪家铺、良善铺（里外畈），操场河上游有文家畈、姚家畈、戴家畈、涂家畈。这些分散在西山的冲和畈都有从远古沿用至今的河塘堰坝，是西山地域重要的粮食产地。各大冲、畈基本上都以姓氏来命名，成为西山各大姓氏的发祥地。也正是漫水河水系灌溉了西山大量的良田，养育了世代的子孙。

漫水河与西山的种植业：霍山是皖西的山区大县，800米以上的山峰都集中在西山。这里的高山靠近南部，落差大，气候温润，物种丰富，生长着石斛、灵芝、天麻、茯苓、百合等中华名贵的中药材及茶、油茶、油桐等经济树木，以及木耳、蘑菇等食用菌类。在自然经济时代，西山人除了采集并加工一些自给自足以外，还把它们作为与外界交流的主要商品，换回食盐、布麻，来丰富自己的生活。

到了20世纪80年代改革开放后，西山的商品经济开始繁荣起来。聪慧的西山老中医就开始研究中药材的人工培植，他们不断地培植、不断地研究，先后培育出天麻、灵芝、茯苓、木耳、蘑菇等天然菌种，然后推广；又组织人力大规模地种植中药材和茶叶，何云峙成为霍山石斛研究开发的第一人；大化坪的程俊生也在研究茶树的栽培与茶叶的制作，也算是"黄芽茶"与油茶研究和开发的领头人。现在的漫水河水系各大田畈大都不再种植水稻，而成为石斛、灵芝、木耳、香菇、百合、有机茶等的实验与种植基地。勤劳的西山人还将这些品种引种到霍山的整个畈区，形成了西山种植业的产业链。吴氏、何氏不仅有自己的药材生产基地，还建立了药材加工企业。西山的"汉唐清茗""抱儿钟秀"成为中国"黄茶"的两大著名品牌，享誉海内外。

漫水河与西山的运输业与商业：漫水河是古代从中原到武汉交通的必经之地。一直到1965年霍英公路没有修通之前，漫水河河谷一直是江淮皖鄂的通道，交通运输方式主要有马运、人运（脚夫）和水运三种。

明弘治年间，霍山城西门外的俞家畈至迎驾厂一带是入山的养马场。俞氏有医马的名医，其祖先还著有《元亨疗马集》。所养的马主要用于马帮的西路运输。茶马古道，沿着西山北部的山脚，也就是今天的318省道，直通武汉。元军南下，曹平章控制的道路以及日本打通武汉要走的通道都是这条古道。这条路在清光绪二十年（1894）还进行过维修，可见古代这里的马运还是比较发达的。

脚夫常走的是人口较为密集的中路。这条路从黑石渡经落儿岭到鹿吐石铺，上田家山翻汪家岭到汪家铺，再经良善铺到御史坟上铁炉山下安家河，从南庄（或施家铺）经黄石河到漫水河。这条路沿途商铺林立，大财主甚多。沿途不少地名到现在还是用商铺来命名的，如汪家铺、延生堂、何家铺、宁家店子、良善铺、甘堂坳、百步街等。足见当时的过路人之多、商业之盛。

水路，也就是东路。顺漫水河而下，沿河几大支流汇集地，形成了几大著名的码头甚至商业一条街。比如马槽河汇集而来的有千笠寺小街，石羊河流下来的是舞旗河中兴大街，操场河对面的有高岭码头。王家畈、千笠寺、上土市是漫水河上三个著名的平畈。这里商铺多，手工工场也建立在沿河地带。千笠寺一带有锅场、付家油坊；以舞旗河为中心有万家行、粉坊湾、余家纸棚、王家油坊、朱家糟坊；下游的梁家滩也有酒坊（迎驾酒业前身）。香火最盛时有上千人戴斗笠来朝拜"千笠寺"的传说，"到了舞旗河不要找老婆"的民间俗语，以及舞旗河街上的"户户是杂姓，个个是外地人"的现象，晚清黄河道台"何大老爷"偏要安家在千笠寺等，这些都是当地商业的繁荣使然。

古代东淠河的水路上，黑石渡是最上游的一个帆船码头，舞旗河是最上游的一个常年行渡的毛排码头，千笠寺就是最后一个季节性竹筏码头。这里的渡口，留下有古碑记载。佛子岭水库修成以后，霍英公路开通之前，大河北是西山的中转站，有霍山的"小上海"之称。大兴湾森工站、白莲岩森工站、南庄森工站，都设立在河沿，一切竹木全靠雨季的洪水运输，漫水河自然是当时霍山木材运输的黄金水道。

古代西山对外交易除了药材，最大宗商品是茶叶。在中路、东路都有著名的茶行，也诞生了许多老字号，如甘堂坳的"义生恒"，铁炉山的"霍铁黄"等。西山生产的主要是黄大茶，每年夏天把黄大茶"踩篓篓"从舞旗河装货，由东淠河入淮河，一直运往山东。汪家铺的俞氏，良善铺的王氏，铁炉山的李氏，王家畈的万氏、黎氏，安家河的何氏、许氏，大化坪的程氏等大户在山东都有茶庄。作为精茶的"黄芽茶"早有研发，那只有像南朝宰相何尚之、明朝御史朱信、晚清道台何国禔那样达官显贵家庭才舍得享用或作为贡品进献给皇上。

漫水河与西山的手工业：古代的西山手工业极为发达。那时的西山没有工业，与人们生活、生产密切相关的"木匠、篾匠、铁匠、石匠、漆匠、砌匠"成为西山的"六艺"。西山的木材、竹材、石材（也包含玉材）、漆材极为丰富，为艺人们提供了较好的加工原材料。漫水河沿河河沙的含铁量非常高，可以淘沙、冶铁。沿河比较大的铁场就有黄石河铁场、白莲岩铁场。铁场冶铁，化为铁水灌进模具制成铁锅、火盆、吊罐、毛铁等。铁匠可用方块毛铁打制成各种劳动工具或生活用具。

在西山一定有很多能工巧匠。虽然很难从方志、族谱中查到他们的事迹，但是我们仍能从有限的建筑与民间的传说中推想他们的艺术才华。

50岁以上的西山人一定会记得，我们的居家之所，有不少就是明清时遗传下来的老屋。在西山，像张家花屋、王家花屋、叶家老屋、郑家新屋、许家花屋、何家老院子等村落名沿用至今。一些大户的老屋往往是三进三重，中间有天井，两旁有厢房，两重界隔的往往又是古壁（便于婚丧办事时打开）。梁柱是雕梁画栋，古壁有镂空的花格，柱脚是鼓磴，大门楼有石狮、石马或石鼓，甚至还有下马石，十分讲究。这些都是各类匠人精心打造、精诚合作的成果。现在还能见到并受国家保护的古建筑也只有狮山的"玉玺楼"，城关的"文庙"、文峰塔，白莲岩的"叶氏宗祠"，挂龙尖的"白云庵"，南岳山的"南岳庙"，铜锣寨的"泗洲坟塔"，杨氏祠下面的古桥等。在这里值得一提的是挂龙尖"白云庵"的墙壁全用碎石片砌成，从唐代历经多少次地震，至今还未倒塌，可见砌匠的水平有多高；六万寨的"仓房"由五匹排栅架搭建，虽然较为简陋，可到现在还屹立在那里，很不简单。另外，泗州的坟塔、千笠寺的和尚龛虽然较小，却也十分精致。

记得儿时，大兴湾有家门接媳妇，让我去高岭张家花屋接亲，扛帐子。吃宴席时，张家一位长者告诉我，张家花屋前厅的古壁前原有一张摆香案的条几，几案上的花芽子全是白果树雕成的水浒人物"一百单八将"，非常逼真，非常精美。可惜在"文革"时被破坏了。老人又说，打条几时，老花（木）匠白天干活，晚上研读《水浒传》，第二天就雕刻人物。半个月过去了，《水浒传》研读透了，人物也雕成了，几案也就完工了，老花匠的头发却全白了。这一传说也足以说明古代西山的工匠很能钻研，知识丰富、技艺精湛，享有绝活。

漫水河与西山的思想文化：古代的西山人崇尚自然，敬重大自然，因而普遍信仰道教，相信神仙。相信神话中的超自然力量能帮助自己解决一切。从古至今，西山民间的道士很多，似乎道士能请神、通神，显得无所不能。西山的道庙非常多，每一个村落都建有社庙、土地庙，较大的村庄还建有观音庙、关公庙、财神庙、华子庙等。仅从白莲岩到铁炉山这不到十公里的路途就建有三个道庙。在白莲岩的庙岗就有东岳大帝庙，甘堂坳有华子（华佗）庙，铁炉山有供奉观音的长寿庵。西山人求子、求财、求雨、求官、求丰产、驱病魔，都需要到相应的神庙去表达心愿，求得心灵的安慰，然后再做进一步的努力。在西山不仅有很多道士、神庙，也留下不少神话传说。

西山人家族观念非常重礼教，讲家风。很多大姓都建有自己的祠堂。这些祠堂是祭祀祖先，传承孝道；严肃家法，惩处邪恶；附设家学，教化子孙，弘扬儒家忠、孝、礼、义、信文化思想的重要场所。祠堂有专门的田产，经济收入全部用于祭祀及家学开支。大户家族的祠堂田产丰厚，对于家族的寒家子弟几乎实施的是义务教育。

　　西山人遵从儒学，但并不保守，易接受进步思想并能积极地投入革命运动中去。西山是唐末黄巢起义、元末徐寿辉起义、明末张献忠起义、清朝太平天国起义主要活动场所之一。他们的活动在这里也留下了黄巢寺、铜锣寨、六万寨、四望堡等历史遗迹，以及诸如端午节插艾蒿驱邪、八月十五吃糍粑杀鞑子等民间传说和习俗。更不用说，近代的狮山中学成为传播革命思想、组织革命活动的红色基地。在西山有无数的狮山学子参加革命走向全国，走向胜利；也有无数的西山儿女为新中国的成立献出了自己宝贵的生命。

　　漫水河，西山的母亲河！她养育了历代的西山儿女，繁衍了西山的世代子孙，也孕育出独特的西山文化。这一文化，是华夏文化中的一分子，成为华夏文化长河中一颗璀璨的明珠。

古渡、古桥、古路

——霍山旧时交通漫谈

乐 祥

新中国成立前,霍山交通闭塞,行旅艰难,物流不畅。货物运输,大宗的除依靠排筏外,大都是肩挑人抬。据光绪三十一年(1905)重修的《霍山县志·地理志》记载:"境内河道,唯漫水河源远而势平,贯西南之腹,当淮楚之冲,疏通之,可以南接潜太之边运,西接蕲黄之车运。今淮河排筏仅至五溪河而止。由五溪河至漫水河镇,水程百里,排筏未能通行,然山中物产既萃于西南,若仅恃人力,万不能流通畅旺,林业不富、工艺不兴、亦由此也。"

"由千笠寺至漫镇约三十里。河道虽平,水势渐小,曰下包河。巨石木叉丫交错、须兼用炸凿,曰:流水洪,虽险而平,施工尚易。开此二处。则水涨之时直达漫镇,水落之时,亦可达千笠寺,舟车相接,全境之脉络贯通矣。"由此可见,新中国成立前霍山的主要运力是排筏,陆地则是手推独轮车。1949年统计片筏尚有141只,636吨。随着公路运输的发展,片筏逐渐被淘汰,至1978年底仅剩40只,24吨,至今日,落后的竹筏作为运输工具已被先进的汽车、轮船取代。

清代以前,为了方便管理和行人来往,设置建设了不少渡口。据《霍山县志·卷三·建置志·津梁》记载:"官设之渡有大河厂、戴家河、黄岩、黑石渡、白练滩渡、梅家渡、集义渡、泥河渡、麟河渡、挽澜渡、管家渡、龙井冲渡、金家棚渡、梓口河渡、龙门石渡、同乐渡、黄溪涧渡、五溪河渡、北门渡、黄石岭渡、团山渡、下符渡"共计22处。其中如黑石渡、戴家河、大河厂、黄岩四处渡口,据县志附注:在清同治五年(1866)建立。由英山监生丁应登、善士肖仕能、太湖监生刘学周、湖北会首陈名扬集资修葺。各设渡夫一名。每名工食银一两八钱,旧县志诗:"石烂墨花落,磊磊古渡头,舟回多指绕,湍急少淹留。坐竟西风晚,呼残落照秋;信言风力顺,容易济中流。"还有千笠寺的挽澜渡建于乾隆年间。五溪渡在县南50里,邑贡生程谦《晚渡》诗:"山市更锣第二敲,临溪怅失旧横桥,登舟用尽一篙力,撑起满天星斗摇。"充分表达了过渡难的情景,的确耐人寻味。随着1954年佛子岭水库的建成,东淠河被截为两段,黄岩上游的渡口已面目全非,原来渡口位置已变成泽国了。人造平湖上,自1955年新开辟了佛子岭至磨子潭、佛子岭至大河北的客轮航线,航程111公里。1958年,磨子潭水库建成蓄水,又开辟了溢洪渡口。为了佛、磨两水库蓄水区两岸居民来往方便,霍山县人民政府在太阳河、金岩、矾矿、朱家畈、上河坪、汪家冲、吴家呼、王家河、大河北、草场河、鱼场等处增设了新渡口。佛子岭水库下游保留和新增的渡口有:黄泥畈、清潭沟、戴家河(古渡口)、平头山、高桥湾(古黄石岭渡)、枕头山(古下符渡)、圣人山、庙岗集、城关(古北门渡)、黄岩(古渡)等,全县共22处。配备渡船20只、片排30只充任渡运。县政府每年由财政拨给一万至两万元,以及桐油、竹木,作为修理渡船之用。县交通局还经常深入检查,制定渡口守则,重要渡口如黄岩、城关北门由县交通局直接管理,以策安全。只有黑石渡口于1965年为黑石渡大桥所代替,从而结束了"走遍天下路,难过黑石渡"的历史。

　　霍山古桥甚多,于今保存完好的却寥寥无几。据光绪《霍山县志·建置志·津梁》记载,有凤凰桥、查家桥、太平桥(北门东濠水由此达河)、保黎桥(东关外,又名赤栏桥,清雍正年间知县赖允元倡建更名）、傍城桥（西门外）、临熏桥、利涉桥、撞山桥、永康桥、月魄桥、广济、平政二桥、同济桥、利济桥、项家桥、延寿桥、黄栗秒桥、上渡桥、下符桥（在县东北20里，元至正间。富民洪氏得金于此。因以造桥。旁铸一铁牛重千钧。明弘治年间，知县吴霖承庐守马橄再造新桥。名，淮西第一桥）、介然桥、南山桥、永安桥、放生桥、漫水河桥、太平桥（烂泥坳镇。严道善、严光祖建修）、万寿桥、曲尺塘桥、古佛塘桥、道士冲桥二（一为刘占鹏建，一为众姓捐建）、福寿桥、前河后河二桥、永济桥、万福桥、滑石桥（在新铺沟保众姓捐造，工极佳）、齐心桥、下东河桥、六霍桥、彩虹桥、六道桥、三多桥、太平桥〔太平畈保，光绪二十六年（1900）教职李金兰、监生李鸿逵捐建〕，共43座桥。目前，保存完好的有滑石桥、道士冲二桥局部已经损坏，著名的下符桥早已变为平地。大部分古桥已完成了它的使命而不复存在。霍山古桥有圆弧拱和料石梁两种形式结构，而圆弧拱多为单孔，三根料石梁为多孔。结构黏结料主要是采用糯米膏、桐油拌和石灰而成。于今保存下来的石河石梁桥、道士冲石拱桥等就是例证。

　　路是人走出来的。如果修建宽广而又适应当代运输需要的道路，就不是轻而易举的事了。平原尚易兴办，山区就更加困难，自古亦然。霍山的古道很多，山区人们解决"行路问题"全靠自己的双腿和自行开辟的羊肠小道。据《霍山县志·卷三建置志·堤岸道路》记载，有"永康桥石路、东乡龙岗路（为通省孔道，泥泞不堪，嘉庆时居民好义者运砂石填筑数十里。行旅称便。同治年，涂朗轩中丞砌以石今亦渐毁）、南乡新开岭路（为通潜太大路）、二郎庙河崖石路（大冲石保旧道，盘曲艰难，俗名冤枉岭）、西乡太子庙石路、土地岭石路〔距城60里，为通英鄂孔道，险峻不堪，行旅病之，光绪二十八年（1902），经监生何国佑、张培巨捐建石路二十里。又由落儿岭西至道士冲戚咸一律修竣〕、歇马台石路、回头岭石路、上土市石路［旧路沿河而下，为水冲没，雨时无路可绕，光绪元年（1875）知县陈达章捐俸倡修］、东西关路"共十条古道。目前残存的只有土地岭石路，其余均找不到它们的遗迹了。

抗日战争时期，国民党政府曾于1942年前后，动员民工新建自六安县张家店，经山王河、但家庙、大河厂、城关、黄泥畈、诸佛庵至流波以及六安到霍山的公路。据了解，这两条公路仅六霍一段通过汽车，专为军用，车次极少。由于公路标准低劣，加上车况不好，经常抛锚。有人这样形容："一去二三里，抛锚四五回；车上六七座，八九十人推。"山王河至流波公路纯系土路，从未通车。路基早已恢复成田地了。路遇河流都无力建桥，凭依老河底通过，这就说明当时汽车的维修、建桥的技术，都是相当落后的。

皖鄂古道漫谈

乐 祥

西山地区交通位置独特，是中原到汉口及中原到安庆的必经之地。自古即为江淮孔道、皖鄂通道，因此，自春秋以来这里就走出了几条著名的古道。

英山到漫水河，一条水路通蚌埠

古代漫水河是汉口经英山出中原仅可利用的一条水路。翻越中界岭，从古佛堂到上土市下漫水河，丰水期在千笠寺渡口上毛排经徐家滩、吴家呼可到舞旗河，而舞旗河常年可通竹排到黑石渡，而黑石渡又常年有帆船经六安直达正阳关。这条水路就是古时最早、最便捷的江淮孔道、皖鄂通道。

五条陆路通汉口

南部：舒城—毛坦厂—真龙地—单龙寺—磨子潭—桃树坳—青枫岭—岗上店—太阳—马槽河栈道—漫水河—英山（大别山主脉五峰山—白马尖—多云尖—磨子潭断崖北面山脚）。

这是一条兵家险路，唐朝的黄巢起义、明朝的张献忠起义、清朝的太平天国以及红军游击队都常走这条险道。

中部：（一）霍山—南岳山—三十岭—管家渡—留驾园—叫龙

岭—大化坪—多盘坳—俞家畈—清风岭—千笠寺—黄石河—漫水河—上土市—中界岭—英山。

传说中的宋代理学宗师程颐之长子程端中为抗金军而牺牲，朝廷念其功节显著赐金头合躯而厚葬，从霍山出殡到叫龙岭再到长岭的撞山冲所走的也是这条道。清末黄河道台何国褆两次出行做官走的也是这条路。

中部：（二）霍山—黑石渡（驿站）—鹿吐石铺—良善铺（驿站）—铁炉山—安家河—南庄—漫水河—上土市—中界岭—英山。

这是一条商家之路，这条路沿途商铺林立，大财主甚多。沿途不少地名，到现在还是用商铺来命名，如汪家铺、延生堂、何家铺、宁家店子、良善铺、甘堂坳、百步街等。足见当时过路人之多、商业之盛。中部商路，使得良善铺自然成为自楚汉以来，中原出汉口的重要驿站，良善铺地名也由此而来。此路要翻越坳旗尖、铁炉山两座山岭，这里也留下了很多神话与传奇。

西部：霍山—迎驾厂—黑石渡（驿站）—落儿岭（关卡）—洗儿塘—鹿吐石铺—烂泥坳—土地岭（关卡）—新铺沟（驿站）—道士冲—马家坊—漫水河—上土市—英山（沿霍山与金寨的界山玉龙山—老林山—广应尖—沿落儿岭镇与诸佛庵镇的界山钟鼓楼—马鞍山—烂泥坳—钱家岭—龙须坳山脉东面山脚）。

西汉时淮南王与衡山王叛乱，淮南王妃逃难所走的就是这条路，元军南下曹平章控制的，张献忠、太平天国以及日本打通武汉要走的通道都是这条古道。这条路在清光绪二十年（1894）还进行过维修。

北部：由西淠河两河口上岸（或戴家河渡口上岸）—鲜花岭（原名番花岭）—麻埠—流波—方坪—燕子河—长岭—西界岭—英山。这条路全长约110公里，今主要在金寨县内。

南行古道到安庆

岳西的黄尾一条水路到蚌埠：古代东淠河上游支流的潜河（也叫东河）从黄尾河南下经磨子潭—管家渡—老丫岭汇入东淠河，然后可以经黑石渡到六安州一直到正阳关汇入淮河。管家渡成为东淠河上游东河上最大的码头。

四条陆路出岳西至安庆（大别山主脉成为霍山与岳西的天然屏障，东西两侧分别有黄尾河与包家河向南流进霍山境内，分别是东淠河上游东河与西河的两个发源地，中间的一条从四望堡翻越大别山主脉的唯一的一条险路也是最近的路，可见四望堡的军事地位）：

东西横向：吴家店—漫水河—清风岭—多盘坳—大化坪—九龙潭—宋家河—磨子潭—出舒城至安庆。此官道必经千笠寺、大化坪小镇。1946年，皮定均率部突围走的正是这条古道，清风岭战斗的胜利是解放战争中原突围皮旅的重要一战。

东部北南走向：霍山—单龙寺—磨子潭—胡家河—黄尾—潜山—安庆（今六潜高速线路）。

中部北南纵向：独山—诸佛庵—鹿吐石铺—坳旗尖—舞旗河—石羊河—交儿岭—留驾园—磨子潭—大化坪—清风岭（也可翻越四望山沿龙井潭下堆谷山）—宋家河—黄尾以及由此分支的石羊河—叫龙岭—留驾园—磨子潭—岳西—安庆。传说中朱元璋母亲逃难，明末的唐王也即后来的南明隆武皇帝朱聿键流放福建所走的都是这条路。

西部北南走向：燕子河—道士冲—漫水河—太阳—包家河—岳西—潜山—安庆。

西山战略地位考

乐 祥

本书所讲的西山是指以大别山主峰白马尖为核心并向周边辐射的安徽西部大别山腹部地区。西山襟江带淮，地控吴楚，自古为战略要地。1932年版《词源》释"大别山"曰："即周秦之冥厄也，西起应山，东至商城、罗田、霍邱、霍山之间。旧于关上上设关隘十三：曰黄土、曰平靖、曰武胜、曰九里、曰大胜、曰墨斗、曰白河、曰东黄土、曰穆陵、曰双庙、曰长岭、曰松子、曰铜锣。自古南北战争，恒倚此为重险。"由此我们可以得知，大别山十三大雄关，其中有四座当时就在西山地区。西山既有山关之险，又有河谷之便。东西淠河均发源于皖鄂交界的江淮分水岭上，淠河向东北流入淮河；英山东河浠水向西南流入长江，两河贯穿江淮。淠河河谷自然成了穿越大别山的江淮孔道和皖鄂通道。西山有关山阻隔，又有通道之便，因此自古以来，西山既是横亘中原的一道屏障，也是沟通江淮、地控吴楚的战略要地，一直深深地影响着中国历史。

春秋时，孙武、伍子胥率吴国大军穿越江淮大别山孔道，在麻城柏举大败楚军，然后直捣楚都郢，伍子胥掘墓鞭尸楚王，以报父兄之仇。西山民间流传，伍子胥征战霍山时，曾受伤昏迷，传说是上土市龙凤山摩云寨下的清泉水救了他的命，使他大病痊愈，继续前行，直捣楚都。后来山里人为纪念伍子胥，还在请水岩旁建有

淠河——西山人的母亲河、皖鄂的古通道

"伍子庙"（今改为五祖庙）。吴楚后来为东扩西进不断战争，西山一直是他们的争战之地。《左传》载："秋（昭公三十一年，前511年），吴人侵楚，伐夷侵潜、六，楚沈尹戌帅师救潜。吴师还，楚迁潜邑于南冈。"吴楚之争，楚令尹亲率大军来救潜，说明楚对霍山的重视。吴楚之争在今天的霍山留下了下符桥烟墩、蔡侯戈、吴戟等地上地下文物见证。西山地区也因此被称为"吴头楚尾"。

秦朝末年，英封国的后裔，皋陶的第58世孙英布，率先在西山地区反抗秦暴政。他后来追随楚霸王项羽推翻了秦王朝，被封为九江王，都城就在六安。楚汉之争时，英布后来归顺刘邦，于公元前202年，率兵从六安出发，经霍山西出，从南面袭击楚军后方，楚军大败，英布助汉有功，被刘邦封为淮南王。汉初，淮南王刘安叛乱，衡山王刘赐响应，后苏妃逃难霍山，也把西山作为依托退避之所。据有关史料分析，汉初之所以分封一个横跨大别山的刘姓诸侯国，其重要目的也是保障这条江淮孔道的畅通，以确保汉室对南方的控制。所以后来汉武帝南巡也是走的这条江淮通道。

三国时期，陈兰、梅成据六安反曹，曹操派张辽、于禁率兵平叛。陈兰、梅成于是退守到西山深处的天柱山（今天的白马尖），曹操手下名将张辽一直追至天柱山，与之激战，并将其剿灭，斩杀了陈兰、梅成。

南北朝时，西山是南北方争夺的重要地区。整个南北朝时期西山属霍州，南朝北朝在此形成拉锯战，西山成为南北战争的重要战场。

唐朝末年，西山是王仙芝、黄巢起义军"流动作战"的枢纽，曾三进三出西山地区。876年冬，王仙芝、黄巢从河南光山第一次进入皖西，转战三个月，退往湖北、河南、山东。次年二月又经山东南下，再次进入西山地区。878 年 2 月，王仙芝在黄梅战死，黄巢在西山地区正式成为义军领袖，称"冲天太保均平大将军"，年号"王霸"。880 年 10 月，黄巢第三次进入六安、霍山，然后由西山出发向洛阳、长安进军。

到了宋金对峙和宋元大战时期，大宋军民在西山大量依山筑寨设关抗金抗元，筑就了著名的六万寨、殷氏寨、天堂寨和铜锣关、松子关、长岭关等，并涌现了程端中、曹平章等民族英雄。元朝末年，徐寿辉依据天堂寨、摩云寨奋起抗元，建立天完政权，提出"治平"口号，红巾军起义掀起了风起云涌的抗元斗争。

到了明末，张献忠久据西山，他联合革里眼、左金王两支义军数下霍山城、六安州，极大地威胁了明王朝的统治。清军入关后，为了阻止清军的攻势，史可法下令霍山、英山军民筑寨自保，于是诞生了著名的"英霍山寨"，其中霍山的飞龙寨抗清义士冯宏图、余化龙等坚持抗清十多年。

太平天国时期，西山成了太平军西征和回救天京的重要战场，太平军将领陈玉成等曾多次攻占霍山县城，迫使湖北巡抚胡林翼不得不下令将霍山县城搬至六万寨，并在六万寨设衡守营抗击太平军。1864 年春，天京沦陷前，太平军西征大军十万之众企图穿越西山的江淮孔道回救天京，结果被僧格林沁率领的清军堵截在淠河以西从黑石渡到漫水河的山涧河谷 100 多里的战线上，太平军与清军大战，双方死伤数万人。此役，太平军除遵王赖文光随捻军张宗禹从道士冲经燕子河突围出河南外，太平军扶王陈得才在长岭庵服毒自尽，祐王蓝成春被俘为清军所杀，回救天京的太平军受到重创。此役史称"黑石渡战役"。

土地革命时期，西山是鄂豫皖大别山革命根据地安徽的红色区域中心，诸佛庵兵变、西镇暴动、六霍起义，西山诞生了安徽第一支正规红军——红三十三师。鄂豫皖大别山苏区革命根据地，向西威胁武汉，向东威胁南京，始终是蒋介石的心头大患。徐向前曾率红四方面军与国民党反动派在苏家埠进行激战，取得了著名的苏家埠战役的胜利。从大别山走出了中国工农红军三大主力之一的红四方面军，西山因此成为红军的故乡、将军的摇篮。

抗日战争时，西山是国共两党安徽省和华中抗日指挥中心。国民党战时省会先后设在六安和金家寨，国民党第五战区在皖西先后进行了六安保卫战、淠河阻击战、富金山阻击战、鹿吐石铺歼敌战等，使大别山区成为国共两党敌后抗日根据地的"模范区"。特别是西山的皖鄂通道，一直是日寇要打通的战略通道，但鹿吐石铺一战，彻底打破了日寇的梦想。1938年，侵霍日军为策应武汉会战，联队长南浦湘吉率领日军教导队1500多人企图穿越大别山孔道，策应英山之敌。当他们进入鹿吐石铺后，被我驻军一三八师八二四团、五二六团、一七一师一〇二二团和省保安五团、八团包围，经过双方激战，共毙敌1370多人，取得了抗战时期安徽消灭日军最多的一次大捷。鹿吐石铺大捷宣告了日军企图打开皖鄂通道的梦想破灭。

解放战争中，皮定均旅中原突围，一路跃进霍山，清风岭大捷、磨子潭突围，突入西山后皮旅两战两捷，甩掉了敌人的围追堵截，胜利完成了掩护中原军区主力突围的任务，奠定了皮旅的不世之功。1947年，刘邓大军挺进大别山，掀起了人民解放战争战略反攻的序幕，大军解放霍山、金寨等地，向东直指南京，向西威逼武汉，让国民党反动派胆战心惊。刘邓大军挺进大别山，进一步突显了大别山及西山的重要战略地位。

人文荟萃

——中华文化发展的高地

皋陶在中国法制史上的贡献

付 周

对于皋陶这样一位有着显赫声名的历史人物，值得研究的方面很多。本文研究的是皋陶在中国法制史上的地位和作用。

一、皋陶对中国刑法发展所做的贡献

（一）修订刑法

刑法起源于皋陶之前的时代。《尚书·吕刑》记载："蚩尤惟始作乱，延及于平民……苗民弗用灵，制以刑，惟作五虐之刑曰法。"《商君书·画策》记载："神农既没，以强胜弱，以众暴寡，故黄帝……内行刀锯，外用甲兵。"这个时期是我国刑法的萌芽时期。

到了皋陶的时代，他修订并充实了前人的刑法，使之更趋严密和成熟。其内容为："象以典刑，流宥五刑，鞭作官刑，扑作教刑，金作赎刑，眚灾肆赦，怙终贼刑。"（《尚书·舜典》）

"象以典刑"实际上就是"悬法象魏"。《周礼·秋官·大司寇》记载："乃县刑象之法于象魏，使万民观刑象。挟日，而敛之。"所以，"象以典刑"就是通过公布图像让民众知道哪些行为是违法的和违法后要受到什么样的惩罚，从而以恐吓为手段达到威慑的目的。吕思勉先生也认为："其初盖悬行刑之状以恐怖人。"

"流宥五刑"就是对那些应受大辟、宫、劓、刖和墨等残损肢体的刑罚的罪犯以判处流放的方式来从轻发落。

鞭和扑是两种刑具。"鞭作官刑，扑作教刑"就是对违法的官员和学生分别处以用鞭和棍击打的刑罚。

上古以铜为"金"，"金作赎刑"就是罪犯以缴纳一定数量的铜为代价，使自己免受刑罚。

"眚灾肆赦，怙终贼刑"就是对那些过失犯罪或犯罪后能悔改的罪犯从轻发落甚至赦免，而对那些故意犯罪和屡次犯罪不知悔改的罪犯予以严惩甚至处死。

此外，《左传·昭公十四年》引《夏书》："'昏、墨，贼、杀'皋陶之刑也。"即在皋陶刑法中，犯行贿罪、贪赃枉法罪或杀人罪者应处以死刑。

修订刑法的直接目的就是整顿并维护社会秩序，《后汉书·张敏传》记载："孔子垂经典，皋陶造法律，原其本意，皆欲禁民为非也。"于是舜对皋陶说："皋陶，蛮夷猾夏，寇贼奸宄，汝作士，五刑有服，五服三就，五流有宅，五宅三居，惟明克允。"(《尚书·舜典》) 皋陶也不负舜的厚望，完成了这一使命。《史记·五帝本纪》记载："皋陶为大理，平，民各伏得其实。""流共工于幽州，放驩兜于崇山，窜三苗于三危，殛鲧于羽山。"(《尚书·舜典》) 这可以说是皋陶刑法最成功的运用，其结果是"四罪而天下咸服"(《尚书·舜典》)，充分显示了皋陶刑法的强大威慑力。

（二）改革刑审制度

上古时期最初的审判属于神明裁判。据说那时有一种独角兽能判明嫌疑犯是否有罪。《说文》曰："廌，兽也，似牛，一角，古者决讼，令触不直者。"《论衡·是应篇》记载："觟䚦者，一角之羊也……有罪则触，无罪则不触。斯盖天生一角圣兽，助狱为验。"在一定的历史阶段，神明裁判是被广泛采用的，这种刑审制度在法制史上被称为触审制度。

由于触审制度常导致冤、假、错案，容易罪及无辜，皋陶后来便废除了触审制度。宁汉林先生对《尚书》的部分内容做了新的阐释，认为《皋陶谟》中"无教逸欲，有邦，兢兢业业，一日二日万几"的含义是皋陶废除了触审制度，而《益稷》中的"皋陶方祗厥叙，方施象刑，惟明"是益和稷对皋陶废除触审制度的称赞；他还举《洪范》中"庶征"的记载来说明禹的时候已以证据作为定刑的根据，亦即触审制度在舜时已被皋陶废除。

《尚书·吕刑》对皋陶时执法情况的记载是"士（皋陶）制百姓于刑之中，以教祗德""伯夷降典，折民惟刑"，看不出有神明裁判的色彩，也能说明触审制度已被废除。皋陶对刑审制度所做的这一重大变革，使刑事审判由神断变为人断，并为后世以证据定罪的科学的刑审制度奠定了基础，是刑法发展史上的一大进步。

（三）确立罪与罚的正确原则

皋陶在处理罪与罚的关系时所遵循的原则有以下几条：

1. 执法公正的原则。皋陶执法的指导思想是"惟明克允"（《尚书·舜典》），益和稷赞扬他"方施象刑，惟明"（《尚书·益稷》），他自己也说要"五刑五用"（《尚书·皋陶谟》）。正是由于皋陶执法公正严明，他的时代才有"民各伏得其实"（《史记·五帝本纪》），法纪大明的结果。

2. 从轻量刑的原则。皋陶制定刑法的最终目的在于教化，即"以教祗德"（《尚书·吕刑》）；所以，他总是"惟刑之恤"（《尚书·舜典》），慎用重的刑罚，特别是死刑。而且，他还规定"流宥五刑"和"金作赎刑"，使罪犯能够有机会避免那些残酷的刑罚。

3. 同罪不同罚的原则。"眚灾肆赦，怙终贼刑"表明皋陶在量刑时不以罪犯的客观罪行为唯一依据，即使客观罪行相同，在考虑到偶犯和累犯、过失犯罪和故意犯罪以及是否悔改的区别之后，判决就不一样。

4. 罚弗及嗣的原则。鲧被杀之后，他的儿子禹仍是部族联盟的首领之一，后来还因治水有功接替舜而成为最高领导人。可见，禹并未因为鲧而受到株连。

此外，"金作赎刑"的适用范围是有限制的。否则，以鲧的富有也不至于被杀，而共工、驩兜和三苗也不至于都被流放了。

（四）法学思想

虽然皋陶修订了刑法，规定了种种刑罚，但他的真正目的不在于刑罚，而是教化，即"士制百姓于刑之中，以教祗德"（《尚书·吕刑》），所以他致力于"皋陶迈种德，德乃降"（《左传·庄公八年》）。他实行"流宥五刑""金作赎刑"和"眚灾肆赦，怙终贼刑"，实质上是以严惩与宽大相结合的手段来引导人们安分守己、自我克制。他致力于通过教化民众来实现一个没有犯罪行为的和谐的社会的终极目标，这就是皋陶法学思想的精髓所在。

二、皋陶刑法对后世的影响

皋陶刑法是初步系统化并制度化的刑法，是我国真正意义上的刑法开端，它为后世刑法的发展奠定了基础。夏代的"禹刑"、商代的"汤刑"和西周的"九刑"，《左传·昭公六年》记载："夏有乱政，而作《禹刑》；商有乱政，而作《汤刑》；周有乱政，而作《九刑》。"基本上承袭了皋陶的刑法，只是刑罚方面日趋残酷。历代统治者在面对动乱不安的社会局面时，纷纷祭出"刑乱国，用重典"（《周礼·秋官·大司寇》）的法宝，把皋陶刑法不断往更残酷和更繁杂严密的方向发展。从陕西岐山董家村出土的㺇匜（yìng yí）的铭文可知，"墨刑"至迟到西周时已建立一套严密的制度，其他刑罚可以以此类推。《尚书·吕刑》则是皋陶赎刑的进一步发展，其内容相当丰富，涉及面很广，不仅是一部刑法和诉讼法典，也是一部阐述我国古代法学理论的著作。

皋陶刑法在后世不断得到继承和发展。其力图通过完全教化民众来实现一个没有犯罪行为的和谐的社会的终极目标；中华法系，源远流长，其精髓也一以贯之。皋陶作为我国最早见于文献的司法官，在中国法制史上留下了光辉的业绩和深远的影响。

英布：英封国后世的一代枭雄

赵中侠

据《晋陵英氏宗谱》说，英布是皋陶第58代孙，父亲名森，英布姓英名布，字鸣正。古代姓指母系血缘关系，是贵族家族系统的标志，秦汉之前，如英布这样的"布衣"是无姓的；氏，指有父系官职、活动地区、职业等，也只有贵族才有氏。按古代的礼制，贵族家的孩子，生下来取名，到20岁取字，又叫表字，"布衣"或奴隶既无名更无字。骊山秦始皇陵附近的刑徒坑中所葬的刑徒，都没有姓氏与名字，只以出生地表示称呼。英布是六人，英、六从夏代起就连称英六，布，又作镈，是一种类似锹或铲的农具，英布，指英这个地方的一个农民的儿子。秦朝廷把他抓去，总要有个称呼，"英布"二字是历史留给我们的全部信息。他受过在脸上刻字的刑罚，所以《史记》称他为黥布，英如果是老祖宗留下的姓，岂是轻易改得的？司马迁和班固都说他"姓英氏"是因他是英地方的人，"以国为氏"，皋陶后裔封国为英六，英是出生地名兼国名。"兴汉三杰"韩信、彭越、英布几乎同一年被刘邦所杀，前二者还被"夷三族"，英布后裔为了逃避株连，逃亡到当时汉朝统治的边远地区，江南的晋陵（今江苏常州）是最佳选择，东汉之后讲究门第之风兴起，也带动了修撰宗谱的风气，谁都想攀上个高级门第。晋陵英氏是因淮南王英布而有的姓氏，再顺着历史上溯，将皋陶认作开山之祖，事出有因，可以理解。

英布年轻时遇到个算命的，说他有王侯之相，但必须在受刑之后才能成为现实。秦代赋税重，劳役重，刑罚严苛，史家说刑徒堵塞了道路，牢狱如市场上的商店，到处都是，英布不知怎么就犯了法，被判了"黥刑"，别人为他难过，他却说："算命的说我脸上刺了字就能富贵，看来是真的了。"有人说他是不知死活，果然他被押解到陕西骊山给秦始皇修坟墓去了。被强制押解到这里服苦役的刑徒有几十万，各地都有，都强烈地反对秦政府的暴虐统治。英布在暗地里串联了一批有胆量的、志趣相投的伙伴，瞅准机会跑到鄱阳湖一带的长江之中。这里南边是江湖水泊，北岸是大别山脉，离家乡英六又近，很快就发展到几千人，今英山县境还留存有传说当年英布练兵驻扎的"铜锣崖""藏马窝"等遗址。

公元前209年7月，传来了陈胜、吴广在大泽乡（在今安徽宿州）起义的消息。一些秦朝的地方官见四处烽火，王朝摇摇欲坠，纷纷脱离秦朝统治，鄱县的县令吴芮一向喜欢结交江湖人士，宣布不服从秦的政令，英布赶来与他会合，吴芮见英布能干，便把女儿嫁给了他。这时项燕之子项梁与侄儿项羽已从江南进军江北，在民间找到楚怀王的孙子心，尊他为"楚怀王"。只经过半年陈胜、吴广就失败了，项梁很快成为反秦起义的核心力量。

英布带队伍进入故乡，又渡淮投奔项梁，项梁死后，英布又成为项羽的先锋。这时，秦将章邯挟战胜陈胜吴广的余威，会合驰援的边防军，将北方的反秦武装围困在巨鹿。项羽星夜赴援，他任命英布为先锋，带先头部队渡过黄河，几次打败秦军，项羽见英布已扫清前进障碍，于是"破釜沉舟"，渡漳河发动总攻，迫使章邯投降。项羽在进入关中前的每次关键战役都是英布担任"冠军"（前锋）。巨鹿之战后，项羽挥师直指关中，来到新安（今河南渑池）。担心章邯部下叛变，英布奉项羽密令，于一个月黑风高之夜，将投降的20多万秦兵全部活埋，英布这事做得太残忍了。同时，又是英布率领精兵，从小道绕过函谷关，首先到达咸阳，迫使刘邦去赴项羽的"鸿门宴"。所以，鸿门宴后，项羽即封英布为九江王，以六为都城，英布"衣锦荣归"，算命先生的预言成真了。他推翻暴秦有功，但以暴易暴，却是乡亲们所不认同的。

英布的姓名包含了有趣的历史故事。

姓，表示某些人母系的血缘关系，产生于母系氏族。据说，中国上古的姓，现在能查到的不多了，只有几十个，常见的有姬、姜、姚、姒、嬴等。进入父系氏族时期，从"姓"繁衍出很多氏。氏，表示父系的血缘关系，包括父系的官职、爵位、职业、住址、与首领的关系等，如司马、侯、施、东郭、公孙等。还有少数民族或外国人将原来姓氏改为汉族姓氏的。由于统计方式不一，有学者说，从古到今，中国人使用的姓氏超过8000个，也有说6300多个的。一个姓可以繁衍出许多氏，所以有些人姓不同，氏却是相同的。春秋时，不同姓的诸侯国却有相同的氏，如公孙、司徒等。那时人们已知道血缘相同影响生育，"同姓相婚，其生不繁"。同姓不同氏，不能通婚；同氏不同姓，可以通婚。姓，决定婚姻关系是否能建立，氏则用以"别贵贱"。

夏、商、周三代，姓与氏区分很严，一般"庶民"是只有名而无姓氏的。西安秦始皇陵骊山工地出土的役夫墓葬中，有发现遗骨的"名"的，却从未发现役夫的姓氏标志。英布生活于秦汉之交，受刑后被送到骊山服役，出身于贫贱的庶民（司马迁说他是"布衣"），他的姓名值得我们推敲。

司马迁的《史记》和班固的《汉书》，都说英布"姓英氏"，这个姓氏加在他的名之前，不会早于秦末。英布在陈胜起义（公元前209年7月）之前就已"亡之江中为群盗"了。后来他参加反秦起义，被项羽的叔父项梁封为当阳君；秦亡之后，先后被项羽封为九江王，被刘邦封为淮南王，成了赫赫有名的王爷，自然也有了姓氏。春秋战国时，社会大变动，各阶层重新组合，即孔子所称的"礼崩乐坏"。一些贵族沦落为"士"甚至庶民，一些庶民上升为士，甚至成为贵族，姓氏开始合流。司马迁和班固不清楚英布的母系血缘，也不重视他的父系血缘，只清楚他的家乡在英、六。而且在成了反秦的重要将领之后，"英地之布"（那时英的中心在今霍山县东北大沙埂一带）的称呼早已如雷贯耳，流传开来。九江王国与淮南王国都以六为都，作为九江王、淮南王的"英地之布"自然以"英"为姓氏。"姓英氏"这种表述，正说明秦末汉初还残留着姓与氏区分的痕迹。

耐人寻味的是，司马迁没把他的列传写作《英布列传》，而写成《黥布列传》。《史记》和《汉书》都说英布少年时，看相的说他"当刑而王"，成年后果然被处了黥刑（脸上刺字），他认为这是富贵的征兆，众人都耻笑他。有本叫《汉杂事》的书说他改姓为黥。这本书唐朝时还在，现在已不存，应该是汉以后人写的。当时，受黥刑不是件光彩的事，所以众人"共俳笑之"。到司马迁写《史记》时，英布已是西汉的叛逆，故将标题写作《黥布列传》，反映了当时社会的主流观点。

他的名字为什么叫布？布又可以写作"镈"，是古代用来锄草、挖地的铲形农具。英布是农民的儿子。公元前195年，英布被杀。按汉初律法，英布反对皇帝，必须"夷三族"（父族、母族、妻族。还有别说），他家族的一支逃到江南的晋陵（今江苏常州）避祸，开创晋陵英氏祖脉。当时的江南地区，西汉统治较为薄弱，英姓可以暗地保留。魏晋之交，大讲门第，晋陵英氏凭借淮南王之后成为"望族"。

秦末汉初，中国社会的大变动、大转型还在继续，旧的等级已被破坏，新的等级正在建立，以皇帝为核心的封建专制制度尚未巩固。当时人们思想也较活跃，有些人认为，人人都可当贵族，人人都可当皇帝。陈胜帮地主种田，歇伙时在田埂上对大伙说："苟富贵，毋相忘！"见到秦始皇出巡的仪仗，刘邦说："大丈夫当如此也！"项羽更是直白："彼可取而代也！"英布受了黥刑，反而认为是吉兆。公元前196年，英布反汉。刘邦在阵前问他为什么要反叛，英布直截了当地说："欲为帝耳！"汉文帝时，贾谊说诸侯王还以"布衣昆弟之心"对待皇帝。汉武帝即位之初，刘安写《淮南子》还说皇帝不是天生的，是大家推举上来主持公平、公正的。

秦汉之交，人们头脑中还残存着原始社会时期原始的民主、平等观念。它从黄帝和尧、舜、禹、皋陶时期流传到秦汉，陈胜和英布等还把它从观念转化为行动，虽然没有从原始发展为成熟，但也应该是中华民族宝贵的文化遗产。

附：《史记·黥布列传》

黥布者，六人也，姓英氏。秦时为布衣。少年，有客相之曰："当刑而王。"及壮，坐法黥。布欣然笑曰："人相我当刑而王，几是乎？"人有闻者，共俳笑之。布已论输丽山，丽山之徒数十万人，布皆与其徒长豪杰交通，乃率其曹偶，亡之江中为群盗。

陈胜之起也，布乃见番君，与其众叛秦，聚兵数千人。番君以其女妻之。章邯之灭陈胜，破吕臣军，布乃引兵北击秦左右校，破之清波，引兵而东。闻项梁定江东会稽，涉江而西。陈婴以项氏世为楚将，乃以兵属项梁，渡淮南，英布、蒲将军亦以兵属项梁。

项梁涉淮而西，击景驹、秦嘉等，布常冠军。项梁至薛，闻陈王定死，乃立楚怀王。项梁号为武信君，英布为当阳君。项梁败死定陶，怀王徙都彭城，诸将英布亦皆保聚彭城。当是时，秦急围赵，赵数使人请救。怀王使宋义为上将，范曾为末将，项籍为次将，英布、蒲将军皆为将军，悉属宋义，北救赵。及项籍杀宋义于河上，怀王因立籍为上将军，诸将皆属项籍。项籍使布先渡河击秦，布数有利，籍乃悉引兵涉河从之，遂破秦军，降章邯等。楚兵常胜，功冠诸侯。诸侯兵皆以服属楚者，以布数以少败众也。

项籍之引兵西至新安，又使布等夜击坑章邯秦卒二十余万人。至关，不得入，又使布等先从间道破关下军，遂得入，至咸阳。布常为军锋。项王封诸将，立布为九江王，都六。

汉元年四月，诸侯皆罢戏下，各就国。项氏立怀王为义帝，徙都长沙，乃阴令九江王布等行击之。其八月，布使将击义帝，追杀之郴县。

汉二年，齐王田荣畔楚，项王往击齐，征兵九江，九江王布称病不往，遣将将数千人行。汉之败楚彭城，布又称病不佐楚。项王由此怨布，数使使者诮让召布，布愈恐，不敢往。项王方北忧齐、赵，西患汉，所与者独九江王，又多布材，欲亲用之，以故未击。

汉三年，汉王击楚，大战彭城，不利，出梁地，至虞，谓左右曰："如彼等者，无足与计天下事。"谒者随何进曰："不审陛下所谓。"汉王曰："孰能为我使淮南，令之发兵倍楚，留项王于齐数月，我之取天下可以百全。"随何曰："臣请使之。"乃与二十人俱，使淮南。至，因太宰主之，三日不得见。随何因说太宰曰："王之不见何，必以楚为强，以汉为弱，此臣之所以为使。使何得见，言之而是邪，是大王所欲闻也；言之而非邪，使何等二十人伏斧质淮南市，以明王倍汉而与楚也。"太宰乃言之王，王见之。随何曰："汉王使臣敬进书大王御者，窃怪大王与楚何亲也。"淮南王曰："寡人北乡而臣事之。"随何曰："大王与项王俱列为诸侯，北乡而臣事之，必以楚为强，可以托国也。项王伐齐，身负板筑，以为士卒先，大王宜悉淮南之众，身自将之，为楚军前锋，今乃发四千人以助楚。夫北面而臣事人者，固若是乎？夫汉王战于彭城，项王未出齐也，大王宜骚淮南之兵渡淮，日夜会战彭城下，大王抚万人之众，无一人渡淮者，垂拱而观其孰胜。夫托国于人者，固若是乎？大王提空名以乡楚，而欲厚自托，臣窃为大王不取也。然而大王不背楚者，以汉为弱也。夫楚兵虽强，天下负之以不义之名，以其背盟约而杀义帝也。然而楚王恃战胜自强，汉王收诸侯，还守成皋、荥阳，下蜀、汉之粟，深沟壁垒，分卒守徼乘塞，楚人还兵，间以梁地，深入敌国八九百里，欲战则不得，攻城则力不能，老弱转粮千里之外；楚兵至荥阳、成皋，汉坚守而不动，进则不得攻，退则不得解。故曰楚兵不足恃也。使楚胜汉，则诸侯自危惧而相救。夫楚之强，适足以致天下之兵耳。故楚不如汉，其势易见也。今大王不与万全之汉而自托于危亡之楚，臣窃为大王惑之。臣非以淮南之兵足以亡楚也，夫大王发兵而倍楚，项王必留；留数月，汉之取天下可以万全。臣请与大王提剑而归汉，汉王必裂地而封大王，又况淮南，淮南必大王有也。故汉王敬使使臣进愚计，愿大王之留意也。"淮南王曰："请奉命。"阴许畔楚与汉，未敢泄也。

楚使者在，方急责英布发兵，舍传舍。随何直入，坐楚使者上坐，曰："九江王已归汉，楚何以得发兵？"布愕然。楚使者起。何因说布曰："事已构，可遂杀楚使者，无使归，而疾走汉并力。"布曰："如使者教，因起兵而击之耳。"于是杀使者，因起兵而攻楚。楚使项声、龙且攻淮南，项王留而攻下邑。数月，龙且击淮南，破布军。布欲引兵走汉，恐楚王杀之，故间行与何俱归汉。

淮南王至，上方踞床洗，召布入见，布大怒，悔来，欲自杀。出就舍，帐御饮食从官如汉王居，布又大喜过望。于是乃使人入九江。楚已使项伯收九江兵，尽杀布妻子。布使者颇得故人幸臣，将众数千人归汉。汉益分布兵而与俱北，收兵至成皋。四年七月，立布为淮南王，与击项籍。

汉五年，布使人入九江，得数县。六年，布与刘贾入九江，诱大司马周殷，周殷反楚，遂举九江兵与汉击楚，破之垓下。

项籍死，天下定，上置酒。上折随何之功，谓何为腐儒，为天下安用腐儒。随何跪曰："夫陛下引兵攻彭城，楚王未去齐也，陛下发步卒五万人，骑五千，能以取淮南乎？"上曰："不能。"随何曰："陛下使何与二十人使淮南，至，如陛下之意，是何之功贤于步卒五万人骑五千也。然而陛下谓何腐儒，为天下安用腐儒，何也？"上曰："吾方图子之功。"乃以随何为护军中尉。布遂剖符为淮南王，都六，九江、庐江、衡山、豫章郡皆属布。

七年，朝陈。八年，朝洛阳，九年，朝长安。

十一年，高后诛淮阴侯，布因心恐。夏，汉诛梁王彭越，醢之，盛其醢遍赐诸侯。至淮南，淮南王方猎，见醢，因大恐，阴令人部聚兵，候伺旁郡警急。

布所幸姬疾，请就医，医家与中大夫贲赫对门，姬数如医家，贲赫自以为侍中，乃厚馈遗，从姬饮医家。姬侍王，从容语次，誉赫长者也。王怒曰："汝安从知之？"具说状。王疑其与乱。赫恐，称病。王愈怒，欲捕赫。赫言变事，乘传诣长安。布使人追，不及。赫至，上变，言布谋反有端，可先未发诛也。上读其书，语萧相国。相国曰："布不宜有此，恐仇怨妄诬之。请系赫，使人微验淮南王。"淮南王布见赫以罪亡，上变，固已疑其言国阴事；汉使又来，颇有所验，遂族赫家，发兵反。反书闻，上乃赦贲赫，以为将军。

上召诸将问曰："布反，为之奈何？"皆曰："发兵击之，坑竖子耳，何能为乎！"汝阴侯滕公召故楚令尹问之。令尹曰："是故当反。"滕公曰："上裂地而王之，疏爵而贵之，南面而立万乘之主，其反何也？"令尹曰："往年杀彭越，前年杀韩信，此三人者，同功一体之人也。自疑祸及身，故反耳。"滕公言之上曰："臣客故楚令尹薛公者，其人有筹策之计，可问。"上乃召见问薛公。薛公对曰："布反不足怪也。使布出于上计，山东非汉之有也；出于中计，胜败之数未可知也；出于下计，陛下安枕而卧矣。"上曰："何谓上计？"令尹对曰："东取吴，西取楚，并齐取鲁，传檄燕、赵，固守其所，山东非汉之有也。""何谓中计?""东取吴,西取楚,并韩取魏,据敖庾之粟,塞成皋之口,胜败之数未可知也。""何谓下计?""东取吴,西取下蔡,归重于越,身归长沙,陛下安枕而卧,汉无事矣。"上曰:"是计将安出?"令尹对曰:"出下计。"上曰:"何谓废上中计而出下计?"令尹曰:"布故丽山之徒也,自致万乘之主,此皆为身,不顾后为百姓万世虑者也,故曰出下计。"上曰:"善。"封薛公千户。乃立皇子长为淮南王。上遂发兵自将东击布。

布之初反,谓其将曰:"上老矣,厌兵,必不能来。使诸将,诸将独患淮阴、彭越,今皆已死,余不足畏也。"故遂反。果如薛公筹之,东击荆,荆王刘贾走死富陵。尽劫其兵,渡淮击楚。楚发兵与战徐、僮间,为三军,欲以相救为奇。或说楚将曰:"布善用兵,民素畏之。且兵法,诸侯战其地为散地。今别为三,彼败吾一军,余皆走,安能相救!"不听。布果破其一军,其二军散走。

遂西,与上兵遇蕲西会甀。布兵精甚,上乃壁庸城,望布军置陈如项籍军,上恶之。与布相望见,遥谓布曰:"何苦而反?"布曰:"欲为帝耳。"上怒骂之,遂大战。布军败走,渡淮,数止战,不利,与百余人走江南。布故与番君婚,以故长沙哀王使人绐布,伪与亡,诱走越,故信而随之番阳。番阳人杀布兹乡民田舍,遂灭黥布。

立皇子长为淮南王,封贲赫为期思侯,诸将率多以功封者。

太史公曰:英布者,其先岂《春秋》所见楚灭英、六,皋陶之后哉?身被刑法,何其拔兴之暴也!项氏之所坑杀人以千万数,而布常为首虐。功冠诸侯,用此得王,亦不免于身为世大僇。祸之兴自爱姬殖,妒媢生患,竟以灭国!

晋代著名教育家——杜夷

赵中侠

杜夷,西东晋(西晋,265年—317年;东晋,317年—420年)之交的庐江郡灊(今霍山)人,兄杜崧,弟杜援。杜家世代崇尚读书求知,是庐江郡的大姓。

要了解杜氏兄弟,必须先了解两晋时期社会状况。

西晋承曹魏基业,统一南北。国家统一后,经济发展,社会安定,西晋政权迅速腐败。约291年,南阳人鲁褒看不惯贵族官僚社会贪鄙横行,揭露统治阶层膜拜"钱神"为中心的腐败,隐姓埋名写出《钱神论》,文章一出,各界人士争相传抄,鲁褒却不知所终。杜夷的哥哥杜崧,也不满意西晋社会的"浮伪,著《任子春秋》以刺之(愤慨地批判)"。杜崧的《任子春秋》已失传,《晋书·鲁褒传》载有《钱神论》。据《钱神论》也许可以领略《任子春秋》的风格,现将《钱神论》的大略今译如下:

铜钱的造型,内方像地,外圆如天。堆积如山,流通似水,动静有时,出入有节,市场交易,永不夭折,上应天道,所以长久,世间之神宝也。大人先生亲之如兄长,称它为"孔方"。

"孔方兄"大行于天下,失之则贫困,得之则富足。感动铁板般的冷脸,撬开紧闭着的金口。钱多的在前,钱少的靠后;前面的是大人,后面的当走狗。

京城里的达官贵人,学习嫌太累,讨论嫌太烦,每逢正事瞌睡就来,见到"孔方兄",人人瞪直双眼。(他们相信)金钱保佑,大吉大利，何必读书，然后富贵。

不讲道德被吹捧，没有诚信成热门，撞开豪门，出入富家。危可使安，死可使活，贵可使贱，生可使杀。官司无钱不胜，穷困无钱不拔，怨仇非钱不解，名誉非钱不显。

洛阳（京城）当官的，追捧"孔方兄"，抱之亲之，无休无止……常言道："钱无耳，可使鬼。"如今之人，眼中只钱而已。朝中无人，不如回家种田。朝中有人，而无"孔方兄"，也等于是无羽翼而想飞，无双足而想走。

杜夷兄弟的先辈可能到中原活动过，到杜夷时，"寓居汝颍之间"（今河南东南部），没给他兄弟留下什么产业，杜夷本人也"不营产业，博览经籍百家之书，算历图纬靡不毕究"。居然十年足不出户，甘于贫困，而潜心学问。杜氏学问有不同于流俗的特点：一是长期坚持，持之以恒；二是诸子百家，天文地理，全面攻读而不偏废。杜夷的学术产生的社会影响很大。西晋时还没有科举考试，由地方官考察推举地方道德高尚者为孝廉，学识渊博者为博士。杜夷在惠帝（290—307）时三次被推举为"孝廉"，西晋末年又被推举为"博士"，朝廷备车马接他进京，当时的太傅、东海王司马越也征召他当官，杜夷一概拒绝。王导的族兄王敦逼杜夷到洛阳当官，杜夷逃避到寿阳（今寿县）。驻守寿阳的镇东将军周馥敬重杜夷的为人和学问，为他建住宅，想请他当自己的幕僚（参军），杜夷以身体不好推辞。周馥尊重他的选择，除了建造住宅外，又为他提供了医药。不久，周馥在政争中失败丢了官，杜夷只好回归故乡（灊县），这时局势已乱，杜夷路上遇到败兵的抢劫。扬州刺史刘陶得知杜夷的困境，特地派人告诉庐江郡守：杜夷"德茂行洁，高尚其志，流离道路……"他（刘陶）担任刺史，不应该让有道德有才干的人才遭受如此灾难。指令郡县派人员照料，并且拨给粮食，不让杜夷一家挨冻受饿。不久羯族石勒率兵逼近淮河流域，王导又派人救助他。辗转数百里回到家乡时，杜夷已 40 多岁，闭门教书，投奔他的门生有上千人。

杜夷看不惯当时官场的腐败。特别是晋惠帝之后，根本谈不上法纪道德，"货赂公行，势位之家，以贵凌物，忠贤路绝，逸邪得志"，权钱交易盛行，所以他坚决不涉足官场。到西晋末年，先是"八王之乱"，皇室贵族内战，继之是匈奴、鲜卑、羯、氐、羌等少数民族先后进入中原混战。面对王朝的危机，也感动于周馥、刘陶等的尊重和帮助，杜夷决定以自己的方式出来当官。313 年，活动于江淮之间，筹组东晋王朝的琅琊王司马睿与王导等商议，在国家危颓社会混乱之际，急需恢复传统道德，建构司马氏王朝的正统观念，决定设立"儒林祭酒"，任命杜夷为"祭酒"。杜夷虽然身患疾病，还是接受了任命，来到了建邺（今南京），但不参加朝廷的仪式典礼。司马睿常常想到杜夷家中面谈，杜夷认为自己还是平民，说："万乘之主不宜往庶人之家。"一再推辞。不久，朝廷恢复西晋武帝设立的国子祭酒（官），主持国子学，杜夷改任国子学祭酒。

东晋元帝（司马睿）称赞杜夷"安贫乐道"。杜夷坚持儒家传统："非礼之礼，非义之义，大人弗为。"（《孟子·离娄下》）他不愿陷入官场污泥浊水之中，即使担任了国子学祭酒这个官职，不但不参加朝廷集会和各种典礼仪式，就是官服他也从来没穿过。晋元帝如有大事就到他家中咨询，皇太子攻读儒经，每逢疑问，也到他家中请教。从当时皇帝的诏书看，他对学生的教学，没有中断过，"下帷研思……缙绅之徒景仰轨训"。中规中矩，得到社会的景仰。323 年，杜夷去世，享年 66 岁，临终叮嘱儿子：不穿官服，就以平时服装入殓，"殡葬之事，务从简俭"。

杜夷是西东两晋那个特殊年代中涌现的特殊人物。他一生受西山文化孕育，他的一生又是西山文化在那个时期的表现。对社会及文化传承有强烈的责任感，谨守"穷则独善其身，达则兼济天下"（《孟子·尽心上》）的准则，所以能安贫乐道，致力于教育事业。

影响深远的士族大家
——何尚之及其家族

姚治中

东晋亡于公元 420 年，此后宋、齐、梁、陈四个王朝，都以建康（今南京）为国都，统称为南朝，直到 589 年隋统一。东晋南朝都依靠世族地主统治。随着经济社会的进步，世族地主逐渐趋向没落，南朝灊县何氏家族的兴衰体现了这个历史进程。

何充的侄儿何惔、侄孙何叔度都只当到郡太守一级的官。何叔度的儿子何尚之，年轻时也如世家子弟，游手好闲，特爱赌博。年事渐长，见家道逐渐中落，碰了些钉子后有所悔悟，决心修养心性，下功夫钻研学问，行事做人都被社会称道。因门第高，当了一任县令，宋武帝刘裕北伐长安前，把他召到帐下，管理文书账册，受到刘裕的奖励。宋武帝的继承者也欣赏他的才干，逐渐被提拔为吏部郎，参与朝廷官吏的任免。有次请假回家，满朝文武到码头送别，到了家里，何叔度问儿子："听说不少人送你，风光得很啊！有多少人？"何尚之回答："大约有几百。"何叔度笑道："这些人是在送吏部郎，可不是送何尚之啊！"这类教导使何尚之在仕途中一直保持清醒的头脑。

何尚之主要活动于宋文帝（刘义隆，年号元嘉，424—453 年）统治的中后期，南朝初年世族地主越来越腐朽，如王导的玄孙王僧达，一年升了五次官还不够，想当司徒司空，在职不干本职工作，看斗鸭，放鹰犬打猎，操刀屠牛，见有的和尚富有，就向人家要钱财,不给就派兵丁去抢,强迫同族的侄子和自己搞同性恋,人家不愿意,他在后花园挖个大坑,企图将此人骗来活埋。这样的人实在不堪任用,从刘裕开始,就从一些出身低微的人(当时叫庶族)中选拔了一些官吏。何尚之有学识,办事务实,在当时高门大族中可谓鹤立鸡群。

宋文帝博览经史,写得一手好隶书,他任命何尚之为丹阳尹。何尚之上任后,在建康南门建立学校,邀集当时著名学者讲学,成为当时最著名的学校,在京城周围营造了浓郁的学术风气。我国自古以来文学、史学、哲学不分,春秋战国的诸子百家,为了说明本派观点,驳难对手,总是引证历史,诸子百家中却没有历史一家。屈原、宋玉等创造了楚辞这一文学体裁,也不在诸子百家之列。西汉武帝独尊儒术之后,史学又成为儒学的附庸,所以司马迁说:"文学、历史和天文学,相当于占卦告鬼神的巫觋活动。"东方朔才华横溢,文采飞扬,社会地位却与倡优相近。时代在发展,学术文化也在发展,社会观念也在改变,曹魏时已有人将文献分为经、史、子、集四类。只是东汉末年以来,当权者热衷于争权夺利,文化教育体制沿袭旧的章程,已经很不适应经济社会发展的需要了。宋文帝执政后,社会相对稳定,他也察觉到了这种弊端,在都城设立四个学馆:(1)玄学馆:教学"玄学"(曹魏以来,以老庄思想糅合儒经而成的哲学思想。当时人把《道德经》《庄子》《易经》叫作"三玄"),(2)史学馆,(3)文学馆,(4)儒学馆。任命何尚之主持玄学馆,传授生徒,讲求学问。在教育与学术研究的实践中,将文、史、哲各自独立,作为独立的学问区别研究与传授,这是一个创举,何尚之参与了这项开拓性的工作。

元嘉年间是南朝政治最清明、国力最强盛的时期,何尚之长期担任宰辅,发挥重要作用。那时世族掌权,其中王僧达之流不在少数,有个世族子弟提出要当吏部郎,何尚之说:"应该是根据官职需要来选人，哪有随心所欲选官职，要官当的。"当时高门大族倚仗门第索要官职已成风气，何尚之当宰相多年，从来不推荐亲戚家属当官，理直气壮地顶住了要官当的歪风。后代史学家说，元嘉年间，"吏无苟得"。何尚之的作用显而易见。

从西晋到元嘉的 100 多年中，国家动乱不休，经济破坏严重。430 年，宋文帝铸四铢钱（1 铢 = 0.667 克），结束了西、东两晋 100 多年国家没有铸币的不正常现象。这 100 多年中，商业活动中使用前朝旧币，有的把铜钱的边剪去另铸假币，有的假币入水不沉，商店门口放一盆水，顾客要将钱投入水中以辨真假，社会上盛行物物交换。宋文帝时的四铢钱名称与实重一致，铸造的数量适中，流通比较稳定，基本上没有私自盗铸的。447 年起，民间开始有人用从古钱上剪下的铜铸造轻而薄的"四铢钱"，造成流通的混乱，高门大族更趁机大肆偷铸牟利。有人建议铸"大钱"代替"四铢钱"，所谓"大钱"，重不过 5 铢，却要当两个四铢钱用，明摆着是掠夺百姓财富。何尚之对皇帝说，这种政策只利于有钱人盗铸大钱，增加穷苦百姓的负担，劝他不要这么干。宋文帝不听，硬着头皮执行一年，引来怨声载道，不得不下诏停铸大钱。如今南京城里的玄武湖是元嘉年间开凿的，宋文帝本来打算在湖中堆起三座"神山"，花巨资在湖中构建传说中的"蓬莱仙境"，何尚之谏阻了这项工程。

所谓世族地主，在东汉末曹魏时形成，到刘宋时已 200 多年了，养尊处优，思想空虚，大多数人想当官入了迷，却又忸怩作态，把退隐林泉作为清高的表现，不关心百姓疾苦，对国家和社会一点责任感也没有。不久，何尚之年老退休，450 年，宋文帝派王玄谟等北伐，想到何尚之曾跟随刘裕北伐，有经验，请他重新出来，并委以后勤重任。世家大族中的人物，有的写文章讽刺他，王僧达甚至跳出来说："我家养一条老狗，放它出门却无家可归，这又跑回来了。"这些人自己不务正业，却反对别人干实事；自己醉生梦死，却嫉妒别人勤恳事业。何尚之以朝廷大局为重，不被这些无聊的讽刺谩骂动摇，不计去就，认真实干。

何尚之生活俭朴，官场活动不讲排场，妻子去世不再重娶，也不养妾蓄婢。位居宰相却不贪恋权势，不搞拉帮结派，不任人唯亲，因此招致一些人的误解，但称赞他正派的更多。他活到79岁，如他这样务实而有责任感的人，在当时世家大族中真是不多。

南朝是世族地主走向没落的时期，作为一个世族的家族，潜县何氏家族在刘宋后期及以后的表现，具有相当的代表性。

何尚之的儿子何偃没染上纨绔子弟的风气，有学识，也能干事，得到皇帝的赏识，被提拔为侍中，掌管皇帝诏令的起草。南朝时的侍中掌握丞相实权，是事实上的丞相，这时何尚之是司空、尚书令，位居首辅，父子同时为相，掌控朝廷枢要，文武大臣无不敬畏三分，但何尚之父子诸事都能把握分寸，朝野给予好评，很不容易。何偃继承父亲的施政风格，但也有自己的特点，他向皇帝提出三条根本性的政见：第一，抓住农业这个根本，体恤农民的艰难；第二，精简官吏，加强考核，督促官吏提高施政能力，提高俸禄防止贪赃枉法；第三，慎选地方首长，军政分开，要保持相对稳定。这些意见都很有针对性。何偃缺乏艰苦环境的锻炼，没有父亲那样坚强的意志，险恶的世族地主官场，争权夺利，明枪暗箭，他招架不住了，人到中年就神思恍惚，疑虑重重，上表辞去官职，他的政见虽然超人一等，却不能实施。皇帝挽留他，他在任上以空谈"玄学"为爱好，没做出实绩。他的儿子何戢（jí），娶了宋孝武帝女儿山阴公主，这位公主见吏部郎褚彦回长得英俊，要求皇帝派他来"侍候"自己，褚抵死不从，后来与何戢成了好朋友。何戢内心的痛苦可想而知，虽然也当过侍中、吏部尚书，但并没有什么建树，好在家业丰厚，讲究衣服装饰，在奢侈生活中活到36岁。

何家世代信佛。何尚之的孙子何求，朝廷按门第给他官做，他隐居在和尚庙里,"足不出户",提升他为永嘉（今温州）太守,他逃跑到山里隐居不出。何求的弟弟何点,博通群书,口才极好,成天披头散发,见到公卿贵人,昂首而过,对下人倒也平易近人。常坐一辆柴车,装一壶酒,悠悠然游荡于道路。有一天小偷到他跟前,他把衣服送给小偷,小偷不敢要,他说,不要就将你送到官府去,小偷只好收下。何求的三弟何胤,特好享受美味珍馐,每餐一定要操办满桌的好酒菜。南齐时当了太守,对百姓讲究诚信,每逢年过节,就把大牢中的囚犯放出,让他们回家团聚,说来也怪,这些犯人都能准时回来,没有一个逃跑的,何胤对《诗经》《易经》《礼记》都有研究。何求等三兄弟当时被称为"何氏三高"。

何尚之的另一个弟弟的孙子何敬容,娶了南齐武帝的女儿长城公主,官至尚书令（丞相）,位高权重,当时人说他"拙于草隶,浅于学术",精于贪赃,凡求见的,送礼的才接见,不带礼品的就拒之门外。他贪污吝啬,但施舍佛寺极为慷慨,曾经将宅院的东部施给和尚庙,许多官僚讨好他,纷纷也来施舍,造成一座华丽的寺庙。他曾说,晋朝上下沉湎于空谈玄学,最后亡国。可惜他只看到前朝,自己不能实践,终于死在侯景叛乱的围城中。

从东晋到南朝,潜县何氏家族出了正副丞相10人,皇后3人,娶公主的5人,尤其是涌现了何充、何尚之这样的杰出人才。东汉以后人才及人口的流失,无疑影响了皖西经济社会的发展。从另一角度思考,如果不走出大别山,到时代风云的中心旋涡中去锻炼,又怎么能造就这样的人才呢？

皮日休生死之谜：隐居霍山得善终

张佑丞

皮日休（约838—约907年），字逸少，后改号袭美，湖北襄阳人，进士，是我国晚唐继白居易之后的又一个现实主义作家、诗人。参加过黄巢起义军，黄巢建立大齐政权时，授他为翰林学士，是我国重要的历史人物之一。黄巢失败后，皮日休生死不明。根据《襄阳人物志》记载："其后，去向不明，旧史说他被黄巢所杀（883年），一说是唐王朝所害，也有说是流落江浙病死，迄无定论。"李福标编著的《皮陆年谱》前言也说明皮日休"后或为巢所杀，或为唐廷所诛，或亡命江南，不知所终"。经研究，光绪三十一年（1905）《霍山县志》载有皮日休的遗著《霍山赋》（又名《南岳山赋》），笔者认为皮日休没有早死，而是黄巢起义失败后隐居在霍山。

霍山县古佛堂小学在民国三年（1914）以前是座大古庙，在县魁星局的授意和地方知名人士的努力下，于民国四年（1915）改为"古佛堂文华小学堂"，地方的开明人士郑长银老先生为改建小学堂解囊500银圆。后来他跟他的长子郑学滔讲："古佛堂大庙了不起，原庙里有块宋朝熙宁五年（壬子，1072）的《遵遗勒石》纪事碑，有六尺多高，记载晚唐大才子皮日休两次来庙，与方丈甚密，晚年在庙教书。因碑是块大山石碑，又高又厚又重，在改建施工时移不动，故被打碎了，太可惜了。"我们在尊重郑老师的传承之说的前提下，尽管代远年湮，也还要小心求证。

《襄阳人物志》第28页记载：皮日休于"咸通四年（863），离襄出游",在中书舍人裴坦(后为宰相)的大力帮助下,根据《皮陆研究》云:"皮日休以景和后裔或宗人自居(皮景和,北齐名将,救寿州有功),谋以钱财以供贡举之资,此一干谒之一途也。故皮日休于咸通四、五年间来回奔波于寿州,殆是经办此等事宜。"襄阳至寿州,霍山是必经之路。可见皮日休大约于咸通四年(863)路过古佛堂大庙时逗留了几天,"与方丈甚密",由此越霍游览了云居寺(晚年重游时,有《过云居院玄福上人旧居》律诗一首),后经六安再到寿州。

《襄阳人物志》记载:皮日休于"咸通八年(867)以榜末登进士第,次年游苏州,为刺史崔璞军事判官,常与陆龟蒙唱和,并称'皮陆',曾入朝为著作郎,太常博士,出为毗陵(今江苏常州)副使。后参加黄巢起义军,广明元年(880)随黄巢入长安,为翰林学士"。公元884年6月15日,黄巢起义军在山东狼虎谷被李克用军队包围,黄巢力竭自杀,皮日休去向不明,有云皮日休亡命江南。唐僖宗为收拾和稳定动荡的政治局面,以大德为怀,不仅重用黄巢大将朱温等人,而且发轺轩车给文官皮日休,"使得采以闻"。《皮陆年谱》记载:"皮日休当在此后一二年依钱镠"后,"游览州县山川,六年至寿州之骈邑曰霍山"。《霍山文史集萃》转载了清代《六安州志》皮日休重游六霍交界处的云居寺(今废),并写有《过云居院玄福上人旧居》诗一首:"重到云居独悄然,隔窗窥影尚疑禅;不逢野老来听法,犹见邻僧为引泉。龛上已生新石耳,壁间空带旧茶烟。南宗弟子时时到,泣把山花奠几筵。"他当年退归寿州时曾游过此寺,相隔20多年重游,看到云居寺已经颓废败落,"不逢野老来听法""龛上已生新石耳",联想到自己的遭遇,他无比伤感和惆怅,"泣把山花奠几筵"。由此可以推定这是皮日休第二次到霍山的证据之一。

皮日休写《霍山赋》的时间,有人认为是咸通六年(865),赋的开头就写道:"臣日休以文为命士,所至州县山川,未尝不求其风谣以颂其文,幸上发辂轩,使得采以闻。"作者首先就定位日休是臣不是民,"幸上发辂轩",《中华古汉语大辞典》对"辂轩"词汇的释义是:"为天子使臣所乘,后因称天子使臣为辂轩之使。"功名未第既不能称臣,更无资格享受天子使臣专用的辂轩车,由此完全可以断定《霍山赋》是皮日休晚年之作,襄阳史志办公室也是这么认为的。

《霍山赋》的内容分三个部分,第一部分是赋的小序,交代写赋的时间和背景,第二部分是写景和感受,第三部分是借梦反映作者的内心想法和后事的寄托。有人认为赋中梦见的一人是令狐绹,其人由宰相降到淮南当节度使,皮与其有过交往,若此赋写于咸通六年(865),皮为功名正要求令狐绹帮忙,为什么要写梦见的一人是"怪貌魁形"呢?皮日休在赋里写得很清楚,"余祝融之相也",说明梦见的一人不是令狐绹,是皮日休借梦抒情,"祝融迁都,命余守霍"。他的目的是待他死后,想霍山人把他继祝融之后封为南岳山神。

皮日休晚年是否隐居在霍山县古佛堂大庙?他离襄出游中,路过古佛堂大庙时,与方丈关系甚密,晚年重游霍山时,他在《霍山赋》中已阐明了他的目的,就是"邑赘于址","抑有所达而托之"。皮日休写完《霍山赋》到古佛堂大庙时,恰值关公圣诞之期,方丈请他作一副祝寿联:"兄玄德,弟翼德擒庞德,放孟德,匹马斩颜良,河北英雄皆丧胆;生蒲州,长冀州,得荆州,失徐州,单刀执鲁肃,江东志士尽寒心。"皮日休不仅对关羽的一生进行了很客观的总结,还给予了高度的评价,同时也流露出对黄巢自杀后,英雄丧胆、壮士寒心的凄惨结局,感到无比忧伤。这副《关公联》与《题云居寺》一诗的内容的表现手法和思想完全吻合,无疑是皮日休的遗著。方丈非常欣赏这副楹联,故方丈就留皮日休在庙中授教。他循循善诱，把地域色彩浓厚的荆楚文化，与纵恣洒脱的徽文化融为一体，经过几代人的努力，逐渐形成了"讲究格律，侧重抒情"的西山地方文化。

　　皮日休在《皮子文薮》序中写道："咸通丙戌（七年）中，日休射策不上第，退归州东别墅，编次其文。"说明他在丙戌年开始编《皮子文薮》，但文薮书中的《河桥赋》，皮日休开头就写："咸通癸巳岁，日休游河桥，观桥之利，不楫而济。美其事，著《河桥赋》。"癸巳岁是咸通十四年（873），是编次文薮的后七年，这说明《皮子文薮》是行集，他还把《河桥赋》收在第一卷中。皮日休在文薮序中又云："皆上剥远非，下补尽失。"这更进一步地阐明了《皮子文薮》是行集之由。他把《霍山赋》放在卷首第一篇，是他的特意安排。《皮陆年谱》云："有云病死宿州者，更不足信。"由此可见，皮日休的晚年是在古佛堂大庙度过的。对于皮日休的卒年，因纪事碑被毁，无法确定，一般认为，或卒于902年，或卒于907年，笔者根据诸书及史实，认为皮日休卒于907年。

知军英名传千古　忠烈精神昭后人

程希武

程端中，南宋时六安军知军，河南开封人，祖籍中山博野，宋太宗因为其家世功勋显重，赐第京师。程端中系北宋太中大夫程珦之孙，理学家程颐号伊川先生长子，程颢明道先生之侄子也。其少而颖异，识器过人，笃信好学，博通经史，伊川先生与明道先生皆钟爱之。哲宗朝举进士第，初历官未详。靖康末年（1127），北宋都城汴京（今开封）被金兵攻陷，徽、钦二帝被掳，端中公随宋高宗赵构南渡，举家居池州，奉命知六安军，兼管内劝农营田事。端中忠孝素著，爱民多惠政，深受六安人民爱戴。

南宋建炎三年（1129）冬，金兵大举南侵，攻掠六安，形势非常危急，有人害怕寡不敌众，劝程端中以城降金。端中命令立即将其斩首示众，激励士民坚决抗金，亲自率师守御城池，奋勇力战，予金兵以沉重打击。当金兵稍却，愈战愈勇的程端中欲将来犯之敌逐出境外，即率军勇猛追击，追奔200余里，至撞山下，恰遇金寇大队援军至，宋军即陷入重围，端中不幸在激战中与副将任廷尉一起战死。据文献记载："程端中血战中失其首而身不伏地，金兵骇服，肃然起敬，金兵首领率部下连续跪拜三十次，端中身体方倒下。"端中战殁时，年58岁。

程端中战死后，宋高宗褒其为国尽忠，赐谥"忠烈"，铸金首以合其躯，敕葬撞山之下。其夫人陆氏以身殉节，合葬端中墓左。为防盗墓，同时葬下72棺。端中夫妇下葬时，草履执绋者万人，葬毕辞去，逾岭易履焚之，南向拜哭，声震天地，端中墓北五里曰草鞋岭者，因此名之也。

程端中墓位于今金寨县长岭乡撞畈村境内莲花地（原隶属霍山县），距今近900年。端中墓坐东北朝西南，四周用块石围砌，占地面积约半亩，墓高2.5米、长5米，条石结构。居中竖有白色石碑，高1.8米、阔0.7米，上刻有"宋伊川夫子长子六安知军端中谥忠烈程公之墓"，并署有"皇清同治六年（1867）岁次丁卯六英霍合族重建"字样。墓前陈设有石人、石马、石狮、拴马柱、香炉等石器，墓前20米立一高大忠烈牌坊，坊前10米开外有一水塘，是为饮马池。建炎四年（1130），为纪念端中，朝廷在墓旁建左圣寺和忠烈祠，祠内有副对联为"三川一门两夫子，六安千古几知军"。端中墓园虽然历经近千年风雨沧桑，左圣寺和忠烈祠几度被毁占，但是程公之不畏强寇，为国尽忠，慷慨赴死，以身殉国的爱国主义精神总是令人追念，赞誉不绝。

2013年经金寨县及省市申报，撞山端中墓园被国务院核定为第七批全国重点文物保护单位，安徽省人民政府立碑保护，保护面积为60亩。

程端中有子三人，曰易、晃、晟，其后世子孙分布在皖、鄂、豫、鲁、粤、苏、浙等省、市、县及海外。其中霍山、金寨、英山、罗田、商城、六安、肥东、休宁居多。每年清明祭扫端中墓者络绎不绝，景仰端中忠烈精神和崇高品格，继承其遗愿。目前程端中第35世裔孙程先政拟捐资千万为其加以修缮，提高墓园品位，以昭示后人、激励后人进一步发扬光大忠贞爱国精神。

在元、明、清三个朝代，程端中后裔理学传家，人丁兴旺，勤于耕读，英才辈出，一门四进士曾传为美谈。有任礼部、吏部尚书的；有任大理寺丞的，有任知府、知县的；宣教郎、文林郎、登仕郎、教谕、训导、进士、举人、贡生、秀才、国学生不胜枚举。到了现代，党政军等各条战线均有程端中后裔活跃的身影，从将军到士兵，从部长到职员，从学府到杏园，从金融到企业，都不乏程端中之杰出后裔。仅以霍山为例，如大化坪人程辛，很小就参加了红军，后任大连造船厂党委书记、厂长，六机部副部长，毕生为中国的造船事业做出了杰出贡献。大化坪人程先政，走出大山，立足上海，跻身防水行业，20年耕耘，成为中国防水行业翘楚。他致富后，永葆赤子之心，尤不忘回馈社会，每年都捐款用于助学、医疗、扶贫帮困和文物遗产保护等。像程先东、程双林、程潜龙、程仰传等程姓人才均就职于不同岗位，像博士后程希军、博士程钢、程淑兰、程小娟等就职于教育、卫生等部门从事学术研究、人才培育、救死扶伤等公益事业。

西山苏氏与霍山东坡墓

余新华

十年前,看清朝的《霍山县志》,知道霍山有"三苏祠"。几年前听朋友说霍山有"东坡墓",并带我去看了。霍山怎么会有三苏祠和东坡墓?

不可思议。"三苏"是何等人物,居然与霍山有关联,真是霍山人的福气!

"三苏"是父亲苏洵、哥哥苏轼(子瞻)、弟弟苏辙(子由)。北宋晚期四川眉山人,他们凭文章在"唐宋八大家"中占三席地位。尤其苏轼(东坡),是中国文学艺术史上少有的天才、全才。神宗先帝看他的文章忘了吃饭,动情处连说:"奇才,奇才!"苏轼的成就,可以说"前无古人,后无来者"。他在文、诗、词、书、画诸方面的创造,都是高山仰止。先说文章,一代文宗欧阳修曾对儿子棐(fěi)说:"三十年后,只会看苏轼的文章,不知道我了。"据《宋史·苏轼传》记载:"高宗即位……以其(苏轼)文置左右,读之终日忘倦,谓为文章之宗。"士大夫间流传"苏文熟吃羊肉,苏文生吃菜羹"的谚语,竞相收藏苏文,以多为荣。苏轼的诗现存约4000首,风格多样,内容宽广。叶燮《原诗》说:"苏轼之诗,其境界皆开辟古今之所未有,天地万物,嬉笑怒骂,无不鼓舞于笔端。"苏词现在约350首,口语入词,摇曳生姿,开创豪放派先河,改变了诗庄词媚的历史。《辛稼轩词序》说:"词至东坡,倾荡磊落,如诗如文,如天地奇观。"苏轼的书法居苏黄米蔡四大家之首。苏辙在

《亡兄子瞻端明墓志铭》中说:"(苏轼)幼而好书,老而不倦,自言不及普人,至唐褚、薛、颜、柳,仿佛近之。"其《黄州寒食帖》,继《兰亭序》《祭侄文稿》之后,被称作第三大行书。苏轼善画竹石,画与画论都有较深的造诣。此外,他还是美食家,尤以"东坡肉"闻名天下。以上这些卓越成就集于苏轼一身,屈、陶、李、杜无人能比。所以我前面说"前无古人,后无来者",他是中国文学艺术史上的珠穆朗玛峰。

所以,我们霍山有三苏祠和东坡墓怎不令人吃惊?

霍山什么时候始建三苏祠,尚待进一步考证。清嘉庆《霍山县志》说:"三苏之有祠也,恩赐自宋,祀典煌煌,厥后子孙有居霍者,霍始有祠。明弘治时,庐阳太守蜀郡马公橄崇祀之。""恩赐自宋"肯定指南宋,而四川眉山的三苏祠是元初苏家旧宅改建的,"自宋"之说有待商榷。"子孙有居霍者,霍始有祠。"据苏氏家谱说,到霍山定居的第一代叫苏昶,是文定公苏辙的第8代孙。嘉庆《霍山县志》苏昶条:"宋南渡后,避乱寓霍山,执有大观(1107—1110年)中子由告身一通。"1108年,因大赦,苏辙复任朝议大夫,又迁中大夫,所谓告身,大约就是这次的官职行命书。《宋史·苏辙传》载:"淳熙(1174—1189年)中,谥文定。"按以上资料推算,苏昶来霍定居约在南宋上半叶偏末,1190年前后,或者更迟。南宋下半叶及元朝,约200年间霍山有没有三苏祠,还没找到确凿的资料。但在明弘治(1488—1505年)前一定有三苏祠,否则庐阳太守马橄不能来祭祀。现在的文庙是设霍山县(1494年)后几年建的,三苏祠肯定要早很多,至少有500多年的历史了。可惜,1953年同城隍庙一起被拆除,改建县大礼堂。不然,现在就是巨大的旅游招牌。

霍山的东坡墓在淠河北岸的双山湾苏家岩。淠河本来是由南向北流,可在县城北边由西拐几里路的弯,所以有了"北岸"。东坡墓坐东朝西，甲山庚向。苏昶墓紧挨其南侧，较小。道光年间的苏氏谱上有图、有四界、有田产、有税额。过去，漫说九百年前，就在九十年前，这里的风景也是非常之美：墓地前是宽阔的淠河水面，波光潋滟之中，一南一北矗起两座柱子似的小山，被称作双山，奇怪至极，南边靠近主河道的大一些，山顶是双山寺，也叫双眉寺，今存一块道光年间的石碑，上刻《双眉碑记》，已漫漶难识。大河南岸是漉台。漉台像一条巨鲸伏在浅水中，"鲸头部"——上游迎水一面，是二三十米高的石壁，人称"漉台赤壁"，与"双山淘浪""嵩山瀑布"同列霍山旧八景。漉台有寺，1538年的霍山籍进士吴兰，在《重修漉台寺碑记》中说："崖之西山为苏氏遗冢，而双眉有似于眉山。"再南眺便是南岳山，就是汉武帝登礼的古南岳。站在墓前四望，林木葱郁，碧水汤汤，山峦环护，帆樯如画，双山寺与漉台寺钟声隔河相应，杂以牧笛渔歌，信徒们乘船进香，优哉游哉——这里真是一脉好地。当年苏坟选址于此是极有道理的。今天，陵谷变迁，漉台已与陆地相连，双山下是一片平畴，还盖了许多楼房。昔日风光如梦似幻，若东坡有灵也会黯然神伤。

然而，让东坡神伤的还不止于此。这座坟墓默默无闻、清清静静了数百年，忽然旅游兴旺了，有了互联网，很快传了出去，于是引来是真是假的质疑。也难怪，苏辙的几篇文章都说苏轼葬在郏县，以致全世界都把今河南郏县茨芭乡三苏墓园当成苏轼的归宿地。连苏轼辞世的常州都没有东坡墓，千里之外的霍山县怎么突然冒出一个东坡墓呢？难免奇怪，难免怀疑，连光绪《霍山县志》的撰稿人也说它是"衣冠冢"。但是沉心静气一想，古人为什么要造一座假墓，意义何在？如果是苏昶后人为纪念先人而造，也应当造苏辙墓，或者是三苏墓，怎么会是一座孤零零的东坡墓呢？不论怎么说也不合情理。仔细阅读苏辙文章，发现许多可疑之处。《亡兄子瞻端明墓志铭》开头说："公始病，以书属辙曰：'即死，葬我嵩山下，子为我铭。'"快结尾时这样写:"将居许,病暑暴下,中止于常。建中靖国元年六月,请老,以本官致仕。遂以不起。未终旬日,独以诸子侍侧曰:'吾生无恶,死必不坠,慎无哭泣以怛化。'问以后事,不答,溘然而逝,实七月丁亥也。"人怎么会一生病就认为自己要死呢?况且坟址应当较具体,而"嵩山下"太泛,郏距嵩山有两三百里,这里的讲法不可信,又与后面"问以后事,不答"相矛盾。其中"将居许",也不是事实。苏东坡在京口、常州一带早就置有田产,儿子迈、迨等家人一直住在宜兴。他从海南北归到庐山,有《答王幼安》文,说:"某欲就食宜兴,今得子由书,苦劝归颍昌,已决意从之矣。舟已至庐山下,不久当获造谒。"他说他本想到宜兴住,而子由(苏辙)力劝他到颍昌(今日河南许昌)兄弟同住,他已决定听弟弟的话。1101年四五月间到金陵,在金山寺会了几位朋友。之后便有《与子由》文,说:"兄已决计从弟之言,同居颍昌,行有日矣。适值程德儒过金山,往会之,并一二亲故皆在座。颇闻北方事,有决不可往颍昌近地居者。事皆可信,人所报,大抵相忌安排攻击者众,北行渐近,快不静尔。今已决计居常州。"如果苏辙收到这封信,那么,"将居许"就是有意误导人的。不久,苏轼到真州(仪征),突然得病。六月带病拜会米芾。过江到润州(镇江),恰逢苏颂去世(六月十八日),派小儿子苏过吊唁。第二天,苏颂的孙子孙婿回拜,苏轼卧床"泣下不能起"。下旬去常州,沿途百姓争睹其容,苏轼袒一臂坐于船上说:"看煞老夫矣。"七月病情加重,于廿八日去世。此时,苏辙在颍昌写了一篇祭文,派儿子苏远奔丧。第二年(1102)苏轼安葬,苏辙写了《亡兄子瞻端明墓志铭》,说:"明年闰六月癸酉,葬于汝州郏城县钧台乡上瑞里。"这里虽然说得明确,但不可靠。因为郏县西23公里有个钧天台,传说是仙女为黄帝奏乐的地方,而霍山县西12公里,距东坡墓不远处,有个钓鱼台,传说是左慈垂钓的地方,现仍是村民组名。"钧"和"钓"虽是一笔之差，按说苏辙是不会误的，或许也是有意为之。苏轼去世正值盛夏，遗体必定第二年才能移动，但按南方风俗应当在冬天下葬（大寒过后），为什么要在"闰六月"的夏天呢？这也是一个疑点。

可能会有人说：苏辙有什么必要对死人的葬处遮遮掩掩？假如我们考察了当时的政治气候，便知对其遮遮掩掩就不奇怪了。前面说到，苏轼不去颍昌定居，是因为"颇闻北方事""相忌安排攻击者众"。当时，"党祸"严重，皇帝宋徽宗支持一派，打击另一派，下令凡被贬者坟上的祠庙一律铲除。早在1089年苏轼被贬时，司马光坟上墓碑跟着被砸，因为该碑文是苏轼撰写的。铲人坟上标记在当时已形成恶习。苏轼被看作蜀党领袖，受打击更加厉害。1103年，宋徽宗敕令禁毁三苏及黄庭坚等人的诗文，到了1123年，福建人以为过去了20年了，没事了，打算刻印《苏轼全集》，宋徽宗又一次下令禁毁。禁令下来很严，有一个读书人带了本苏轼文集出开封城，被门卫拿住，"执送有司"（《宋稗类钞》）。可见当时，苏轼死了几十年，还被紧紧压制。1103年正月，苏辙因政治形势恶劣，不得不独自离家避居汝南，到了1104年正月才回颍昌家。为了给哥哥和自己一点安稳，苏辙讲点假话，当在情理之中。我们再回过头去看，"公始病，以书属辙曰：即死，葬我嵩山下，子为我铭。"便知是假话无疑。你想，那种政治环境下，谁还敢为苏轼写墓志铭！苏辙只能忍痛自为，但又必须有个交代，只好借口苏轼遗嘱。分析到这里，我们自然体会到苏辙的苦心：他是多么无奈。

现在我们要讨论的是，苏轼的后人（儿子迈、迨、过，孙子箪、符、箕、竺、筌、筹）为什么把坟址选在霍山。苏轼有诗曰："我有同舍郎，官居在灊岳。"灊，就是霍山县的古称；岳，当然是指《史记》上记载的汉武帝登礼的古南岳霍山，"灊岳"在东坡心中有很深的印象。1079年苏轼因"乌台诗案"入诏狱，1080年被贬为黄州团练副使，受到牵连的人很多，其中淮南西路提点刑狱李常（字公择，苏轼挚友）也被罚铜 20 斤。霍山归淮南西路管辖，与黄州接壤。当时苏李经常往来，互有诗词唱和。1107 年，苏辙的儿子苏逊监淮南西路酒税，一干好几年，对灊岳自当有所了解。古南岳地处淠水源头，从常州沿运河、淮河、淠河溯水而上，非常方便，路程比到郏县近约三分之一。下葬的日期，苏辙说是 1102 年"闰六月"，实际时间可早可迟，不一定那么准，上面说到，他可能讲了假话，那么"明年闰六月"，也当不能认真相信。

还有两条信息旁证了霍山东坡墓之真：一是 20 世纪五六十年代，学术界对苏轼葬郏有不少质疑；二是 1644 年，郏县当地土贼盗墓，"至底无所见"，苏轼、苏辙坟都是空墓（见乔建功《穿越历史烟云，寻觅二苏真茔》）。

毕昇——活字印刷术的发明者

胡才文

中国古代伟大发明家毕昇的墓碑，20世纪90年代初在湖北英山县草盘地镇五桂墩村被发现，立碑时间是北宋仁宗皇祐四年（1052）。至此，悬于中华科技史、文明史的一个千古之谜终于揭开。

一、人文蔚起西山地，识得淮南老布衣

据文献记载：英山县从南宋咸淳六年（1270）建县到1932年11月14日划归湖北省以前，在行政上一直属六安州，与安徽地区联系在一起，属安徽省管辖。英山县民国九年（1920）县志详述：隋、唐、宋三代属淮南道统部，元、明、清属六安州专辖。英山草盘地镇五桂墩毗连的毕家坳和霍山县太平畈乡管辖的枫树坳，近在咫尺，鸡犬之声相闻，此两坳之地是英山经东河沿岩河沟到安徽霍山的必经之路，是连接鄂皖的交通要道之一。

北宋时期，社会经济有了较快发展。"北宋政府在淮南的蕲、黄、庐、舒、光、寿六州茶叶盛产区，设置'山场'十三个，管理茶叶专卖"（见高等院校文科教材《中国古代史·中册》），其时淮南大别山一带高山地区茶叶经过东河，源源不断地运往南北"山场"。据民间传说：英山东河沿岩河沟到安徽霍山的这条商道人来人往，十分热闹，沿途有商店、旅舍、货摊。毕姓在以两坳之地为中心的方圆几十里是名门望族，此地物华天宝，人杰地灵，这一时期，

位于英霍交界处的东河，经济、文化都较发达，这就具备了毕昇活字印刷术发明的物质、文化基础。

笔者近期走访毕姓毕云高老先生，他家住英山桃河镇，从毕先生的家谱看，谱里面没有关于毕昇的具体记载，据毕先生说，毕昇是河南毕卓那支迁徙过来的，应属安徽人。在安徽金钟潭有毕氏祖坟（金钟潭属太平畈乡境内）。1993年8月21日，英山县毕昇研究会的全体成员到金钟潭等地调查毕氏府（万历二年，1574年）遗址（见《英山文史》第八期）。在谈到毕昇的出生地时，毕先生说，毕昇和明代的宰相毕翰儒可能都出生在两坳之地，因那个地方有笔架山，风水好。宰相府和毕昇墓是佐证，宰相府遗址在肖家大屋，距毕家坳约1公里之地。他还谈到毕昇这支毕氏衰落的原因：第一种说法是战乱，特别是元朝统治者的大屠杀；第二种说法是明代毕宰相私造钱币，触怒朝廷（在英山詹家河有藏钱洞），毕姓受株连，遭灭族之灾；第三种说法是毕昇后裔在杭州私办印刷厂，朝廷反感，满门抄斩。幸存后裔为保存性命不敢姓毕，取繁体字"畢"之田字头，一支改姓田，另一支改姓"万"。所以现在英霍交界处有"田毕一家亲"之说。从文献记载到毕先生介绍：毕昇出生在英霍交界的两坳之地，是可信的。两坳之地属毕昇家族的居住范围是无可辩驳的。至于毕昇是否是安徽英山人，国家文物鉴定专家史树青有诗为证："名姓昭昭见梦溪，千年行迹至今谜，英山考古有新获，识得淮南老布衣。"

二、神主毕昇招魂葬，妙音李氏骨同眠

李氏妙音是毕昇之妻，墓碑有明确记载，碑文中的"毕升神主"表明此墓是以毕昇的灵魂与其妻李妙音同穴葬的"招魂葬"。这种葬礼在皖鄂一带流行至今。"神主"一词，《现代汉语词典》释为"旧

时写着死人名字的狭长的小木牌，是供奉和祭祀的对象"。事实上"葬衣冠冢"方能用"神主"二字。墓内李妙音是确有此人，毕昇是"招魂入墓"，墓碑文本身提供了毕昇客死外地的证据。李妙音是本乡本土乡民，还是外地闺秀，至今尚未定论。有人根据红花咀附近毕家畈田间发现的圆形石盆，说李妙音是红花咀李氏。李妙音究竟是何地李氏，众说纷纭，莫衷一是。一说是太平畈李氏，自宋元以来就世居太平畈的李氏，是名门大姓，人丁旺盛，太平畈距毕家坳相距较近，汉族自古以来就很重视门第，讲究门当户对，如谁家公子能娶大姓大户的闺秀为妻，那是很荣幸之事。毕昇虽出身布衣，但毕姓在英霍交界的两坳之地是蝉联科甲的望族。传说，毕昇天资聪明，长相也好，惹人喜爱。这样，望族联姻天作之合的可能性较大。二说李妙音是出生在枫树坳的一户李姓，并说妙音小时候就心灵手巧，因娘家惨遭不幸，毕家抱去做童养媳。布衣毕昇虽读书不多，但会谋生计，聪明好学，有志气，也有一股犟劲，他从"万堂书坊"学刻字到闯荡江浙，李妙音一直陪伴毕昇父母，妙音勤劳、善良、贤淑的美名，至今仍在两坳之地流传。毕家坳和枫树坳距离近，咫尺联姻，也有可能。

李妙音到底是何地李氏之女，还有待专家学者进一步考证，笔者浅见，就当时的社会环境、社会背景分析，李妙音是西山的李氏之女应该是更合情理的。

三、西山代有才人出，毕昇文明润无声

以五桂墩毕家坳为中心的方圆几十公里的毕昇文化圈，也涵盖高山、太平畈等地。居住在这一带居民的性格特点：崇尚"读书积德"，追求的是"积累善性，养成高尚的品德"，在这一带至今还流传着"欲高门第须为善，要好儿孙必读书"的话。其次是崇尚个人

奋斗，奋发图强，心里装着"一个人是一条龙"的人生信条，能吃苦耐劳，有"探索首创"的毕昇精神。有这种思想理念和文化思想的传承，与毕昇的影响是分不开的，以毕昇精神为精髓的毕昇文化即来源于此。

西山文化的突出特点：以天下为己任，"敢为人先，追求卓越""正能量、敢担当"。具有划时代技术创新的活字印刷术是布衣毕昇发明的。马克思把印刷术、火药、指南针称为"预告资产阶级社会到来的三大发明"，毕昇的伟大发明是乡土的骄傲，是西山人的自豪。西山文化的核心区域是以狮山中学为中心的西南山区的几个乡镇，也包括英山东河、西河毗邻的半数乡镇，无疑两坳之地正是西山文化圈之内。毕昇文化内涵深厚、格调高昂、内容丰富，西山文化悠久深远、气势雄豪、清新隽永。其实两者都是中华传统文化的重要组成部分。毕昇发明活字版印刷术的时间在1041—1048年间，其实淮南大别山一带高山地区就盛行水碓造纸。笔者记忆：太平畈洪峰村曾有水碓，到新中国成立初尚存，另外，王家塘村、胡家坳居民组有世袭的造纸大户，造纸精良，远销皖鄂。活字版印刷所必需的原料如胶泥、松香、蜂蜡等是西山地区的传统产品，至今富有资源。造纸技术的发展，促进了该地区的文化发展。诗、词、歌、赋、调、天文、地理、医，与时俱进，代代传承。毕昇精神对西山人影响大，存善心，有作为，敢超越的思想定位，在西山人心中世代相传，根深蒂固。20世纪40年代末，英霍分界岭上的九老茶亭，从1946年起终年施茶，荒年施米粥，这是毕昇精神"为善最乐"的价值体现。双山九老中有三人是英山人：肖秩宗是草盘人，万尔康是龙坊人，黄鹤龄是星光人。他们的文学作品所表现出来的忧民之情、爱国之情，感人至深。九老之一的汪家驹（国华）先生的"新立太平县，永驻大别山"的联句，已载入大别山史册，至今被人传颂。恢复高考以来，以英霍交界为中心的地域圈里，获硕士、博士学位的有百余人。脑外科专家万经海、安徽保监局的张绪风、上海证券交易所的苏耀良等都是例证。20世纪四五十年代，英山原教育局副局长张崔岳，西河曾任外交部副部长的余湛等都曾在狮山中学读过书。狮山中学是西山文化的根据地，从该校走出去的莘莘学子，遍及皖鄂，星散海内外。使西山文化在海内外有较大影响力。西山是有宝贵文化的地区，有丰富的文化积淀，毕昇发明，影响世界，我们要充分认识西山文化的时代价值，努力开发西山文化宝藏，弘扬"吃苦耐劳，敢为人先"的毕昇精神，进一步促进西山经济、文化的更快发展。

兽医学大师——喻氏元亨籍地考证

俞宗奇

明万历年间,政治腐败,而神宗朱翊钧贪财好色,懒散拖沓,使整个大明江山彻底陷入了末路。但在这一时期,前朝人的医学成果却相继成熟,居然在不到十年的时间内,就推出了两部至今仍震撼世界的医学巨著,这就是问世于万历二十四年(1596)的《本草纲目》和始刻于万历三十六年(1608)的《元亨疗马集》。为那个衰落的时代平添了一丝光彩!

同是医学巨著,李时珍因其宏著名垂青史,远扬海外;而元亨兄弟,除了兽医圈内的人,世人却知者甚少。尽管他们的著作被大英博物馆收藏,令世人惊叹,并视为珍宝。而元亨后世的乡帮人士,多数还不知乡梓中有他们这样的兄弟存在。更令人遗憾的是,直到今天,我们还不知其家居何处,生于何年、死于何月、葬于何地,这是医人与医兽的区别,还是历史的悲哀?

1992年夏,与一位朋友的偶然相遇,使我撞入了元亨的天地。与周维翰先生(原安徽省畜牧兽医学会理事长、华东六省一市中兽医学会会长,已故)的书信来往,使我了解到全省乃至全国考证元亨的大致情况。后来我通过对《喻氏宗谱》《俞氏宗谱》的细读,脑子里产生了疑问,对《元亨疗马集》的通览和对丁序的反复研读,使我产生了逆向思考探寻元亨籍地的想法。

1. 从历史的角度看:凡在全国有影响的历史人物,正史有载、野史有传;在地方上站得起来的人,方志必录;家族中有点头脸的人,谱上都要为其张扬!元亨呢?论今天的声誉,必垂丹青。然实在令人失望,几十年来,从中央到地方,无数专家学者认真查找,居然正史无踪、方志无迹,就连家谱也只记个名儿,别的,就什么也找不着了……若不是以人名冠书名,他们就整个儿被历史的烟尘掩埋了、蒸发了。

2. 从丁宾序言去看:"……二子隐于医兽也……","与马牛二集皆冠以元亨,所以识伯仲之功于无数也"。一个"隐"字似乎道出了原委。

鉴于此,我寻元亨,绝不循着"大著作、大名人必有大出处"的思路去查考,而是将他们定格在极普通、极低下的位置上,去查考"隐"的真谛。有了这个想法,心里豁然开朗,我觉得这似乎更符合历史的真实。经过10余年的查证与思考,我敢于认定:我们之所以难以找到他们的真正原因,不是别的,而是他们生前的政治遭遇!就是说,他们死后的辉煌,掩饰不了他们生前的悲哀,他们的命运悲惨,也导致了我们今天寻他们不着的无奈!

(一)丁宾与元亨

周维瀚先生在查找《明史》《明实录》《句容县志》《嘉善县志》后,把有关丁宾的情况写信告诉我,据他抄录给的资料显示:

丁宾,字礼原,号改亭,浙江嘉善人。

嘉靖四十三年(1564)甲科举人。

隆庆五年(1571)进士,授句容县。

万历八年(1580)为山东道御史。与张居正忤,去宦。

万历十九年(1591)被重新起用。后一直在南京为官,掌管兵部。

崇祯六年(1633),卒于家中,终年91岁。

由此，我们可推出丁宾的生活时间段：嘉靖二十一年至崇祯六年（1542—1633年）。

丁宾序中称："……余曩者承乏南滁。"周维瀚先生说，他查找了很多资料，均未见丁宾在南滁的宦历。后我查阅《康熙字典》，"曩"释义为"以往"的意思。查《现代汉语词典》，"承乏"释义为："表示所在职位因一时没有适当的人选，只好由自己充任。"因此，我们可以断定：丁宾南滁兴牧，不能算作他的宦历。用今天的话说，他是临时去代理的。而这段时间，就丁宾宦历来看，最有两个可能：

1. 丁宾进士（1571）以前。

2. 丁宾丢官后（1580—1591年）这段时间。

对此，我认为后一个时间段较为可信。理由是将他削职，但一定要给一个去处。

元亨与丁宾相识于南滁，当然也在这个时间段。能让他们相识的原因，无疑是马之凶疫了。

但这中间有11年之久，具体又是哪一年呢？似乎无法确定。实际上，朝廷这边免他官，那边又让他去南滁是大有可能的。应该说1580年前后，是他们相识的大致日期。这时的丁宾，似乎在40岁上下。

《元亨疗马集》始刻于1608年。据相关资料显示，这是元亨死后20多年的事，是徒弟们将其刻板付梓的。从书的工程量看，元亨寿不在70岁，当难以有知识和经验的厚积，也难以有足够的时间去搜集那么多古人医案，并通过自己验证、取舍、整理成书。因此，我们可大致推断出元亨殁于1588年左右，生于1518年前后。这样，我们就能知道元亨在南滁与丁宾相识，应该在60岁朝上了。而嘉靖二十六年（1547），元亨是29岁的样子。

丁宾南滁兴牧，可视为朝廷对他的惩罚，也可说成是对他的考验。兴牧的好坏，决定着丁宾以后的仕途。南滁，即今滁州，历来是兵家必争之地。当时，这儿也可能是明王朝的一个重要的军马仓储基地。马群染上凶疫，不亚于今日的军火库失火。丁宾得元亨，控制了凶疫，保住了马群，这无疑也就保住了丁宾以后的仕途。丁宾对元亨的感激是可以想见的。这大概就是丁宾之所以在元亨死后，还不忘为两个普通兽医的书写序的根本所在。丁宾以后一直在南京为官，执掌兵部，有可能还将其留在了军中疗马。时间久了，友谊多了，丁宾才有可能慢慢地了解到他们的"隐"情。或者，在元亨死后，徒弟们在梓行其书时，才将真实的"隐情"告诉了丁宾，故而才有了以后丁宾序言中的一个重重的、充满敬意的、让后人难以捉摸的"隐"字！

（二）研读《俞氏宗谱》

《俞氏宗谱》首创于清乾隆三十六年（1771）。堂名敦叙堂。谱载：黄帝之臣俞跗跗，名医也，俞氏先祖。后谱中留下了"不作良相，就做良医"的祖训。家教十六条中有："诫窝逃以免株连，完钱粮以省催科"的训条。谱序中有——"宗亨公著书行世"之记载。（宗，当是宗族之意；公，是尊称。）

《俞氏宗谱》老系中载：第一世：纲祖，字省三，生殁年失考（碑坟具在）。"祖于宋高南渡（1130年）时，由新安婺源，避乱于六，遂家于副衡山之西，而畈以俞氏名也。"（今俞家畈）

1. 谱中得：

第十一世：元公，字乾运，生于正统三年（1438），配何氏，生子，志动（迁陕西，后一直失去联系），女一，适拔贡生，历任江西监察御史朱信，殁于弘治十七年（1504）。

亨公，生于宣德十年（1435），配许氏，生子，志恭、志焕（后迁大化坪良善铺），女一，适程门，殁于弘治十五年（1502）。

从上可知：

（1）《俞氏宗谱》上确有元亨二人。

（2）谱上有"亨公著书行世"之说。

（3）元公注明学历——庠生，亨公未明学历。

（4）谱上元亨寿命均在68～70岁之间。

读丁序，其中云："六安州曲川喻仁，字本元编，月川喻杰，字本亨集。"而我们从《俞氏宗谱》中看到，其中元亨的学历，也正好吻合了丁序的描写，元公比亨公小3岁，又有学历，自然是他编亨集了。

2. 谱中元亨与作者不同处：

（1）谱中元亨生活在1438—1504年这个时间段。

（2）作者元亨生活在1518—1588年这个时间段。

两者相比竟相距80年。

对于两者相距80年，《俞氏宗谱》在一修竣跋中说："追溯我俞氏自豆亭受姓以来，不无代远，年烟考据无从之憾，不得已而以省三祖于宋时迁霍为一世祖，且自二世以至十三世祖，皆仅存其名，而字配、卒葬、行派次序，多略而不书……"

这段话就挑明了，2世至13世的生卒年月，是不准确的。但也怪不得他们，因为修谱距省三公迁霍，中间隔了650多年，又怎么会推得那么准确？如按每百年产生四代人算，则谱中元亨与作者生活的时间段就基本相符了。

这里还有几点疑问：

（1）元公后代，为什么远迁陕西，自此与这边失去联系？

（2）亨公后人志焕，为什么迁至离俞家畈70多里的深山——大化坪良善铺？（焕公坟碑具在）

（3）我们今天发现最早的《元亨疗马集》，是南京图书馆藏的

《金陵唐少桥氏汝显堂梓》。据考证，该书是清本。为什么六安不是最早梓行呢？为什么六安不见一份散存于民间的元亨医案呢？

（三）元亨时代的霍山

由于蒙古人入主中原，战争步履，牧马业也随之在全国兴起……

据史载：明初，朱元璋还将凤阳、定远、六安……霍山作为役马基地。各地辟有官马牧场，规定每五房须为国家养马一匹。

嘉庆二十一年（1816）本《霍山县志》载："邑旧有马政。县有牧马场数处。即荣家厂（今项家桥、迎驾厂）、大河厂、小河厂、柳林河马厂……"而元亨住地俞家畈正处于这几个养马场的中心。直到今天，因当年养马而得的地名仍在沿用。如今诸佛庵中学所在地，仍称放马滩。俞家畈南边山坡上的小路，老人们还习称跑马道。

霍山养马业的兴—盛—衰，长达三百余载。这中间，兽医科学也必然经历了兴起—发展—成熟的全过程。

这样的社会环境，不能不是元亨择业——兽医，成就兽医学巨著的重要依据。

在现在流传的《元亨疗马集》各版本中，有曲川自撰的"七十二症序"，其中云："……愚幼业是科，祖述之者人推明七十二症之源，问以已意，自得之妙，亦并录之，在知者之去取也……"

由上可知，元亨习兽医，是承继祖业，师于祖父。而且在较小年纪时就开始了。

当然，随着朱棣迁都北京，役马基地的逐渐北移，六安、霍山等地的养马业也开始下滑了，而到了元亨时代，可以说，基本上已接近衰退。

（四）元亨时代的中国

《元亨疗马集》作者元亨大致生活在1518—1588年之间，也就是明正德十三年至万历十六年这个时间段。在这段时间内，中国发生了哪些大事？

史载：由正德元年（1506）开始，从北方广袤的平原，到南方纵横的水网地带，战事连绵不断，官兵疲于奔命。河北、四川、江西等地，不断传来警号，正德五年（1510）十月，起自河北霸州的农民造反队伍最叫皇帝朱厚照心惊肉跳，这些农民，多是替明军饲养战马的养马户，沉重的役赋和饥寒生活，把人们逼上了反抗暴政的道路。在刘六、刘七兄弟的号召下，造反者从分散的"响马盗"聚成十几万大军，他们攻城略地，杀富济贫，铁骑驰骋数省，屡败官兵。

据《明史纪事本末》载："诸军悉出莫能御。正德七年（1512），朝廷以十几万官兵合围义军，刘六、刘七突围后，由山东入河，又转湖北黄州，后进入霍山，与都督仇钺援兵激战……"

（五）采访实录

实录1：王伯先，80多岁，县农业局退休干部，祖籍徐州，世代兽医。他说："小时候听祖父说过，喻本元、喻本亨兄弟俩，一为人医，一为兽医。为招揽生意，医人者，门首挂一龙图标为幌子（招牌）；医兽者，挂一马尾图为幌子（招牌）。因此，龙和马尾的幌子，惹来祸端。皇上钦差见了，硬说其谋反……结果，二人隐姓埋名，四处游医，浪荡江湖，客死他乡。"

实录2：俞荣根，1996年70岁，今已作古。住良善铺晒稻石，

1996年我去采访时，他说："我们先祖，代代为医，是位了不起的医生，听祖父说，还写了书。但谁也没有见过。焕公（亨公子）为什么从俞家畈搬上来住？是因为他的父亲造反，官兵追剿，不得不改姓喻，搬到山里住。过几十年才恢复姓俞。后来不知过了多少代，你们那一支又回到了老庄子——俞家畈。"

实录3：俞荣连，是俞荣根之弟，今已故。他说："我们家谱中有家教十六条，其中就有'诫窝逃以免株连，完钱粮以省催科'。听上辈人讲，家族中有兄弟二人造反，他们跑了，结果株连多人，有的坐牢，有的被打致残，把家族人害苦了，所以到了清朝末年，我们家族出了个俞道合，他张口共和，闭口废帝，不守族规，族人怕受其祸，祠堂开会，竟把他捆了，将磨石绑其背上，投入塘里把他淹死了。这块磨石，至今还在塘里。"

（六）元亨时代的俞家畈

俞家畈，位于城西5华里处，是县城的西大门。在未修六佛路以前，是县城以西大半个县的人以及湖北客商们出入县城的必经之路。

新中国成立初期，这里生意兴隆，商店、小吃、茶行、肉铺、饭店、旅馆……应有尽有。而且还有戏院、澡堂、铁匠铺……可以说，要买的，什么都能买到，要卖的，什么都能卖掉。

明朝时，最是鼎盛。据90岁以上的老人说，好运时俞家畈有九街十三巷。西边柳林河上，由俞姓出钱，修了座宏伟的石拱桥。人称俞家桥，这段柳林河，也因此被称俞家河，而且一叫就叫了200年。直到清道光三年（1823），一场特大洪水，将俞家桥和俞家畈街一并冲毁。自此，才日渐衰落。

俞氏元亨，就居住在俞家畈小街西，门对柳林河，明时称俞家河。这与周维瀚先生考的"作者元亨家门口有条河，名俞家河"相吻合。这儿南有柳林马场，西有迎驾马场，北有项家桥马场，东有大河厂马场……

（七）据传说推"隐"情

据当时的社会环境，我们采用警察破案时常用的逆向思维模式，从"隐"字切入，去还原那段逝去的历史，就能破解元亨无踪无迹的谜团……

刘六、刘七兄弟率领的十几万养马户的造反大军，于1512年从湖北进入霍山。由于天下养马户的遭遇一样，霍山必有人加入义军的行列。虽然义军最后失败于江苏南通，但反抗朝廷的种子，却在这块土地上埋了下来。

当元亨与祖父辈一样，能为四乡八镇的乡亲们医牛疗马时，社会更加动荡，各地造反的消息不断传到他们的耳里，这对元亨思想的震动很大，他们暗中联络了义军，不料消息败露。他们先是东躲西藏，逃避官府的缉拿。后来，家族中也有人怕受他们株连，不敢窝藏，甚至还为官府通风报信。于是，他们俩不得不抛妻弃子，负案潜逃……

官府有可能画颜图形四处缉拿，为了掩人耳目，他们只得改名换姓。但改姓，又被封建知识分子视为不孝，于是他们想到了给"俞"的左上角加个小口，因为在百家姓上，"俞"与"喻"虽是两姓，但读音相同，这样就起到改姓不改音的作用，实为未改的效果，但能混淆视听。

至于元亨前面的"本"字，我认为不是代表派行，而是俞氏元亨有意用的。他借此向别人也向自己证明——别看我表面上叫"喻本元、喻本亨，实际上，我本来就是俞氏家族的元和亨"。

他们逃往哪里呢？首先要考虑的是自己可以生存的地方。那只有南京周围驻军多、战马多……因此，南京周围的苏皖一带，才是他们较为理想的去处。

至于"曲川、月川"，有人说是取重农桑之意，我不认同，因为文人字号，多含有自己要表达的意思，或暗喻什么，或寄托什么，"曲"与"屈"同音，我认为有委屈的隐喻。而"月"是"明"字少"日"，是隐喻明王朝有天无日——黑暗的意思。更含有对自己陷于医兽，而不能和其他人一样——正大光明地活着的痛苦与不便。

（八）探考结论

1.《元亨疗马集》作者，就是霍山《俞氏宗谱》第 11 世祖元公、亨公。他们是堂兄弟，在外人不详底细的情况下，称之为伯仲，情在理中。元亨背负反罪，罪在当诛。且有株连九族、累及无辜的后果。为此，他们不得不抛妻弃子，潜往他乡，隐姓埋名，四处流浪。最后客死他乡，且极有可能是他们的徒弟们将其安葬，因此，他们的坟墓就只可能在南京周边或苏皖交界的某个地方（从在出生地找不到他们的医稿遗存及书的梓行都在外地就可推断）。

2. 元亨籍地，就在霍山城西俞家畈。

3. 亨公子——志焕，为避祸，就近从相对住家条件好的平畈地区，迁往离俞家畈六七十里的大山深处——大化坪良善铺。焕公坟碑，至今仍存。元公子迁入陕西，自此与这边失去联系，皆可佐证。

4. 其他家谱中有关所谓元亨的资料，如采用逆向思维的思考方式分析，则越详细越不可信，因为与丁序"隐"意相悖，不足为据。试问，你们在哪家的家谱中能看到有关犯罪人的记录吗？

我的推论及结论，首寄给周维瀚先生一份，他阅后来信说："你立论的依据为《俞氏宗谱》有'元亨'二人及'著书行世'，然后依此调查，在史料缺乏的情况下，当无可厚非，而且应该允许。只有经过反复的假设、讨论，然后寻找依据，逐步落实或排除，这也是史料考证的难处及其魅力所在。"

今天，我在重新整理这篇10年前就写好的文章时，仍然坚持此观点，没有丝毫动摇。

（九）补充说明

黄土掩埋了元亨的尸骨，时间抹去了他们的行踪。仅凭一本书和丁宾的寥寥数语，在六安州这偌大的区域内，去寻他们的籍地，无疑是很困难的。至于《俞氏宗谱》中的"春荫堂""一本堂""长春堂"三个堂谱上，都有俞本元、俞本亨，但均被马贤义、花廷杰、周维翰先生否定，不是作者元亨。原因：一是寿命与作者不符；二是史查无据；三是"本"字辈最早出现在清代中叶，而不是明朝；四是有的比作者迟出生200余年。张家店《俞氏宗谱》余未见过，但有几个不解：

1. 为什么每个俞氏家谱都有俞本元、俞元亨？是同名还是拉名人？

2. 谱中记载为什么又都那么详细？既然皇上都封元亨为御马医，又为什么在史料上查找不到？

我认为，是谱的撰稿人在编写多个俞本元、俞本亨时，却忽视了丁宾序言中的一个"隐"字。其次，据我所知，迁入六安、霍山的喻氏，一支源自湖北，一支来自江西南昌。但他们迁入时，均晚于元亨时代100多年。再者，家庭经济条件好的后代是不屑做兽医这一行的，只有家庭条件较差的后代才有可能选择兽医这一行作为终身职业。因此，尽管有人声称找到了、确认了，但凭我十几年探寻元亨的经历和认知，还是不敢苟同。正如一位西方哲学家说的：

"越像的东西，越有假。"只有将丁宾序言中的一个"隐"字破解清楚，方能服人。反之，则没有说服力，就更谈不上可信度了。

我受公安干警的启发，认为他们能用逆向思维的方法破疑难案件，我们为什么不能运用这一方法去破解元亨籍地的谜团呢？

由于我姓俞，元亨又是我 11 世祖。这里难免就有一个，我说了大家也不信的话题——抢名人做祖先的嫌疑。其实，我考证元亨籍地，纯属兴趣使然，也就是以史说事罢了。

如果不认同，权当百家争鸣中的一家之说。

愿与同志们商榷。

清代包公——金光悌

张佑丞

在封建时代，要想出人头地，莫过于"学而优则仕"。一旦成为国家栋梁，一般中庸者多，清廉、公正、刚直不阿者少，像包拯、海瑞流芳千古者更少。清代的金光悌就是流芳千古的好官，主要是他为官的思维清楚，"做官不是享福"，他谨遵师训"学而贵在悟之"，这造就了他的一生。

金光悌于1747年出生在英山金家铺，就学成才于霍山上土市镇大回头岭，于乾隆三十三年（1768）在六安科考后，回到英山，喜报传来中了举，他又特意到霍山回头岭请他的老师赵孔琅先生到家喝登科喜酒。金光悌的父亲金序班先生安排了喜酒，诚心地陪光悌的老师赵孔琅先生。在谈心时，金先生说："我娃儿（英山方言）虽然中了举，不能忘了你辛辛苦苦的栽培，娃儿想出去混饭吃，我想请先生为娃儿题个词，要教育娃儿成人、成才、成正果。"金府已把文房四宝在书案上摆好了，赵先生才思敏捷，他想到金光悌平时性情急躁，怕他将来在官场中意气用事，就会误事，应该做到"诸葛一生唯谨慎，吕端大事不糊涂"。于是他就题写了"学而贵在悟之"这六个正楷大字，金先生连连称赞："先生不仅字写得好，其文之义更好，对娃儿的教育恰到好处，真是感激不尽，请先生在题词上署名，我要娃儿把这个题词当作座右铭，铭记不忘。"金先生很讲究礼节，立即安排人在上堂神龛上点着香灯，请赵先生走出书房到上堂坐，叫金光悌四礼八拜，感谢赵先生的题词。赵先生的题词是教育金光悌要深刻领会、觉悟，学而就是求知，"知是行之始，行是知之成"，也就是在知中悟出道理，在行中就能善谋敢为，展现个人才华，才能效忠国家。

金光悌在步入仕途之前，他父亲为了金光悌的未来，请来木工，把一块长三尺、宽一尺五寸的枣子树板做成一块匾，周围都雕成万字格，把赵孔琅先生的题词及署名刻在中间，题词做成金字，摆在堂屋上方，真是金光闪闪，金先生叫家人点着香灯，自己先八叩首，接着金光悌也八叩首拜匾。金光悌出仕时，行李由家人负责运送，唯这块匾，金先生要光悌捧着上任，并要他为官何处，匾就在那里。光悌很听父亲的话，他也非常喜欢老师给他的题词，他做到了铭记师训"学而贵在悟之"。

光悌于乾隆三十四年（1769）步入仕途，在朝中共经历11任官职，直至刑部尚书（正一品）。他一生最大的特点是冷面刚直、敢于直谏，所以他受到朝廷的重用。他在处理重大事件时，总要想到赵先生对他的教诲，并悟出了一条"不枉无辜，不纵有罪"的办案准则。经过实践，已成为后代人办案的准绳。特别是他于1799年正月下旬领旨主审和珅贪污案，他对案件做了中肯分析，认为审理和珅，还要"益自努力"，因为和珅身兼多职，位极人臣，基本上掌握了人事、财政、文化等多方面大权，肆无忌惮地揽权索贿。其敛财之多，在历代贪官中首屈一指。经过几番较量，嘉庆皇帝下旨查抄了和珅的家，除金银首饰、玉器、珠宝外，其贪污数额折合银钱总计约10亿两，抵得上朝廷的10年收入。和珅终于败诉，被嘉庆皇帝赐死。时年49岁的和珅终于走到了人生的末路。这件特大贪污案审理告捷，轰动了国内外，大家都夸奖金大人为国打死了一只祸国殃民的大老虎，都称赞金大人是清代的"包青天"。

嘉庆十七年（1812）腊月的一天，金大人觉得身体不舒服，就到床上躺了一会儿，谁知从此就卧床不起了。他跟三个儿子说："我居官安于淡泊，至今两袖清风，这说明我为官问心无愧。你们三个人都身为朝廷命官，不能贪赃枉法，要清廉素著，善全功名。我家千万不能忘记了我在霍山回头岭跟赵老先生读10年书，中了举才出来的事。霍山的西山文化博大精深，哺育了我，使我终身受益，赵老先生的题词'学而贵在悟之'应该成为我家的家训，传承后世，要从中得到启发，方为我的后人。"金大人终因积劳成疾，于当年（1812）腊月下旬仙逝于刑部尚书的任上，享年65岁，谁不为之惋惜："国丧良臣，民失包公。"当年赵老先生的后辈挽金大人的一副联子，道出了人民对清官仙逝的遗憾，寄托了无限哀思。此联至今还在流传。

国丧良臣，四海同胞皆泣泪；
魂归故里，千山无语暗含悲。

有一说一的吴廷栋

孙小著

吴廷栋，字彦甫，号竹如，安徽霍山人。道光五年（1825）拔贡，授刑部七品小京官，被推荐为郎中。廷栋少好宋儒之学，入官益植节厉行，謇謇自靖。吴廷栋生于乾隆五十八年（1793），死于1873年，享有年逾80的高寿。吴氏为官之始走的也非科举正途，论功名他只是一个拔贡，清代的"拔贡"不仅不能和进士及第比，和乡试中亦即省级考试中的举人比也难在一个档次上，但他为官敢于实话实说，而且说得很有道理，所以《清史稿》编者在其本传之末加的评语就是："吴廷栋正色立朝，不负所学，翕然与笙磬同音。"

吴廷栋踏入仕途始于道光五年（1825），至同治五年（1866）"以衰病乞休"，经同治皇帝之母即慈禧太后"许之"而"归寓江宁（南京）"。不难看出，吴氏宦海生涯长达40余年，其间初任之职是刑部七品小京官，最后也是最高官至刑部侍郎。用现在的官阶来衡量，吴氏其人应该是一位省部级官员。

吴氏其人是个文职官员，除在直隶河间任知府时练过民兵外，未见其有统兵作战或身先士卒的业绩，他的政绩就是建言献策和当好地方行政长官。可以举个突出的例子，在他任直隶按察使时，河北连续发生了几个伤风败俗的乱伦案件，乱伦现象就是在现代社会人们也认为是一种禽兽之行，在当年则同时被认为是民风不纯、吏治有失的表现，因而在讨论该省境内发生的某一乱伦之案是否应向朝廷呈报时，就成为当时河北省的省级官员中的一个有争议的问题。

207

时任直隶总督的满人桂良，他考虑一个月内河北频频入奏此类丑事，不仅于总督脸上无光，也可能激怒皇帝（"干上怒"），于是主张不予上报。但吴廷栋力言不可。

吴廷栋不仅在同僚面前敢于坚持实话实说，面对皇帝同样"以不欺为本"。他之所以能够得到清文宗咸丰皇帝的知遇，也是以实话实说为触媒。吴氏为咸丰所知并被赏识的故事讲起来有点复杂，但值得一提的是，他如实说出的实话在得到皇帝的肯定（"上首肯"）后，由此引发的一番议论倒更值得我们关注。皇帝"首肯"其言后问他读何书，吴氏誉以读程、朱之书对，皇帝说："学程、朱者每多迂拘。"他听了此话不仅没有随风转舵，而且借机向咸丰皇帝阐述了自己的有关读书的道理，《清史稿》吴氏本传是这样记载的："此不学之过。程、朱以明德为体，亲所为用，天下未有有体而无用者。皇上读书穷理。以裕知人之识，清心寡欲，以养坐照之明。寤寐求贤，内外得人，天下何忧不治？"

程朱之学就是指北宋程颐、程颢兄弟和南宋朱熹的学问，也就是所谓程朱理学。对传统文化中这一重要组成部分该如何正确评价，直到现在也还是个仁者智者各有其说的问题，但吴氏此言却给了我们一个重要启示，就是他"以不欺为本"并非只是个官话，而是有理论基础的，这就是他对程朱之学的学习、理解和运用。然而吴氏的有一说一还有比这更重要的内容，用现在的话说涉及的就是国家大政方针。

大家知道，清代在鸦片战争之前已出现白银大量外流的现象，原因就是鸦片的大量输入导致当时中国对外贸易出现巨额逆差，逆差要用白银支付，因而出现白银外流。

白银外流的结果是国内白银与制钱的比价出现失衡，出现了银贵钱贱的现象。比如在18世纪中后期一两纹银只能兑换八百制钱，到了19世纪30年代一两纹银则可换到一千二三百个制钱，这就是所谓银贵钱贱。再者，到了咸丰年间，由于发生了太平天国起义，又导致财政收入中军费支出大量增加，进而出现严重的财政赤字。当时的清政府面对这一史无前例的货币和财政危机既无理性认识，更无正确的应对措施。于是有人就提出一个今天看来未免幼稚可笑的建议，就是铸造大钱，亦即铸造以一当十的铜质或铁质的大面额制钱，企图以此来增加财政的支付能力，并力图以此来解救因制钱的铸造材料缺乏而导致的铸造成本提高所带来的问题。除了这个以一当十的大钱外，当时的清政府还印制一批纸币，即所谓"钞票"或"宝钞"，也就是企图用通货膨胀的办法来解决财政问题。

今天看来这个铸大钱之举或发行钞票行为，就是拙劣的画饼充饥的伎俩，毫无疑问会受到社会各界的抵制，稍明事理者也知道这个政策行不通，然而当时在位的咸丰皇帝却饥不择食，因而"谕旨严切"、强制推行，弄得地方总督和朝中大臣也不敢向皇帝讲真话（"督臣不敢上陈，惧于阻挠之罪"）。就在这个时刻，吴氏来京接受皇帝的召见，此前他去河北督察赈灾并在赈灾归来途中升任山东布政使，1856年11月至京，20日和21日两天受到咸丰皇帝的两次召见。当回答皇帝问"直隶能否行使大钱"这个问题时，他提出这样一个施政原则："国家立法，必先便于民，方可行；必先信于民，方能行。"

尽管吴氏所言还有比这更尖锐的内容，咸丰对之仍然是认真"静听"，我想这至少说明这位皇帝头脑是清醒的，可惜由于文人的炒作，人们现在只了解康熙、乾隆的盛世。吴廷栋此次实话实说的内容现在已并不重要，但他清楚地看到了如果强制地执行某种脱离实际或违反客观规律的政策，将势必造成他所谓的"必至阳奉阴违、诸弊丛生"的结果。令人欣慰的是，当年的咸丰皇帝曾给予肯定，用《皇朝经世文编续编》中的原文表述就是"上颔之"。我们对中国近代史上的几位清朝皇帝的研究也应秉承实事求是的原则。

西山地区的黄氏一族

黄从升

黄氏家族与皋陶部落都是少昊（昌意）部落的后裔。

少昊部落又称金天氏。金天氏有后裔昧，昧有子叫台骀，他擅长治水，在今山西汾水流域建立政权，几代之后称黄国，春秋时被晋国兼并，后代以黄为姓（氏）。少昊的另一支伯益，舜时主持畜牧，牲畜繁殖昌盛，舜赐他嬴姓。

嬴姓后裔有12个"氏"，其中一支是秦的祖先，另一支陆终氏在淮河中游建立政权，周天子封之于黄，即今河南潢川西。春秋时，黄国处于晋、齐、楚三霸之间，想依靠齐国延续国运。到公元前7世纪，楚国强大起来，改变了黄的国运。

公元前648年，楚灭黄；公元前646年，楚灭英；公元前622年，楚灭六；公元前613年，楚庄王即位，在孙叔敖辅佐下建立霸业，加强大别山区的开发，淠、史两河成为联系中原与大别山区的动脉，楚国向东北和东南方发展基地。黄国被灭后，后裔以黄为氏，在楚国发展强大的历史浪潮中，分布到大别山区各地（今霍邱、金寨、霍山、岳西、英山等，即"西山地区"）。还有进入今山东的，即唐代（今曹县境）人黄巢家族冤句，向东南则到达江南大别山区的天堂寨，漫水河地区及霍邱西南。

唐朝末年，大别山区是农民起义活跃地区，黄巢起义军"流动作战"的枢纽。876年冬，王仙芝、黄巢从今河南光山进入皖西，过了三个多月，转向湖北、河南、山东。次年二月，又从山东南下，经大别山区攻占今湖北黄冈、蕲春。878年2月，王仙芝在大别山西麓的黄梅战死，黄巢成为农民起义军最高领袖，称"冲天太保均平大将军"，年号"王霸"。黄巢本人好读书，数次参加科举考试不中，有相当高的文化修养，对唐朝的腐败和当时的社会形势有清醒的认识。参加王仙芝起义后，多次进出大别山区，逐渐形成以大别山为枢纽的流动作战策略。879年，从淮南（大别山区）渡江，这年九月攻占广州。在广州遇到瘟疫，十月，即回师北上。在行军途中，发布文告，声讨唐朝宦官专权，官吏贪暴，科举不公，尤其痛恨地方官吏贪腐。"禁刺史殖财产，县令犯赃者族。"880年7月，从采石渡江，兵锋直指庐州。庐州刺史郑綮写信给他，请他绕开庐州，让庐州百姓免掉一次战火折磨。黄巢问左右，郑綮是怎样的官，手下答道："郑綮是好官。"于是黄巢率兵折向盛唐（今六安），盛唐县令屠某是个贪官，逃到城北下洼子，吊死在桥栏上，20世纪五六十年代，六安城北还有桥名"吊官桥"。

黄巢率兵从盛唐折入大别山区，大约这年（880年）10月，出大别山向洛阳进军，12月，克潼关，不久攻占长安，建立大齐政权。

黄巢前后至少三次进出大别山区，每次逗留时间都不长（大致都没超过半年），也不见他与大别山区黄氏家族来往的记载。这里有不少有关黄巢活动的地名，如黄巢寺、拗旗尖。有两件事比较突出，一是据说在船仓村的鸡冠山，黄巢令军中石匠，将自己父母雕为石像埋在这里。是否真实，在发现这对老夫妇的"石人墓"之前不能确定。二是在马槽河大峡谷的悬崖峭壁上，据说还有黄巢义军所建栈道遗迹，应该还有考实的价值。

黄巢是外地黄氏来到大别山区的"武人"，外地黄氏来到大别山区的还有"文士"，有代表性的应该是北宋著名诗人、书法家黄庭坚。

黄庭坚又号"山谷道人"，这外号从何而来？《宋史·文苑六·

黄庭坚》：黄庭坚"游灊、皖山谷寺、石牛洞，乐其林泉之胜，因自号山谷道人云"。他很爱大别山。黄庭坚是"洪州分宁（今江西修水）人"，他的外祖父家在今舒城境内，舅父李常在黄庭坚幼年时常到他家，非常关心黄庭坚的学习。宋神宗（熙宁1068—1077年，元丰1078—1085年）初，苏轼见到他的诗文，"以为超轶绝尘，独立万物之表，世人无此作"。与张耒、晁补之、秦观并"游苏轼门"，称"四学士"，四川、江西地区则将他与东坡并称"苏黄"。黄庭坚曾经当过宣州（今宣城）、鄂州（今武昌）、舒州（今怀宁）知州，对皖山皖水感情深厚。他写诗效法杜甫，主张一字一句都应有根据，有真实情感，在当时文学界影响深远，被称为"江西诗派"。1084年，黄庭坚在德州（今河北、山东交界处）当官，他的妹婿王纯亮探望他。临别时黄庭坚写诗送别："……江山千里俱头白，骨肉十年终眼青，连床夜语鸡戒晓，书囊无底谈未了……"他作诗善以山水寄情，以日常生活平常事表现心灵深处的缠绵。史籍还记述黄山谷与苏东坡、李公麟是同时代人，岳飞后裔岳珂曾记述黄庭坚、秦观与苏东坡观赏评李公麟画作（见岳珂《桯（tīng）史》）。

皖西黄氏为分宁双井黄氏的一个分支，黄庭坚为皖西黄氏始祖。其12代裔孙黄万七（进士，官礼部郎中），1308年迁安徽省霍山县西境后畈（今金寨县天堂寨镇），即西山地区。开基兴业，人丁繁衍，人才辈出。西山黄氏历来重视文化和教育，黄天麟捐资重建庐州府学宫，例奖给考功郎；黄瑄政捐资建府学及府学校产，升吏部司郎中。早在清乾隆年间，西山黄氏创办了教育基金——德心堂，从这里走出16位进士、12位举人和18位贡生，有"一科两举人，一门三进士"的美称。黄本赤、黄从浑父子同科中举，殿试大挑一等。贡生黄艮甫（黄从默）一目十行，过目不忘，才华超群，世称江南杰士；辛亥革命时，加入同盟会，倡立新学，领头创办狮山中学（今上土市中学），为西山地区文化的传承和人才的培养做出了重大贡献。

中华民族从黄帝开始就注意"修德",尧舜时已初步奠定修身齐家治国平天下的道德政治修养体系。"修身"内容之一就是学"文",因为"文以载道",学文才能明道。考察唐代大别山区黄氏,自然联想到黄巢,他对抗朝廷争取"平均"的思想,源于愤慨于人间之不平,他少年时作诗吟道:"他年我若为青帝,报与桃花一处开。"(《题菊花》)880年建立大齐政权之后,任用皮日休为翰林,自然是文脉相通。黄庭坚与苏东坡更是相投,传说霍山高桥湾有苏轼墓。多名学者对皮日休、苏轼在大别山区的活动考证精深。5000年来,西山文脉环环相扣,黄氏家族的活动及其外溢效应,无疑是霍山(西山)文脉之重要一环,不可或缺。

西山文化继承"天人合一"世界观,遵循修身齐家治国平天下之传统,两晋南北朝时期,以杜夷、何尚之为代表,西山文化突出地表现出忠孝为核心的家园情怀,重视教育,淡泊名利,以培养人才,建设国家为己任。元末农民起义,领袖徐寿辉,在天堂寨建立"天完"政权,以"治平"为年号(修、齐、治、平)。

当代西山人士继承并发展了西山文化的优秀传统,"西山三黄"(黄本嵩、黄兆儒、黄治江)是其代表。他们都有深邃的国学修养,黄本嵩学富五车,人称"才高八斗",他潜心于培养人才,桃李满天下,黄治江、张佑丞、陈宝书、黄从权、黄从波、李德华、尹家恒等皆出其门下;黄兆儒热心研究霍山(西山)文史,卓然成家;黄治江秉承师训,在艰难的环境下保护人才,助力西山文化之传承。近年成立之西山文化研究会中,诸多黄氏后裔,发挥"西山三黄"精神,组织研学,辛勤耕耘,任劳任怨,成绩斐然。

西山"家训"见精神

汪德国

几千年来，西山地区各家族力行"修身、齐家、治国、平天下"的理念，以此为中心，积累成各自的家训、家教与家风，鲜明地表达了中华民族的优秀传统：重视家庭，重视亲情，以天下兴亡为己任。

《道德经》说："以身观身，以家观家，以乡观乡，以邦观邦，以天下观天下。吾何以知天下然哉？以此。"家训是了解西山文化的一个基点。这里我们摘录西山部分姓氏"家训"之要义呈现给大家，以期读者能从中找出一些霍山西山地区之所以能够长时期地文明昌顺发展的一些精神因素之所在。

程氏家训讲孝义：父慈子孝，兄友弟恭。夫妇和，朋友信。见老者敬之，见少者爱之。有德者，年虽下于我，我必尊之。不肖者，年虽长于我，我必远之。

黄氏祖训重民本：官不忘民，民不忘本。贫不失志，富不忘贫。堂正诚实，廉洁清贫。勤奋简朴，诸事严谨。孝敬父母，善待他人。自强不息，造福子孙。

陈姓家范十二则：一、尊朝廷；二、敬祖宗；三、孝父母；四、和兄弟；五、严夫妇；六、训子孙；七、隆师儒；八、谨交游；九、联族党；十、睦邻族；十一、均出入；十二、戒游惰。

杜氏家训真规范：家教：端蒙养，敦俭模尚廉耻。家礼：行冠礼，重婚姻，慎丧葬，谨祭祀。家戒：谨茔墓，戒争讼，戒赌博。

家和：睦宗族，恤孤寡，惠亲邻。

倪氏家训十个要：一要存好心，二要行方便，三要立正学，四要习正业，五要慎交游，六要守本分，七要善活家，八要防失足，九要识时事，十要知立命。

苏氏家训着重强调：务农、力学、孝悌、勤俭。不惜廉耻，招辱之根。有田不种，盗贼之根。有书不读，不肖之根。

汪氏祖训讲戒规：戒不孝父母行忤逆，戒不睦家庭唆讼激争，戒游手好闲不务正业，戒切刀建银罔顾廉业，戒结交匪类酗酒赌博，戒恃尊凌卑倚富压贫，戒尊卑失序有伤风化，戒阳善阴恶招致奇祸，戒霸占祀产侵蚀公祖，戒执掌公账临期不算。

尹氏族训讲道义：怀祖宗以晋族，毓子孙以兴姓，守忠义以利国，奉孝悌以事亲，悦忧劳以齐家，避逸豫以修身，精文理以涤愚，秉道德以去尘，虚名利以治心，实功业以立命。

郑氏家训精华三：一是厚人伦，崇尚孝顺父母，兄弟恭让，勤劳俭朴的持家原则。二是美教化，注重教育，且教子有方。三是讲廉洁，从家庭角度制约为官者"奉公勤政，毋蹈贪黩"。

夏氏家训有三篇：一、修身篇：孝亲事国，行之以礼，为学须勤，为人以诚，择友宜慎，交友以信。二、治家篇：家教有方，家风传世，兄友弟恭，宗族和睦，勤俭持家，治家之宝。三、处世篇：与人相处，忠厚守信，邻里相处，尚义行仁，为官自处，洁己守法。

张氏家规五大条：敦孝友，人生之大节。正士习，门庭之大事。重婚嫁，婚姻为风化之源。重本业，戒奢侈而富贵久也。守法纪，顺天而命，永当记之。

何氏家训十一条：训悌，训忠，训信，训礼，训义，训廉，训耻，训敬祖，训敦族，训为善，训守成。此十一条为何氏子孙必遵之家规。

李氏家规十方面：孝顺父母、尊敬长上、教训子孙、男女嫁娶、伤风败俗、逾闲荡检、继立后嗣、男女招赘、出母复返、掌管谱牒。每一方面，都做了严格规定，要求族人严格遵守。

王氏家训：王氏家训共分为"信、德、孝、悌、让"五部分，每部分仅一句，却流露着大道至简的哲理。信：言行可覆，信之至也。德：推美引过，德之至也。孝：扬名显亲，孝之至也。悌：兄弟怡怡，宗族欣欣，悌之至也。让：临财莫过乎让。

家训还有三字经：

梁氏：奉祖先，孝父母，和兄弟，睦宗族，和乡邻，教子弟，戒习染，奖名节，慎婚嫁，急赋税。

刘氏：敦孝悌，端士品，戒赌博，睦亲族，隆师道，戒淫恶，和乡邻，修坟墓，戒犯上，明礼让，戒犯讳，戒轻谱，务本业，戒争讼。

孙氏：明宗法；立宗长；修宗谱；重丧祭；谨坟墓；供子道；励臣职；笃友爱；宜家室；端蒙养；来教训；序尊卑；敬师长；择交友；定生理；重婚姻；别内外；明善恶；禁争讼；睦宗族；和乡邻；恤孤寒；严举行。

杨氏：爱祖国，孝父母，慎婚姻，崇正业，和兄弟，保祠墓，肃闺门，亲邻里，重祭祀，睦宗族，尚节俭，择交友，继绝嗣，教子孙，戒争讼，恤孤寡。

朱氏（朱熹）家训为典范：

君之所贵者，仁也。臣之所贵者，忠也。父之所贵者，慈也。子之所贵者，孝也。兄之所贵者，友也。弟之所贵者，恭也。夫之所贵者，和也。妇之所贵者，柔也。事师长贵乎礼也，交朋友贵乎信也。见老者，敬之；见幼者，爱之。有德者，年虽下于我，我必尊之；不肖者，年虽高于我，我必远之。慎勿谈人之短，切莫矜己之长。仇者以义解之，怨者以直报之，随所遇而安之。人有小过，含容而忍之；人有大过，以理而谕之。勿以善小而不为，勿以恶小而为之。人有恶，则掩之；人有善，则扬之。处世无私仇，治家无私法。勿损人而利己，勿妒贤而嫉能。勿称忿而报横逆，勿非礼而害物命。见不义之财勿取，遇合理之事则从。诗书不可不读，礼义不可不知。子孙不可不教，童仆不可不恤。斯文不可不敬，患难不可不扶。守我之分者，礼也；听我之命者，天也。人能如是，天必相之。此乃日用常行之道，若衣服之于身体，饮食之于口腹，不可一日无也，可不慎哉！

当代西山人士极其重视研究传承西山地区各家族的家训，认为它是中华民族"修身、齐家、治国、平天下"这一道德伦理修养体系在社会基层的具体表现和行动纲领。在新的历史时期，西山人民以习近平新时代中国特色社会主义思想为指导，弃其糟粕，取其精华，努力传承创新，新时代的家训、家教、家风凸显西山文化新面貌，必然是中华民族和平崛起的精神力量。

当然，由于受到资料和篇章的限制，在这里不可能把各姓氏家训罗列出来，浉衡大地肯定还有许多家训需要我们去挖掘、去发现、去宣传。我们大家要在这方面多留心一些，多搜集一些，以便把这项有意义的工作做得更有成效。

天人合一

——西山核心价值观的发展取向

皋陶种德
——中华"礼""乐"的初建

姚治中

一、皋陶与"五教"的萌芽

黄帝时期，中华民族开始告别野蛮，进入文明社会，这是个漫长的历史过程，内容丰富而复杂多样，母系氏族被父系家长制所取代是社会转型的主要内涵，尧舜禹皋陶时期正处在这个时期的关键点，前述舜与瞽叟等的纠葛为其表现之一。皋陶部落遗存的墓葬直观地向我们倾诉了当时的现实：山东泰安大汶口有一座当年的墓葬，中间为夫妻两人，妻子怀抱着两个小孩，大人的身边还有几个小孩，大人仰身，小孩屈肢，俨然一个地下的家庭；江苏邳县发现的一座大汶口文化墓葬中，只葬夫妻两人，丈夫仰身，妻子屈肢。它们证实了历史文献所描述的伦理关系。证明在当时，父子、夫妻之间的道德伦理已经在生活中形成。《尚书·尧典》说，春秋时学者考证当时所见到的信息，知道尧的时候，"克明俊德，以亲九族。九族既睦，平章百姓。百姓昭明，协和万邦"。以道德力量和谐人际关系及部落关系，不是凭空臆测，而是有事实根据的。中华民族传统的伦理道德体系开始奠基，支撑几千年帝制的宗法制度也从此萌芽了。

《尚书·舜典》记载，舜提出要慎重地处理好五种基本的人际关系：父、母、兄、弟、子。舜在生活中碰到的父母兄弟对他的刁难，感受太深刻了，所以当了部落联盟首领后，特别重视这个问题。当时华夏部落联盟中也有些部落处理不好这些人际关系。据春秋时人追记，尧舜时期，有个部落叫浑敦（沌），专门向坏人恶事看齐，凡是不友爱兄弟的他就与他交朋友。有个部落叫穷奇，认为忠诚信义没有好处，专听谗言恶语，挑拨是非。有个部落叫梼杌（táo wù），分不清是非，不讲道德，扰乱天帝规定的人伦。有个部落叫饕餮（tāo tiè），好吃贪财，聚敛财物和粮食，贪得无厌。尧对这些破坏人伦关系的部落没有采取果断的措施。舜决心以国家力量打击这"四凶"，维护部落团结，营造良好的人际关系。他任命弃为司徒，认真地推行以上五方面的道德教化；任命皋陶为士（司法官），以刑罚打击"寇贼奸宄"，配合并推行教化。皋陶部落推行德教最为努力，最为有效，得到民众的拥护。《尚书·大禹谟》："皋陶迈种德，德乃降，黎民怀之。"《皋陶谟》是后世所作，那么，为什么后世学者要作《皋陶谟》而不是作其他人的《××谟》呢？参照各种文献，认为皋陶"创作"了完整的"五典""五常""五教"不可靠。皋陶部落的实践萌生了有关"五教"的主要元素是可信的。

第一，皋陶部落认为父、母、兄、弟、子这五种基本人际关系（人伦）是上天排列的次序、等级，有关典章制度、礼仪也是上天的安排，"天叙有典……天秩有礼……天命有德……"这就为自然形成与存在的人伦关系上升为"道"与"德"找到了"理由"（根据）。

第二，违背或扰乱"五典""五礼"就是无德而有罪，"天讨有罪，五刑五用哉"。皋陶以刑罚辅助德教的推行就有了理由，这一点很重要，皋陶在辅助禹创建夏王朝时，就"令民皆则禹，不如言，刑从之"。贯彻了皋陶提出并践行的由舜帝认可的基本方针（舜德大明）。

第三，这一切的目的都是营造社会的和谐，而不是撕裂社会

"同寅协恭和衷哉"。刑罚则用于上述破坏"协恭和衷"的"寇贼奸宄"的部落。

我们注意到,作为华夏早期国家的领导者,尧舜禹皋陶提及"五典""五教",也提到德教刑罚的施行使"民协"于中心,社会"协恭和衷",但是他们还没有说明具体的道德是什么。公元前609年,鲁宣公君臣讨论国政,说舜起用尧时还没任用的"八元",使布五教于四方,具体要求是父义、母慈、兄友、弟共(恭),子多便家族和睦,乡邻和谐。可能舜时对"五教"的认识比尧时清楚明白了,但是明确、规范的"五教"是春秋时期在皋陶的故乡定型的,比孔子的出生要早半个多世纪。

应该明白一个基本规律,历史上的典章制度不可能是某一时期某个人一次性提出或规定的。"五典""五教""五礼"萌芽于炎黄时期,尧舜禹皋陶时期轮廓逐渐清晰,到春秋时才基本定型,这是综合考察系列文献得出的比较科学的认识。

二、"五礼"的萌芽

古代称天为神,地为祇(qí),人为鬼,祭祀天神地祇人鬼为礼,与鬼神打交道必须虔诚信义,所以祭祀鬼神的程序、方式、行为叫礼仪,"仪"字是"人"加上"义"字。随着社会文明的发展,礼的要求进入了人事。《史记·礼书》说:"礼由人起。"古代君主(先王)为了节制人的欲望,分辨人的等级,制定了礼制,使"贵贱有等,长少有差,贫富轻重皆有称也"。

舜禹皋陶时期,"五典"(五常或五教)还处于萌芽时期,"五礼"也如此。舜任命禹为司空,禹"拜稽首",就是跪下叩头。另一次在讨论国政时,禹又一次向舜"拜稽首"。在此之前,舜、禹、皋陶等在尧之前都没有"拜稽首"。皋陶在一次庆典中也向舜"拜稽首"。禹和皋陶相互之间交际或讨论问题，只是"拜"，即作揖，而不稽首（叩头）。益劝禹以和平方式解决与江淮间三苗的争端，禹同意他的建议，也是"拜"，表示感谢和尊重。舜的时候，华夏国家已比尧的时候成熟，君权巩固了，所以君臣之间的礼节与臣子同僚之间的区分出现了。但是这种区分还没有"制度化"，每次他们在讨论问题时，禹对舜也只是"拜"而没有"稽首"，舜还曾向皋陶作揖（拜），这与君权初步建立，等级还不严格有关。

处理部落关系的礼仪也出现了。舜、禹接受伯益的建议，为表示和平的诚意，三苗的首领到来时，"诞敷文德，舞干羽于两阶"，表示尊重和欢迎，但是没有描绘具体的细节，可能这也与多民族国家还处于草创阶段有关。

"五典""五常""五教"与"五礼"有互通之处，但不是一回事，它们在皋陶时期都还处于萌芽阶段，皋陶文化中蕴含有"五礼"的一些基本元素。古代规范化、制度化的"五礼"，形成于西周。《周礼》最早提出"五礼"的内容。它们是：

吉礼：祭祀有关邦国命运鬼神的礼仪。

凶礼：举行于不吉之事，后世主要指丧葬。

军礼：军旅所行之礼仪。

宾礼：诸侯朝见天子之礼仪，细分为朝、宗、觐、遇、会、同、问、视八种。

嘉礼：原有六种，即饮食、婚冠、宾射、飨燕、服骄、贺庆，后世专指婚礼。

皋陶的故乡（今鲁西南）很重视礼。周朝时丧制，贵族可以在墓上垒土成坟（封丘），在西周之前无论贵贱，死后葬于墓（地表以下，莫土为墓）中，都没有坟（原写作填，高出地表曰坟）。后来（周时），贵族可以按照爵位高低垒起不同高度的坟。孔子出身贵族，但没落了，年少时"贫且贱"，父亲死后墓而不坟，等到孔子当了鲁国的司寇想在父亲的墓上起坟，费了好大的周折才找到叔梁纥的墓，了却心愿。直到秦汉，一般庶民死了，还是只有墓而没有坟的。

古人讲究"事死如事生"，死人的"待遇"也随着人世间经济社会的发展而"提高"。4000多年前，皋陶的故乡，人死之后，用树枝厚厚地垫在遗体下面，陪葬一些工具和基本生活用品就行。以后一些贵族死了，用一段一段木头垫在棺木下面，四面还用木段护壁。皋陶故乡的这种葬制影响了楚国，楚国的贵族死后要用大量木枋垒成外椁，国君死后要用"梗枫豫章"等名贵木枋，木枋的两端对齐（叫作"题凑"）垒成外椁。楚庄王一匹爱马吃得太好，肥胖过度而死，他要以大夫的礼制葬它。孙叔敖的好朋友优孟仰天大哭，说楚庄王葬马不够隆重，应该用国君的规格"题凑"葬它。楚庄王知道优孟讽刺他重马而轻人，于是改变了计划。皖西从春秋中期之后发展为楚国的中心，盛行于楚国的葬制在皋陶故国英、六盛行。六安城西发现过以木枋垒成外椁的春秋晚期的楚大夫墓，霍山发现多处汉代贵族的木枋外椁墓，六安东郊更发现了六安王刘庆的黄肠题凑墓。据现有信息，这类墓葬，全国仅河北满城、安徽六安、江苏扬州各发现一处。它从大汶口龙山时期发展而来，东汉开始逐渐被穹窿形砖室墓代替。从中可以体察到皋陶文化中关于礼制（凶礼）的部分的来龙去脉。

黄肠题凑的祖源可以上溯到皋陶祖先死后"厚衣之以薪"的葬俗。

三、乐舞的出现

中华传统以为，人类社会发展形成人群的差异，于是产生礼，用以区分之。无论社会如何发展，人之间还存在共同的情感，即使有不同的情感，乐重融贯通，礼乐相辅相成，最终达成和谐。

当年舜组建国家机构，符合各部落抗击洪水、从渔猎畜牧向水利农业转型的愿望，也符合各部落清除干扰、维护私有财产、保障社会安宁的要求。舜与禹、皋陶郑重讨论之后，根据社会要求和各部落的特长进行合理的分工。各个部落都很满意，举行了一场盛会，庆祝公众权利有了组织保证。乐官夔摇响陶球击起石磬，各部落首领戴上各自的（兽形）图腾歌舞起来。舜帝领头高唱："承蒙天神降下命令，开拓了美好时机，左膀右臂们高兴啊！元首（我）振奋啊，方方面面欣欣向荣！"皋陶跪下叩头作揖，随即起立高声说道："记住元首的话啊，遵循它做好国家大事！"大家都被他所吸引。皋陶接着高唱："元首英明啊，股肱贤良啊，万事俱备啊！"唱着又转了个调："元首（如果）不抓要点核心，股肱（如果）怠慢懒惰，万事都被荒废！"这场盛会的主导者是皋陶，舜与臣（股肱）进行了顺畅的交流。

乐官夔指挥了盛会的乐舞。据《尚书·益稷》载，这场盛会运用了以下乐器：球琴瑟、鼗（táo）鼓（拨浪鼓）、柷（zhù，古代一种桶形乐器）、敔（yǔ，伏虎形乐器）、笙、镛（大钟）、箫。乐官首先"鸣球"，随后乐声大作，乐舞开始。宋代学者说球就是玉磬。1979年，安徽潜山薛家岗三苗部落遗址中，出土了陶球，中空，内有砂粒，摇之沙沙作响，之后肥西、太湖、霍山等地都出土了同类陶球，这里是皋陶故国（英、六），这些陶球就是舜时乐舞中所用的"球"。这场盛会中，"箫韶九成"，其中乐曲演奏多次重复。

古人相信自己的祖先是某种鸟兽或自然物，相传少昊生下来时，正当红日初升，一只美丽的鸟儿咯咯叫着向太阳飞去，所以少昊部落以凤鸟为图腾。安徽霍山县迎驾厂出土的凤鸟玉璧与陶球共存，证实了皋陶与三苗部落共处，文化交融。《尚书·益稷》说舜禹、皋陶主导的这次盛会上，"鸟兽跄跄，箫韶九成，凤凰来仪"。当然不可能是真的鸟兽一起翩翩起舞，而是各部落首领带着印有各自图腾的旗帜载歌载舞。舜部落出自少昊，也以凤凰为崇拜，"凤凰来仪"体现了舜与皋陶的主导，舜的华夏部落国家元首的地位得到了确认。

皋陶部落的活动和地区乐舞中，除了使用陶球外，鼓也是流行的乐器。鼓的发明很早，黄帝时就已由伊耆氏创造出来了，考古发现的最早的鼓是在山西襄汾陶寺墓地发现的，这里是皋陶部落西迁的居留地。出土的鼓共6件，是陶鼓。南朝齐梁间（479—557年）的辞书《玉篇》说，鼓"瓦为腔，革为面，可以击也，乐器，鼓所以检乐，为群音长"。可能皋陶部落经常使用鼓来"检乐"，发觉瓦腔鼓（陶鼓）笨重易破，共振性能也不好，逐渐以木腔代替了瓦腔，到西周时木腔已完全代替了瓦腔，除了两面之外，还有了四面、六面，甚至八面的鼓。两面鼓叫"皋鼓"或"晋鼓"，皋鼓可径称为"皋陶"（见《周礼·地官·鼓人》），可证明鼓从瓦腔改为木腔与皋陶部落有关系。

皋陶在实施神判时必须与鬼神打交道，女巫或男觋载歌载舞与神鬼交流。在甲骨文中巫与舞的造型极为相似，舞的读音也与巫极似。东汉许慎在《说文解字》中说："巫，祝也，女能事无形，以舞降神者也，像人两袖舞形。"从黄帝开始，华夏各部落首领都很重视巫舞，禹曾"命皋陶作夏籥（yuè）"以宣扬他治水的功业。籥是笙之类的乐器，"夏籥"又叫"大夏"，经历西周、春秋战国，到西汉时，祭祀高祖、太宗（文帝）、武帝，还是宗庙演奏的乐章。

四、民歌与戏剧：从"娱神"到"娱人"

中华古代的乐，指歌舞乐器三者的组合起源于民众生活，即使是巫歌、巫舞也受民间影响。我们不否认民间乐舞与庙堂乐舞之间的不同，也不忽视在舜、禹、皋陶举行隆重的盛会时，农民们淌着汗，聚在树荫下，舞起耒耜（lěi sì），敲着瓦盆（壶），唱起歌谣，诉说人间甘苦。所以古代学者说："歌谣所兴，宜自生民始也。"

尧舜禹时期，皋陶部落从鲁西南向西向南迁徙。皋陶族裔分布于广大地区，禹来到淮河中游，在涂山（今怀远境）与涂山氏女联姻，婚后第四天即出门治水。涂山氏女想他，令婢女在涂山等候，久等不见禹归，作歌唱道"候人兮猗"，这是我国最早的情歌。

五、"傩"与西路庐剧

古代英、六地区的山歌、号子、小调传承几千年，有的在当代还可以听到。西汉初年，民间已吆喝数千年的号子，"今举大木者，前呼邪许（yé hǔ），后亦应之，此举重劝力之歌也……"（《淮南子·道应训》）。20世纪六七十年代，大别山区抬棺材的还在这么吆喝，80年代后，推广火葬，用汽车运送遗体，这类号子才渐渐消失。巫舞也不仅仅实施于国家行为，流行于贵族社会，民间也盛行与鬼神打交道的巫觋之风。老子说："吉事尚左，凶事尚右。"这就是一种迷信。又说："以道莅天下，其鬼不神。"天下之大，"鬼"到处都是。皋陶部落认为人生病是"疫鬼"作怪，每年春季最后一个月、秋季第二个月和腊月（冬季最后一月），从民间到贵族社会都要举行驱逐疫鬼的仪式"售傩"。其中腊月这次最重要，叫"大傩"，从天子到诸侯都派专人筹备，"命有司大傩"（《吕氏春秋·季冬纪》）。

皋陶的故乡普遍重视"傩"的举行。有一次，孔子遇到"乡人傩"，连忙穿上礼服，恭敬地站在台阶的东侧。（《论语·乡党》）

东汉王朝的"大傩"，规模宏大，是朝廷每年腊月必须举行的大典，由黄门令全程组织指导。

黄门令从皇帝近侍的子弟中选出10~12岁的儿童120人，组成侲（zhèn，纯洁善良）子，戴红头巾，穿黑衣裤，拿鼗鼓，扮成

"方相氏"，戴面具，面具上画四只金眼，披熊皮，着黑衣红裤，追杀疫鬼。另由12人化装成12只神兽。在中黄门陪同下，由冗从仆射（近侍官）带领着进入皇宫广场列队静候。

夜幕降临，满朝文武集合于台阶两边。皇帝驾到，黄门令高声启奏："侲子准备停当，请开始逐傩。"一声令下，中黄门领唱，侲子齐声附和："各路神灵一齐来到，歼灭各路瘟神疫鬼，12路大神听令，追杀各路凶恶，吓瘫疫鬼身躯，拉散疫鬼骨节，分解疫鬼肌肉，抽出它的肺肠，胆敢不快快逃跑，吃掉作为食粮！"方相氏在歌声中开道，带领12只神兽跳起逐傩之舞，绕场三周。而后众人高举火把，将疫鬼赶出皇宫大门，等在这里的骁骑接过火把，直奔洛水之滨，将火把投入洛水，大典告成。皋陶故地（淮河上中游）已有以表演乐舞为业的人，叫"俳优"，他们有的活动于贵族社会，通过表演达到讽谏的目的。如孙叔敖的好朋友优孟，化装成孙叔敖的模样，楚庄王都认不出来，以为孙叔敖复活了。"傩"这种宗教仪式进入楚地后，随着社会文明的发展，从与鬼神打交道转化为以娱人为目的，与当地民间说唱歌舞相结合。楚人称巫为"端公""师公"，楚地戏曲有傩戏、端公戏、傩愿戏。古代逐傩的表演程式也被继承，如戴面具表演叫"师公脸壳戏"，一唱众和叫"和合腔"。当代安徽省重要的地方剧种庐剧中，有唱腔叫"端公调""神调"，皖南地区有的地方还在表演傩戏。当代广西、湖南、湖北江西及皖浙交界地区的一些地方剧种中，都还可以体验到"傩"的风采，存在皋陶文化的遗风。

浸润大别山区的"天人合一"观念

姚治中

据《明史纪事本末》卷14记载,明神宗（1563—1620年）时南京守备太监到庐州（今合肥），向知府探问大别山区（六安州）有无可以开采的矿脉。此前元朝时，今金寨北境的豹子崖是著名银矿，封建政府借开矿扰民。神宗也想开矿敛财，所以派太监到庐州探询，庐州知府绘图向太监显示大别山脉与定远明朝皇帝祖坟的关系说，明太祖朱元璋特设六安卫，是恐怕有人采伐、开矿，伤害皇陵命脉，六安、英山、霍山等地，不要说开矿，就是森林也禁止砍伐。朱元璋设六安卫，其动机出于封建迷信，其思想润源却是传承数千年的"天人合一"的世界观。

早在约5000年前，大别山区的三苗部落已知道天圆地方、奇数和偶数，他们用玉石制成外方内圆的玉琮，由部落首领掌管，表示天地授权他行使统治国家的权威。

大别山从中原桐柏山的东端南下，到后西北境，陡然转折，从此开始向东南延伸，以白马尖为主峰，称为"霍山"。以岳西为弧顶，以英山、霍山、金寨、岳西四县交界处之漫水河地区为弧心，向东及东北延伸，直到淮河与大运河交汇处及淮东地区，称为"霍山弧"。古人以自己对天人关系的理解称呼家乡的山山水水，大别山区（霍山弧的核心地区）的基准地名反映了三苗、皋陶等部落天人合一的世界观。

霍山，"大山宫，小山霍"，即大山与小山相互环绕的崇山峻岭，这里雨水丰沛，鸟兽繁衍，甲骨文中将大雨滂沱中群鸟瑟缩之象形为"霍"，当代的霍字还可窥知其形象。与大别山不同，霍山是横向而行，横就是衡，北斗星与南斗星的中央叫衡，正对着北斗南斗的地点叫衡，汉代天文学家称为"衡殷南斗"。舜改进尧时的技术，用"璿玑玉衡"观测天文，这是近似浑天仪的仪器，其中的横管叫"衡"。霍山从岳西北开始横行，正对南北，如"璿玑玉衡"中之横管，所以又叫"衡山"。北斗、南斗都是天上明亮的星座，天上明亮的星星叫"皖"，衡山因此而得名为"皖山"。

几千年过去了，大别山区民众仍然将月亮称为"太阴"，称山之南坡为"阳排"，称北坡为"阴排"。龙为阳物，大别山如一条苍龙，亿万年前从中原向南奔来，到了衡山之北，极阴之地，大山化为众山环绕之崇山峻岭，崇山峻岭之间流淌着潺潺小溪。大别山居民喜欢将这些小溪称为河，如燕子河、漫水河、五溪河（今称"舞旗河"），原来古人称"怀阴引渡"为河，即从山中流出的怀着阴气引向大江大河（返明为用）的过渡水流为河（见《春秋说题辞》），小溪穿梭于崇山峻岭中是龙潜行之态，《易·乾卦》："初九，潜龙勿用。"初九，阴气占主流，阳气才开始萌生，龙潜行之象，不可施用即不可有大动作，所以古代英氏国及六国南部地区称为潜。古人认为数字表现阴阳二气的发展及相互制约，一三五七九为阳，五为中数，即适中之数，阳气开始上升，所以飞龙在天，利在大人，以"九五之尊"代表君主。二四六八十为阴数，六念作 lù，为"老阴"，阴气开始向阳气转化，是阴气制约阳气又逐渐向阳气转化的节点。《说文解字》解说道："六，《易》之数也，阴变于六，正于八（bèi）。"古人的认识显然是长期对大别山区考察体验的心得。今安徽霍山县、金寨县和舒城县境的崇山峻岭，在进入县境的北边（舒城为东北）都渐渐缓解为丘陵，潜行于山中的溪涧汇集成众多畎沟之后汇成"河"，这些河流到丘陵缓解之处再汇为史、浿（甲骨文中作沛）、杭埠三条大河，北流入淮或东流入巢湖。古称六的今六安市辖区，正处于这个缓解蜕变的地带，得名为六，实至名归。

潜地的崇山峻岭中产玉，供应霍山弧内的含山等地，含山凌家滩巫师墓出土之式盘，其图案外方内圆，以星形表现八方四极，与大别山区"天人合一"相呼应。古人称石之似玉者为英，又称山之两重者（崇山峻岭）为英。《左传》《史记》等称英、六两国所在地区为灊（或潜）。

大别山中的基础性地名是"天人合一"世界观的结晶。

古代皖西生态文明初探

赵中侠

中华民族发祥于以黄河流域为中心的大河流域。大自然给予中华先民优越的生存与发展条件，也加之以严酷的考验，在谋求生存与发展的过程中，我们的祖先萌生了生态意识。约5000年前，炎黄二帝时期，中华文明萌芽，逐步形成天人合一世界观，其基本目的是探求人与自然的和谐。尧舜禹时期，天人合一的世界观初步成形，皋陶部落辅佐了自尧到禹的全过程，提出"天工人其代之"的观点，总结了中华民族从渔猎畜牧向水利农业转型的过程，以及地方部落联盟向统一的夏王朝转型的历史经验。在这一时期，皋陶部落在皖西建立了我国最早的城邑之一——英、六（以及豫东南的许），并以此为基地辅佐禹、启父子，建立了中华民族第一个统一王朝夏。蕴含于古代皖西文明中的生态文明意识，在中华民族古代生态文明意识中，具有相当的典型性、代表性。

天人合一世界观将天地自然与人的和谐共处，作为人类社会生存与发展的根本条件，生态文明观念在中华传统文明中占有重要地位。春秋战国时的诸子百家，无论总结历史还是讨论当代，都从不同角度不同程度地涉及生态。如《论语·述而》记载："子钓而不纲，弋不射宿。"孔子的学生宓子贱治单父，民众自觉地将网得的小鱼放回水中，将保护生存提升到道德的高度，并贯彻在国家治理中。西汉淮南王刘安，秉承老聃"道法自然"的宗旨，在《淮南子》中总结了秦汉以前数千年积累而成的中华民族的生态意识，从中可以观测到古代皖西传统文明中的生态意识。

一、人类与自然是一个整体

自然与人类是一个整体，不可分割，"天地宇宙，一人之身也；六合之内，一人之制也"。这是考察生态文明的出发点，无论是考察古代生态文明，还是考察当代生态文明，都应以此为准则。《淮南子》从以下几方面说明了这一观点。

第一，在大自然中，万物都是平等的。"天地不仁，以万物为刍狗。"天地自然对人类没有偏爱，一视同仁，都是"刍狗"。《淮南子》继承了这种看法，"夫天地运而相通，万物总而为一。……然则我亦物也，物亦物也"。人与万物构成一个整体，互相依存，地位均等，不可能从大自然中分离出来，当然不应该与大自然对立、对抗。

第二，人类的生理结构仿照大自然而形成，与之相呼应。"天有九重（九野），人亦有九窍（阴窍二，阳窍七）。天有四时（春夏秋冬），以制十二月，人亦有四肢，以使十二节（关节）。天有十二月，以制三百六十日，人亦有十二肢，以使三百六十节。"（《淮南子·天文训》）因此人类的生理运行与自然的运行是相呼应的，不遵循自然规律（道），就会破坏自身的生理机制。

第三，大自然制约人类的生理、性格乃至寿命。大自然根据自己的特征施加于人类不同的影响，塑造出不同的动物与人类。山地多男性，沼泽多女性，湿热之气致哑，阴风郁积致聋。山林寒湿多鸡胸，丛林之中多驼背，水边潮湿多浮肿；怪石嶙峋人多力，冷僻闭塞致粗脖子。燥热地区人短命，寒冷地带人长寿。深山峡谷多风湿，丘陵起伏多狂人。一马平川让人宽容仁爱，深谷幽闭使人狭隘贪婪。穷乡僻壤之人追求功利，富裕地区之人留恋乡土。清清流水之旁轻声细语，浊水滔滔多大嗓门。急流险滩使人勤奋轻浮，死水微澜让人懒惰忠厚，中原大地多圣贤。总之，气候与地理环境给予人的性格、生理畸形、疾病的形成以重要影响。人和野兽、昆虫一样，没有例外。坚实土地使人刚强，松软沙土人性脆弱，黑土地长大个，黄沙土长得瘦、个小。肥沃土地人美貌，贫瘠土地生人丑陋，依水而生的人畜善游泳且耐寒，依土而生者多智慧。攀树吃果实的力大而暴躁，食草者善跑而头脑简单；吃树叶者吐丝成蛾，吃肉者勇敢凶残。吸食大气清明而长寿，吃粮食谷者聪明而短命，不吃五谷者不死而成神。

第四，大自然（生态环境）与人类同存共荣，对人类的影响不知不觉，日积月累，不可抗拒。刘安及其门客经过长期考察，思考前人经验，对此有精辟的论述："天设日月，列星辰，调阴阳，张四时。日以暴之，夜以息之，风以干之，雨露以濡之。其生物也，莫见其所养而物长；其杀物也，莫见其所丧而物亡。"生态环境对人类的影响无所不在，潜移默化，而且是决定性的。究其原因，就在于人与大自然（生态环境）是一个整体。"天之与人，有以相通也。……万物有以相连，精祲（阴阳二气交流产生的祥瑞或妖气）有以相荡也。"应该注意到，这种整体性，不是简单的、表面的，而是内在的、精神上的整合。因此，人类与生态环境的和谐，必须经过实实在在的努力才能做到，"不可以智巧为也，不可以筋力致也"。靠小聪明，投机取巧的短期行为不行，靠不遵循规律的蛮干瞎干也不行。限于两千多年前的条件，中华民族祖先对于生态的认识，有许多不合理之处。但是他们已清醒地认识到人类与大自然的整体性，在认识与行为中表现出对大自然的敬畏、尊重与爱惜，这是他们留下的宝贵财富。

二、生态状态系国运之兴衰

中华先民知道，人类一方面是宇宙万物中平等的一员，另一方面又承担着关键性的责任。因为"惟天地万物父母，惟人万物之灵"。人类活动对自然的影响是决定性的。"天地之合和，阴阳之润化万物，皆乘人气者也。是故上下离心，气乃上蒸，君臣不知，五谷不为。"比如春天肃杀秋季繁荣，夏天下霜冬天打雷，这类气候反常，都是人间"贼气"引起的。"贼气"的表现有三大类：

第一，"流遁"。即享乐放荡，骄奢淫逸，滥用资源，践踏了"五行"，从根本上破坏了生态，有其一即可亡国。

第二，违反客观规律的开发，破坏万物再生的条件，导致物种灭绝。"镌山石，锲金玉，擿蚌蜃，消铜铁，而万物不滋。刳胎杀夭，麒麟不游；覆巢毁卵，凤凰不翔。钻燧取火，构木为台；焚林而田，竭泽而渔；……万物不繁兆，萌芽卵胎而不成者，处之太半矣。"

第三，发展生产，破坏万物的原始状态。"积壤而丘处，粪田而种谷，掘地而井饮，疏川而为利，筑城而为固，拘兽以为畜。"古人认为经济的发展、文明的提升，会导致"阴阳缪戾，四时失叙"。这自然不是科学的认识，却也不能排除在经济社会发展过程中，出现了过度的无序的开发。以上"贼气"的种种表现，总根源在于"人主之欲"。生态失衡是"衰世"的现象，生态良好则国运兴，进入盛世；不爱护生态而纵欲妄为，就是在破坏人类的生存条件。

三、华夏国家的基本职能之一：保护生态

中华民族进入文明社会之始，华夏民族国家萌芽之初，就将保

护生态作为国家的基本职能。黄帝以"治五气，艺五种"（黍、稷、菽、麦、稻，又称"五谷"），作为"抚万民"的基本措施。遴选懂得气候变化，了解牲畜庄稼生长规律的人才（如风后、力牧等）为助手。"顺天地之纪，幽明之占，……时播百谷草木，淳化鸟兽虫蛾。"开始了从渔猎游牧到农业畜牧的转型，在具体操作过程中，遵循规律，不糟蹋资源，"节用水火材物"。尧继承黄帝的方针措施，加强了对天文地理气候及物候的观测，并且着手将生态文明与"能明驯德，以亲九族"（精神文明）同时并行，达到"百姓昭明，合和万国"的目的。舜初步完善了华夏多民族的国家机构，进一步加强对天文地理的观测，开始建立与山川神灵沟通的制度。经过黄帝尧舜千年的经营与传承，奠定了中华民族传统生态文明的基础。它以"天人合一"世界观为指导，求得人与自然的和谐，以此保障人际关系（个人之间、各种社会群体之间）的和谐。为此，将保护生态作为国家的基本职能，遵循生态平衡进行运作，并以此为国家行为的基本准则。执行中有三个基本特征：

第一，以一年四季十二个月为经，政治、经济、文化、社会为纬。注意二十四节气中的气候、物候变化，明了在不同的节气人们应该采取的政治、经济、文化行动，以及开展哪些社会公益，怎样适应和保护这一节令中的生态。如《礼记·月令》记述，"孟春之月"（春季的第一个月），天子要向上天"祈谷"，带三公九卿到田地操作耒耜，督促各级官吏。禁止伐木，"毋覆巢，毋杀孩虫、胎夭、飞鸟，毋麛、毋卵"。祭祀天地鬼神不要用母牛，以免影响繁育。不要动用军队，"毋变天之道，毋绝地之理，毋乱人之纪"。综合处理，务求和谐。从天、地、人三个方面去考察自然生态各种组成因素的活动变化，并采取相应的国家行动。

第二，将一年之中二十四节气作为节点，制定和调整国家的法令，将国家行为规范化，从法令到官职都形成制度，以保证"顺天意，应民情"。从《礼记》开始，列述不同月份的生态，国家应该颁布和实行怎样的政令，将有关叙述体例叫作《月令》。《吕氏春秋》第一部分为"十二纪"，列述一年四季中的国家行为、个人修养、养生之道乃至教育艺术等。"始生之者，天也；养成之者，人也。"能够养育天生的万物而不伤害它们的人，才能当天子，为帮助天子完成这个"任务"，所以才有文武百官。他们制定政策，执行政策，古人称之为"天意"，考察历史，这个"天意"包括了生态的变化，天、地、人之间的关系。直到清代，还将吏部尚书称为天官，户部尚书称为地官，礼部尚书称为春官，兵部尚书称为夏官，刑部尚书称为秋官，工部尚书称为冬官。"顺天意，应民情"的重要内容之一就是必须重视生态，将它制度化，这一观念深深地镌刻在国家制度中，传承了两千多年。

第三，侧重物种的持续与发展，"……先王之法，畋不掩群，不取麛夭，不涸泽而渔，不焚林而猎；豺未祭兽，罝罦不得布于野；獭未祭鱼，网罟不得入于水；鹰隼未挚，罗网不得张于溪谷；草木未落，斤斧不得入山林；昆虫未蛰，不得以火烧田。孕育不得杀，𪚈（gū）卵不得探。鱼不长尺不得取，彘不期年不得食。"西汉初年就已认定。"先王"（历代王朝）形成的传统，国家和社会成员的活动，不得破坏物种繁殖的环境，不得损害物种本身繁殖的条件，为生态的良性循环、可持续发展提供保证，这是中华传统文明中生态文明观念的重点。

四、古代皖西的开发与生态问题

夏王朝称英、六地区（今皖西）的居民为"畎夷"，为东方的"九夷"之一，是三苗、后羿及皋陶等部落的后裔。夏启死后，太康年间开始与中央王朝发生长期冲突，到夏的第八代王帝泄时，"畎夷之属六夷来王，始加爵命"。畎，又作田川，指宽尺深尺的田间小沟。在大禹治水之际，大别山区居民在山谷中开挖畎沟排水，改造山坡为梯田，奠定了适合山区环境的农业经济，改变了人类被动依赖的原始生态。春秋时期，以孙叔敖率众开发渒、史两河下游为标志，皖西的北部奠定了水利农业，开拓了州来为代表的居民点并发展为城邑，是平原地区抗击洪水，发展农业经济的典范。据《汉书·地理志》所载数字估算，西汉时皖西（六安市辖区，含寿县）人口约48万，约为现代的1/16。再往前推约2000年，夏商周时期这里人口更稀少，再加上金属工具尚未普及，生产力落后，人类的开发对生态的影响还没引起注意。春秋时期突出的问题是战争对生态的破坏，道家学派首先注意到了这个问题。《道德经》说："师之所处，荆棘生焉；大军之后，必有凶年。"

《淮南子》着重批判统治者纵欲腐败破坏了生态，也开始从侧面反映人口增殖、农业开发致使生态被破坏，多次提及"毋焚山林""禁民毋发火"，不要焚林而田，竭泽而渔。这种现象主要在淮河以北黄河中下游，淮河以南皖西大别山区可能还不严重。这里到东汉初年才开始推广牛耕，当时九江郡守宋均还说，江淮间多野兽虎豹就如中原地区多鸡豕一样平常。

茶叶经济的兴起推动了大别山区的开发，也对大别山区的生态产生了重大的冲击。

淮河流域曾经大象成群，公元前6世纪末，楚军曾以"火象"击退吴军。537年，砀山发现大象，北齐将次年年号改为"元象"。大象的出现已被当成稀罕的祥瑞，这说明生态已逐渐恶化。茶叶经济的发展过程中出现的无序开发加速了生态恶化。

大别山区大规模种茶不迟于两晋（265—420）时期。据《本草衍义》记载，两晋之交江州刺史温峤给朝廷进贡几百斤茶与茗。唐代大别山区成为全国主要的产茶区。唐文宗太和（827—835）年间，淮南节度使李绅说："霍山多虎。"他上任之后，鼓励百姓发展茶叶生产，去掉捕杀虎的机弩隐阱，老虎游过长江去了。北宋初大别山区的茶叶生产进一步发展，黄陂区境出现大象白天藏于深山，夜晚出来觅食，动物的生存空间大大压缩，到两宋之交，江北已不见大象了。到了元明清，生态恶化的势头加剧。

生态恶化的原因很复杂，包括人口增长、连年争战。就茶叶经济而言，一是国内外市场的扩展，对茶叶的需求迅速增长；二是封建政权的层层勒索，皇帝勒索贡品，承办官吏又从中牟利，由此而引起无序的开发。

明中期（约1506—1521年间），曹琥向朝廷上《请革芽茶疏》，说产茶地区除了必须向皇帝及藩王进贡外，还要向当地的镇守太监进贡，贡品必须优中选优，首先是芽茶，次之为细茶。每到初春，官差就到茶户催迫，搞得农民男不能春耕、女不能采桑养蚕，茶树因采摘过分而生长迟缓。曹琥请求皇帝、太监和贵族们注意："天之生物，本以养人，未闻其所以养人者害人也。"停止向茶农勒索芽茶，"使初春之时，农蚕不至于失期，草木得全其生意"。保证农业生产能正常进行，茶叶庄稼能够正常生长，经济社会与生态环境得以持续发展。

六安茶是当时名茶之一，六安州（皖西）是当时主要产茶地区之一，霍山是六安茶的主要产地，霍山茶又是六安茶中之上品。乾隆《霍山县志》载：明代"上供（皇帝专享）专用六安（茶）"，清朝承袭了这个"传统"。清嘉庆九年（1804）所修《六安直隶州志》记载，明代每年勒索的六安贡茶是200袋（一袋为十二两），清康熙二十三年（1684）增为300袋，康熙五十九年（1720）又增为400袋。1684年进贡的六安茶300袋中，霍山茶占263袋。同治《六安州志》说，霍山除了生产绝大部分"贡茶"外，还"举办一切芽茶"。初春之时，受干扰最剧烈的，是霍山茶农；受破坏最甚的，是霍山的生态。

奸商把持了茶叶市场，剥削茶农，"茶户虽终年拮据，不免竭资枵（饿肚子）腹，……奸蠹之为厉（害）深哉"。有的茶户卖儿鬻女应付奸商的巧取豪夺。烧山焚林，扩大茶园，过度采摘，损伤茶树，生态恶化加剧了。

"国（清）初山中林木丛蔚之地，后民尽伐以种茶。茶之焙又多需木炭。于是林木益少，而山林之土日垦，遇大雨则砂石下流，填塞河道，水患易成。故茶为六安民利而抑其害也。"这部州志编于嘉庆九年（1804），到清中后期，因茶叶经济而引发的无序开发已酿成严重的生态恶化。这种状态并没引起清朝各级政权的重视，继续恶化。光绪十六年（1890）《寿州志》载："自山户贪樵薪之利，淮南草木，旦旦伐之，而茶之萌蘗其生也渐微矣。"在内忧外患的夹击中，清政府日益腐败，外不能抗击帝国主义侵略，内无力有效组织领导国民经济运作，将皖西生态恶化的责任推到山户的肩上。中华传统文化将生态的优劣作为国运盛衰的标志之一，从客观上考察，这一现实体现了国家对经济社会管控和组织的能力，是对历史的科学总结。

明末清初，红薯和玉米开始在大别山区种植并迅速推广，因为它们需要的水分少，适宜于山坡丘陵种植，管理比水稻粗放且产量高，有助于茶农解决口粮问题。于是从明末以来，每年春夏种玉米和春末夏初种红薯，山户们就放火烧山，每到夜晚，山火烧红了半边天，延续月余。汉代政府就禁止"放烧"，《淮南子·时则训》记述西汉时将"毋竭川泽、毋漉陂池、毋焚山林……"作为全国上下的准则。这一保护生态的民族传统在这一时期被破坏了。

封建社会中的生态观念受封建专制皇权的制约。

大别山区的腹地霍山流传着这样的传说：秦始皇用"赶山鞭"将复览山与狮子山"赶开"，表现皇权的威力与专横。《明史纪事本末》卷 14 记有一段历史，明代太监权势极大，到处搜刮骚扰。明神宗万历年间（1573—1620 年），南京守备太监询问庐州（今合肥）知府："六安州有无矿脉？"庐州知府不敢怠慢，边绘图边解答："六安有矿，高皇帝（太祖朱元璋）恐人盗取，有伤皇陵龙脉，故六安卫特望巡山之任，不敢妄开取。"太监据此上报皇帝，神宗只好作罢。原来朱元璋受传统地理观念影响，认为大别山是凤阳皇陵（朱元璋的祖坟）"龙脉"的"根"，专设六安卫保护，禁止开矿、砍伐森林。客观上使大别山区减少了生态的破坏，同时，也限制了山区的开发。

五、乡规民约中的生态意识

中华民族传统生态文明意识普及于民间，深入于民间。乡规民约承载着几千年中华文明的积淀，它规范个人行为、邻里监督、宗族约束和国家基层机构的运作，形成多方面多层次一致的监督力量和感化威力。

大别山腹地（西山）霍山县漫水河镇歇马台村上街村民组的民房上，存有清朝道光二十七年三月十六的《奉宪勒石碑》，由地方乡保基层官员联合地方生员（秀才）乡绅起草，呈报霍山县知县核准建立。碑文着重加强社会治安，鼓励社会公益，保护自然生态，以达成"人心正而风俗淳"，即人与自然的和谐，宗族和邻里的和谐，建成和平安定的社会环境。其主要内容如下。

第一，严厉禁止和打击破坏山区农业生产的环境。打击偷盗五谷杂粮衣物等的行为，特别指出不准偷盗山区特产之"茯苓等物"，破坏"木耳漆树杉松茶麻竹木"的生产。严厉禁止"割害树苗，放火烧山"。

第二，应对大自然灾害。禁止"天灾水旱"和"荒年"不法之奸商囤积居奇，哄抬粮价，要求群众注意节约，在荒年不要用粮食熬糖。防止人为的不恰当举动加剧自然灾害的烈度。

第三，禁止本地的赌博，使用假币。打击"棍徒"盗贼，"平白飞诬"（诈骗）。警惕外来的奸商、"面匪"（毒贩）。维护地方治安。

第四，救助鳏寡孤独者和乞丐。从碑文可见大别山区民规民约将生态文明纳入物质文明与精神文明的整体，渗入基层社会生活的各个方面、各个层次。

古代皖西的生态意识在大别山区的经济开发与社会文明发展的过程中形成，多方面体现了中华民族传统生态文明的特征。了解中华民族历史以及各个历史时期的国情，继承传统的精华，建设大别山区现代化的生态文明，必须研究和参考借鉴古代皖西的生态文明。

畎夷：古代大别山区农业经济的奠基者

姚黎明

大别山脉从豫东的桐柏山脉东端自北而南奔腾而来，至安徽岳西县北折而向东，到潜山县戛然而止，被称为霍山、衡山或皖山，两者之间的夹角地带地理学上称为霍山弧。霍山弧的核心即今安徽霍山、金寨两县，舒城县及湖北英山县之一部，为崇山峻岭。其外延的第一层次即淠史杭（杭埠）三河的中下游丘陵地区。夏商时期，这里的居民被称为畎夷。

据赵诚先生《甲骨文简明词典》第 108 页到第 110 页记载，在公元前某年的五月到六月，商王从葵丘出发，经向（今怀远）溯沛水（甲骨卜辞中无淠字，称淠水为沛水）南进，深入大别山腹地，讨伐畎夷。沿途经过庚麻、戈、上免、霍、潜等地，至少占卜鬼神 12 次，询问要经过多少日子才能打败畎夷。如：

"癸巳卜，在反贞，王旬亡畎？在六月……""癸卯卜，在庚贞，王旬亡畎？在六……"

到七月，终于打败了畎夷，回到了中原的葵丘，商王占卜鬼神："赛来卜，王旬亡畎，在七月，王正癸。"癸，即葵丘（今河南兰考东）。

征服畎夷后，商王在大别山腹地设立军事据点，为此，商王占卜，在这里设立据点是否牢靠："癸巳卜，（在）潜师，王旬亡囚。"师，即军事据点；囚，指灾祸、事故。金寨燕子河七林湾（麒麟湾）出土的青铜斝、爵等，证明有这段历史存在。源于大别山区，于古寻阳（今湖北黄梅）流入长江的九条小河（九江），其中之一即名为"畎江"。

　　第一个"畎"字，说明古代大别山区居民根据山区特殊条件，发展原始农业的业绩。《尚书·益稷》记述舜帝召集禹和皋陶讨论如何兴修水利，发展农业经济，禹介绍他的计划，先是疏导大河流入四海，再开挖田间小沟，引水入河，种植庄稼，让民众有饭吃。"浚畎浍距川。"皋陶赞成他的计划。畎，又作"甽"，是田间尺把深、尺把宽的小沟；浍，是较深的山沟；川，指两山之间的溪流。《周礼·冬官·考工记》："凡天下之地势，两山之间，必有川焉……"大别山民众将山谷叫山冲，山冲水冷，不利于禾苗生长。古代三苗等部落，沿"山冲"开凿许多畎，及时将山水引入田中灌溉，又及时将冷水排出，注入川中，方便禾苗生长。几千年过去，这种"畎"在大别山深处还随处可见。这一创造，推动了山区农业的发展，推动后羿部落逐渐摆脱对畜牧狩猎的依赖，实现农业定居。

　　农业定居推动了大别山区部落向方国发展。夏初，见于大别山区的方国只有英、六和它们外沿的许。卜辞中的霍潜只作为地名出现。从公元前646年灭英始，到公元前548年灭舒鸠止，楚先后兼并英、皖、六、舒、宗、舒蓼、巢、舒庸、舒鸠等皋陶部落（偃姓）在大别山区建立的方国。在农业发展的基础上，从部落发展而来，它们建立的时期已无法了解，除英、六之外，都是夏商之后定居这一点是可以肯定的。

　　淠史杭三河的中下游是丘陵地带，从夏商到春秋，这里确立了农业经济。农民们使用的翻土工具是耒耜，除自流灌溉外，到战国时出现了桔槔，东汉初年（1世纪中后期）淠河下游才开始推广牛耕。史河、淠河下游的农民长期从事自流灌溉工程的建设。西汉初年，羹颉侯刘信开始在今舒城境内修筑水利工程。经历上千年，奠定了大别山区外延丘陵地带水利农业的基础。

《淮南子·人间训》："孙叔敖决期思之水，而灌雩娄之野，（楚）庄王知其可以为令尹也。"《淮南子》是最早记述孙叔敖兴修水利的文献，也是最早记述史、泘两河下游水利工程的文献。史、泘两河都是淮河的重要支流，其下游湖泊一个接一个，沟渠交错如蛛网，芍陂（今安丰塘）嵌于其中，工程浩大，以当时的生产力水平，绝非一个人组织人力劳动在二三十年中（孙叔敖活动于约前630—前593年）所能成就的。

沿史、泘两河下游东去，有舜耕山，又是《后汉书·南蛮西南夷列传》所载高辛氏（帝喾）与盘瓠（三苗之一支）联姻的地区。再东去就是禹的夫人涂山氏女的母家。几乎与此同时，皋陶部落来到英六，协助禹创立夏王朝。显然，史、泘两河下游水利事业是经前述舜、禹、皋陶讨论后，决策"决九川，距四海，浚畎浍距川，暨稷播"的历史呈现，是中华民族从畜牧经济转向农业经济的历史过程中的一个辉煌的里程碑，孙叔敖在其中起了重要作用。

大别山区农业经济的确立，从禹、皋陶治水，后羿射日算起，经过了近2000年，到春秋（前770—前476年）时，初步形成了大别山区经济的特征。《史记·循吏列传》介绍了孙叔敖重视民生的另一方面："秋冬则劝民山采，春夏以水，各得其所便，民皆乐其生。"秋冬为农闲时节，他动员山民砍伐竹木，采集各种山货，春夏水涨，再从史、泘两河入淮，上溯转售中原各地。这种经济模式，一直延续到20世纪。大别山区与中原各地，农业经济各有特色，互补互利更为密切，多民族国家的统一有了坚实的经济基础。

汉代大别山区的平民社会

姚治中

国家的萌芽是人类进入文明社会的重要标志,《史记·夏本纪》记述了夏王朝建立前夕的 4 个城市:阳城、英、六、许,英即霍山的最早称呼。1978 年,在今霍山县大沙埂出土一批英氏器,考古学界考定大沙埂即是 4000 多年前英(国)邑的中心地区,历史学家谭其骧主编的《中国历史地图集》据此将夏王朝建立前夕的英邑标识在今霍山县城的东北处。今霍山是文献记载中华夏王朝之前最早出现的城邑之一,建城时间应在公元前 2070 年之前,约公元前 2083年。4000 多年前的城邑不同于现代的城市,探讨 4000 多年前到公元前后的平民社会,有助于我们较切实地认识当时的城邑,从而尽量贴近实际地认识古代大别山区的历史与文化。

一、汉代大别山区的人口与自然地理

为便于探讨,笔者据《左传》《史记》《汉书》的有关记述,估算一些基本数据。

(一)人口

西汉的大部分时期,大别山区属庐江、九江两郡及六安王国。庐江郡:12 县,人口 457333,其中舒、龙舒、雩娄、灊(潜)及居巢之一部在今六安市辖区,假设按人口占 5/12 计,则西汉时,庐江郡有 190555 人在今六安市管辖区。

九江郡：15县，人口780525，仅首府寿春邑属今六安市，首府人口可能较多，假设按占1/15，为104070人。

六安国：5县约当今六安市辖之两区，寿县西部霍邱全境以及金寨北部、叶集区，人口178616。

以上三地合计人口473241人，约占当代人口（约780万）之6.067%。汉代大别山地区（或淠史杭流域）当属地广人稀。

（二）地形地貌：淠（甲骨文作沛）、史、杭埠三河上游的发源地正当"霍山"的核心地区，为山谷（冲），中下游为丘陵及平原（陆）。

秦汉之前，今江淮之间西部称"豫章"。大别山地区森林密布处处是高大的樟树。森林及附近地区大象（豫）成群，出没着虎、豹、兕（sì）（雌曰兕，雄曰犀）、金丝猴。水中有凶猛的蛟鼍（扬子鳄），常常掀翻舟筏。

二、秦汉时大别山区农民的生活

（一）大别山区的农业生产水平

《孟子·尽心》描绘过古代农业生产，过于理想化。《淮南子·主术训》的记述比较贴近实际："夫民之为生也，一人跖耒而耕，不过十亩；中田之获，一岁之收，不过亩四石。"结合其他文献，可以勾勒出两汉之交，大别山区农业生产水平如下：

1. 农民还不会牛耕，只知道给牛鼻子穿上绳子拉车，用耒耜翻耕土地。据《后汉书·王景传》，到公元1世纪淠河下游才推广牛耕，尚存在原始的"放烧"（火烧山，即刀耕火种）。

2. 夏代将大别山区居民称为"畎夷"，甲骨文也如此记述。畎，就是遗存至今的山冲梯田旁的水沟，深宽各尺许。至迟在夏初（公元前2071年左右），大别山区农民已在山冲（谷）开辟梯田。《淮南子》说孙叔敖（公元前7世纪人）在史、淠两河下游督导民众兴修自流灌溉工程，《汉书》记述刘信被封为羹颉侯，如今还在的七门堰据说就是他当侯爷13年的业绩。西汉时，大别山区已有比较完整的水利系统。

3. 秦汉时期一个农民每年能生产粮食数量。汉代1石=120斤，汉代1斤约当公制254.5克，则汉代1石=120×254.5克=30.54千克，每亩田产粮30.54公斤×4=122.16公斤=244.32斤，据《淮南子·主术训》记载，中等年成，中等土地，一个农民劳动一年，可收获粮食244.32斤/亩×10（亩）=2443.2斤。

4. 当时大别山地区，淠、史、杭上游山地以种植黍（黏小米）、稷（高粱）、菽（豆类）为主，中下游种麦、稻，合称五谷。"水处者渔，山处者木，谷处者牧，陆处者农。"（《淮南子·齐俗训》）不同的地理条件从事不同的副业，畜牧业占重要的地位，马、牛、犬、豕、羊、鸡合称为"六畜"，牲畜散放，邻里间经常相互收留散失的牲畜。

（二）西汉大别山区农民的负担

西汉大别山区农民要承担以下"皇粮国税"和劳役：

1. 田租。即土地税，二十税一，即征收收获量的5%。按上述一个农民一年收获的粮食计，要交田租122.16斤，还剩2321.04斤。但这些并不能保证全部成为农民的口粮。

2. 人头税。年满十五六岁，要交算赋，每年每人150钱。年满7~14岁者，交口赋，每年每人20钱。农民要从事其他劳动获取铜钱交纳算赋或口赋，没有其他收入就必须出卖粮食交纳税赋，这成为粮商压低粮价的因素。

3. 役。兵役，男性公民从20岁到56岁，一生服兵役2年，每年服徭役1个月。

（三）西汉大别山区农民的日常生活

西汉社会贫富悬殊，《淮南子·齐俗训》："富人则车舆衣纂锦，马饰傅旄象，帷幕茵席，绮绣绦组，青黄相错，不可为象。贫人则夏被褐带索，含菽饮水以充肠，以支暑热；冬则羊裘解札，短褐不掩形，而炀灶口。"

1. 上述"贫人"主要指农民，他们的主粮是豆子，淮南王刘长被流放，汉文帝颁诏书特许他一日仍旧吃三餐，一日三餐是贵族待遇，一般农民就是吃豆子，也只能一天吃两餐。

2. 农民夏天披一片麻布，冬天披一块羊皮，躲到灶口烘火御寒"打赤膊小解烘火"，汉代大别山区农民就如此过冬。

3. 大别山区农民"专室蓬庐"。蓬庐，即以竹枝编成墙，再涂上泥浆，盖上茅草的矮屋。

公元前135年，淮南王刘安给汉武帝的奏章中这样描述当地贫民的生活："间者，数年岁比不登。民待卖爵赘子以接衣食，赖陛下德振救之，得毋转死沟壑。"（《汉书·严助传》）农民的生活很难比这些"贫民"更好。

三、西汉大别山区的手工业、商业和运输业

（一）西汉大别山区手工业的类型

西汉大别山区手工业大致可分为三种类型：

1. 家庭手工业。农民家庭中男耕女织，男性耕种田地，女性从事麻纺织。养蚕及丝纺织没有成为家庭副业，官府不提倡，禁止养二季蚕，到东汉初年才推广蚕桑。生产目的主要是自给自足，极少投入市场。

2. 宫廷手工业。由淮南王、衡山王府经营，为贵族官僚服务，劳动者主体是没有人身自由的农奴。主要生产行当是金属冶炼、兵

器、礼器及货币铸造、玉器雕琢、酿酒等,生产技术是当时最先进的,此外还有土木工程及车船建造等行当,汉朝廷在庐江郡长江边设有楼船官。

3. 个体手工业。汉代将手工业者列入"市籍",不准坐车、穿丝织衣服、携带武器,征收更重的人头税,子弟不准当官。主要行当有制陶、木匠（造房、造棺材）、造船（造独木舟）、酿酒、畜产加工（屠、宰、制皮革等）,大多为前店后堂（产销并举）,产品面向市场,也要承担朝廷分派的徭役。

（二）秦汉时期大别山区的商业

1. 商品交换已渗透到居民的生活中,"酤酒而酸,买肉而臭,然酤酒买肉不离屠酤之家"。开棺材店的"欲民之疾病也",开粮店的"欲岁之饥荒也"（《淮南子·说林训》）。城镇中出现了市场,早上人们行色匆匆,忙于买卖,傍晚人们步履悠闲,因为不需买卖交易了。

2. 官府设立"市长",维护市场秩序。因为市场上买主与卖家之间经常讨价还价引发纠纷,还出现了小偷。淮南王规定,每年八月,"理关市,来（招引）商旅,入货财,以便民市"（《淮南子·时则训》）。发展并管理商业,开始被纳入国家行为。

3. 根据市场动向组织农业生产,开发大别山区与中原地区的远程贸易。孙叔敖从中因势利导,功不可没。他"秋冬则劝民山采,春夏以水,各得其所便,民皆乐其生"（《史记·循吏列传》）。春秋末,吴国开邗沟,连通长江淮河。战国初,魏国开鸿沟,连通黄河、淮河；至此,黄、淮、大江完全贯通,"寿春、合肥受南北皮革、湖鲍、木之输,亦一都会也"（《汉书·地理志》）。淠、史、杭的下游成为沟通南北的商业和交通的中心。

（三）秦汉时期大别山区的交通运输业

商业贸易带动交通运输的发展。秦汉时期,大别山区的文明运输有陆路和水路。许多平民当挑夫谋生,他们穿着皮条编成的鞋子,跋涉于长途商道。"粗蹺而超千里",很是辛苦。牛车、马车是长途运输的主力,"驾马服牛,民以致远而不劳"。有专营这一行当的车老板,"为车人之利而不能,则不达"。商人必须雇车,车老板尽量要好价钱,于是商人雇车之后,只要车轴不断、牛马拉得动,就尽量多地往车上装货,即使偶然发生车祸,也要这么干。(以上俱见《淮南子·氾论训》)

汉朝廷在庐江郡设楼船官。"楼船"可能只在长江中使用。在淠史杭三河中的运输工具主要是舟航与桴筏。大别山区的木匠将巨木挖空,制成舟(独木曰舟,两只以上联结曰航)。以竹编成体运货,大者曰筏,小者曰桴。(《论语·公冶长》:"道不行,乘桴浮于海。")淠、史、杭流域以桴筏运输,延续了2000多年。

西汉开始出现一种新观念,"夫用贫求富农不如工,工不如商,刺绣文不如倚市门,此言末业,贫者之资也"(《史记·货殖列传》)。"末业"即工商业,当时已被平民认为是致富之道。它的前提是商品经济的发展,淠史杭流域如寿春、六等城镇,可能已有一些富商,绝大部分的手工业者和商人并不富裕。"屠者羹藿,为车者步行,陶者用缺盆,匠人处狭庐。"(《淮南子·说林训》)他们如此俭朴,当然也是为了降低成本多赚钱。但吃菜汤而步行,用破盆而住在狭窄的草舍中,应该是工商业者经济困难、社会地位低下的真实写照。

四、秦汉大别山区平民社会的风俗习尚

大别山区最早的居民是三苗,尧舜禹时期,皋陶、后羿、舜、禹等部落先后迁入。公元前646年之前,皋陶部落的后裔,先后在大别山区建立英、六、皖、舒、舒蓼、巢、宗、舒庸、舒鸠等方国,

可见从远古到春秋，皋陶文化在大别山区逐渐确立了主导地位。楚的祖先颛顼部落与少昊（皋陶的祖先）的关系本来就很密切，春秋时楚兼并大别山区，也就是楚文化与皋陶文化进一步融合，从此两者成为一体且成为后来汉文化的重要成分。在战国后期，皖西（淠河流域）是晚楚的重心地区，寿春还成为楚晚期的首都。考察秦汉时期大别山区平民社会的风俗习尚，必须依据这段历史。

（一）皋陶文化在大别山区风俗习尚中的曲折反映

2012年3月，在与台湾法务代表团进行研讨时，笔者曾提出皋陶文化在中华民族文化中的存在是全方位的，这在皖西民俗中也有所反映，有些延续数千年，是我们考察皖西历史文化的"活化石"。

1. 追求人与自然的和谐。长期的农耕和畜牧生活，使大别山区平民深知遵循自然规律进行生产生活的必要性，保护各种动植物，按照规律开发，就是保护人类自身的生存。"畋不掩群，不取麛夭，不涸泽而渔，不焚林而猎；豺未祭兽，罝罦不得布于野；獭未祭鱼，网罟不得入于水；鹰隼未挚，罗网不得张于溪谷；草木未落，斤斧不得入山林；昆虫未蛰，不得以火烧田。孕育不得杀，鷇卵不得探，鱼不长尺不得取，彘不期年不得食。"（《淮南子·主术训》）

2. "信巫鬼，多淫祀。"（《汉书·地理志》）信仰多神，"今世之井灶、门户、箕帚、臼杵者，非以其神能食之也，特赖其德，烦苦之无已也"（《淮南子·氾论训》）。《尚书·皋陶谟》记有皋陶的观点"天工人其代之"，天的意志渗透于人类生活生产的每个领域、每个环节，农耕定居就是依靠天的保佑。

据说皋陶的祖先少昊降生时，山上一只凤凰正向朝阳飞去。由此衍生皋陶部落的太阳崇拜，进一步衍生为崇尚朱红。孔子说："恶紫之夺朱也。"（《论语·阳货》）朱红才是正统。据此，凤鸟被皋陶部落奉为图腾。2010年霍山迎驾厂出土的凤鸟玉佩，是当年皋陶部落活动的实证。楚统治大别山区后，太阳崇拜又衍化为尊崇东皇太乙，与东皇太乙相应的皇座为紫微星。所以几千年来，大别山区平民造屋，新屋上梁都要贴上大红纸写的"紫微高照"。

楚人信仰凤凰，凤凰的地位在龙之上。大别山区亦是如此，因此而产生长诗《孔雀东南飞》。

3. 重道德，重礼仪，尤重孝道。淮南王刘安及其门客，大多是江淮之间人，熟知江淮间平民风俗，他们认为"民无廉耻，不可治也……不知礼仪，不可以行法"（《淮南子·泰族训》）。在民间，一日两餐，但对老人要另做适合他们的饭菜，老人的碗筷也要适应年老体衰的状态，媳妇要照顾老人的饮食起居，为老人盛汤盛饭时都要下跪，应该和颜悦色，尊敬体贴。

（二）民间歌舞艺术

大别山区民间歌舞起源于巫觋活动和劳动。巫觋活动起初主要是为了"娱神"，逐渐演变为"娱人"的歌舞。春秋时期是巫觋活动从"娱神"为主演变为"娱人"为主的"节点"，这时演奏乐器的艺人称"伶"，表演乐舞的艺人叫"倡优"，坐着演唱的叫"俳"，边唱边表演动作者叫"优"。秦国有著名的优旃，楚国有优孟。优孟是孙叔敖的好朋友，活动于贫困的樵夫和楚王之间（《史记·滑稽列传》）。

平民在劳动之余，以工具为乐器，以质朴的歌唱舒缓疲劳。"今夫穷鄙之社也，叩盆拊瓴，相和而歌，自以为乐矣。"（《淮南子·精神训》）在平民的劳动中产生了山歌小调和号子。

秦汉时期，在居民比较集中的城镇有卖艺者活动。他们有的组成团伙，找个空地，女艺人盘旋起舞，"身若秋药被风，发若结旌，骋驰若鹜"；男艺人表演爬竿，一名壮汉扛起木杆，矫健的小伙攀上木杆，穿梭腾挪，如云雾中之蛟龙，围观者如醉如痴（《淮南子·修务训》）。有的是单身乞讨，申喜早年与母亲失散，一天闲坐家中，忽听见门外有唱小曲的，如泣如诉，开门一看，原来是朝夕苦思的

老母。(《淮南子·说山训》)

(三) 奢侈淫逸，伤风败俗

汉武帝统治时期（前141—前87年），经济社会恢复发展，以皇帝为中心的贵族社会奢侈淫逸、追求享受，愈演愈烈，他们在经济政治上居统治地位，在社会上起引领作用，上层社会的享乐腐败严重地破坏了社会风气。"世家子弟富人或斗鸡走狗马，弋猎博戏，乱齐民。"(《汉书·食货志》)"时天下侈靡趋末，百姓多离农田。"(《汉书·东方朔传》) 对大别山区的影响，大致有以下几方面：

1. 婚嫁。皇族普遍早婚，如汉昭帝12岁大婚，皇后上官氏才6岁。导致"世俗嫁娶太早，未知为人父母之道而有子，是以教化不明而民多夭"。造成的社会后果是道德教化衰败，缩短了民众的平均寿命。

娶妻要丰厚的彩礼，嫁女要丰厚的陪嫁，婚礼要排场阔绰，一顿婚宴就吃掉一年的收入。"聘妻送女亡节，则贫人不及，故不举子。"穷人负担不起，只好不生儿育女。攀比门第，使男女关系不正常。"……汉家列侯尚公主，诸侯则国人承翁主，使男事女，夫诎于妇，逆阴阳之位，故多女乱。"（以上俱见《汉书·王吉传》）攀比高门大族，已超出门当户对的讲究，导致夫妻关系不正常。这种风气已深入远离京城的大别山区。

2. 丧葬。汉朝社会上下讲究"事死如事生"。皇帝为了神化皇权，各阶层人为表示"孝道"，都厚办丧葬，以皇帝为中心的贵族社会也起了引领作用。

汉制皇帝即位的第二年就开始建造自己的陵墓，汉武帝在位54年，他的陵墓就造了50多年，每年营造陵墓的经费约占全年租赋收入的1/3。皇帝死后，殡葬之物除礼制规定之外，还要随皇帝生前喜爱之物，虚地上以实地下。隆重的葬礼完毕，还要保证死去的皇帝在地下的享受，每天要为他"上食"4次，全年举行大小祭祀25

次，为此，设置相当于县令品级的机构，首长称"陵园"令，下辖各种服务人员5000名左右，其中仅宫女就有数百人。

为了保护皇陵，汉朝"徙豪杰诸侯强族于京师"。在陵园所在地设置陵县，汉武帝迁各地豪富27万余人于陵墓所在地茂乡，改称"茂陵县"。汉代皇陵最著名的是高祖长陵、惠帝安陵、景帝阳陵、武帝茂陵和昭帝平陵，号称"五陵"。到唐代，杜甫还以"五陵裘马自轻肥"描写贵族子弟的骄奢，白居易则以"五陵年少争缠头"叙述世家子弟包养歌伎。陵县又是奢侈享乐的策源地，流毒后代。

西汉时期就有不少有识之士指出厚葬伤风败俗，它流毒民间，扰乱了商人经营和农夫耕作，混淆了生与死的区别。特别是为了宣染活人的"孝道"，丧仪尽量地铺张烦琐，披着麻衣，戴着孝帽，却唱起靡靡之音，打打闹闹，嘻嘻哈哈，言语违背内心，外表与情感相忤，隆重的仪式变成哗众取宠。

西汉学者刘向说："德弥厚者葬弥薄，知愈深者葬愈微。无德寡知，其葬愈厚，丘陇弥高，宫庙甚丽，发掘必速。"（《汉书·楚元王传》）

3. 赌博。西汉社会上下不以赌博为耻。1986年，霍山迎驾厂出土一枚西汉木骰。西汉的赌博之风，已经传播到偏僻的大别山区。（按：长沙马王堆也出土了一枚木骰，全国共出土两枚）

五、一点遗憾

三苗、皋陶和后羿等部落，在夏商之际（前2071—前1046年）基本完成了从渔猎畜牧到水利农业的过渡，在大别山区定居，建立城邑和方国。当代霍山县及其前身英，以及六安城的前身六，人们可以根据充分的史实确定它们建成的年代在公元前2083年左右。确定英、六的建城年代有助于了解大别山区的历史文化，促进新时代社会主义文化建设。

春秋中期，楚统一大别山区，不再分封方国，秦汉在大别山区实行郡县制，但这里还存在"蛮人"的部落。大别山区西部大致是汉水流域廪君蛮之东界，廪君蛮以白虎为图腾，又因地处江夏郡而称为"江夏蛮"。大别山区主体部位生息着盘瓠蛮，以五色犬为图腾，又称"庐江蛮"。他们的部落长期与迁入的华夏部落后裔并存，到隋朝统一（589年）才基本解体。受种种主客观因素影响，对大别山区"蛮人"部落民众的生活、生产及风俗习尚的探究，我们还需继续努力。

麻姑与霍山

乐 祥

麻姑是我国传说中的女寿仙。霍山城郊东石门有麻姑洞,传为麻姑修道成仙、酿灵芝仙酒之处,故称麻姑洞。清嘉庆《霍山县志》载:"麻姑洞,县东南十里,东石门内。山石确硞,小径盘而下,石洞谽谺,深广二三丈许。竹树蓊蔚,翠萝晻蔼,有飞泉出洞之腭,如冰绢挂壁,落地伏流,由洞外石隙间宛转喷薄而去,夏日坐之忘暑。"

关于麻姑,其传说很多,最早见于东晋葛洪的《神仙传》。唐代大书法家颜真卿著名的书法作品《有唐抚州南城县麻姑山仙坛记》(以下简称《麻姑仙坛记》),详细记述了葛洪《神仙传》关于麻姑仙女和仙人王方平在麻姑山蔡经家相会的故事。其大意是:东汉恒帝时,某年七月七日,神仙王远(字方平)降临到其徒弟吴地的蔡经家,蔡经将其引见给家人,席间讲到麻姑,蔡经一家不知其为何方神圣,王方平于是派人去请麻姑,一同来赴宴。不久麻姑到了,蔡经举家相见。见麻姑是一个年方十八九岁的俏美姑娘,头顶结个髻,余发自然垂至腰间,身上穿的衣服华美、光彩夺目,而又非人间的绫罗绸缎。麻姑坐定后,感叹地对王方平说:"自从上次和你见面,我已见东海三为桑田;不久前再次到蓬莱,那里的水比我们相会时又浅了一半了,是不是又将要变为陆地了?"王方平说:"圣人皆言海中复扬尘也。"这就是成语"沧海桑田""东海扬尘"典故的出处。《麻姑仙坛记》还接着介绍了麻姑和王方平的法术。麻姑召集蔡经母亲及其家中女眷，麻姑见蔡经弟媳刚生孩子不久，于是叫她拿把米来，麻姑将其撒在地上，其米立刻变成了一粒粒丹砂（此即为"撒米成丹"典故的出处）。麻姑作法时，蔡经看到麻姑手似鸟爪，心中暗想：背痒时，得此爪抓背，乃佳也。王方平已看出了蔡经的心思，马上派人鞭打蔡经，边打边斥责蔡经说："麻姑者，神人也，汝何忽谓其爪可以杷背耶。"大家只看到蔡经被鞭打的痛苦情形，但却未见持鞭的人，王方平却告诉蔡经说："吾鞭不可妄得也。"（意思是说平常人是无福消受我的鞭笞的）葛洪《神仙传》关于麻姑的传说经大书法家颜真卿这么一宣传，麻姑名气更大，对麻姑的崇拜自唐以后更是大行于天下，于是后世各地又纷纷演绎了一个又一个麻姑的故事，使麻姑仙女的形象不断丰满。其中，我们大别山的邻县湖北麻城，就借麻姑大做文章，近年还拍了一部25集电视连续剧《麻姑传奇》。关于麻姑在霍山随南岳夫人魏华存在南岳山修道，在麻姑洞酿灵芝酒为西王母祝寿，最后羽化登仙的故事也就是从这"麻城版本"或称"大别山版本"的麻姑故事演绎而来的。

据成书于唐代的《朝野佥载》和明代王世贞的《列仙全传》记载：麻姑是十六国后赵国石虎手下有名的残暴将军麻秋的女儿。据说湖北麻城就是由麻秋将军役使百姓所修筑，故名麻城。麻秋生性暴虐，喜好杀人，甚至传说他喜好吃婴幼儿，"杀人如麻"一词据说也由他而来。麻秋在筑麻城时，为赶工期，昼夜不让民工休息，只有在鸡叫时才让民工们稍作休息。但他的女儿麻姑很善良，很同情筑城民工的遭遇，于是她常常不到半夜就学鸡叫，这样全城的鸡也都跟着叫，民工就可以早早休息了。后来麻姑"半夜鸡叫"的事被她父亲发现了，父亲要按军法重重处罚麻姑，麻姑很害怕，于是就远远地逃往深山。她从麻城一路东行向大别山深处逃跑，来到霍山南岳山，登上南岳拜南岳庙女道长魏华存为师，潜心修道，彻底脱离了残暴的父亲。麻秋将军是胡人，所以人们又称其为"麻胡"，因为其残暴，大家都畏惧他，所以大别山区的百姓一直用他的名字吓唬小孩，只要小孩一哭，大人们就说"麻胡来了"，小孩马上不哭了。这种吓唬小孩的方式至今在霍山和大别山区不少地方都仍在沿用。霍山对"麻胡"还有另一种解说，说麻胡相貌丑陋，脸上花里胡哨看不清，所以我们小时候，脸上弄脏了，大人都会说：怎么搞得跟"麻胡"一样。可见麻姑的父亲麻秋（或"麻胡"）在大别山区影响也很大。

麻姑逃到南岳庙随师修道非常潜心卖力，对师父魏华存也很尽心，服侍很周到，所以有些古书上记载麻姑为魏华存的侍女。据《后仙传》和《太平广记》记载，魏华存在南岳山修炼16年后，先行得道成仙，被封为紫虚元君，领上真司命南岳魏夫人，后被尊奉为道教上清派第一代宗师，世称"南岳夫人"，与西王母共同管理天台山、缑山、王屋山、大霍山和南岳衡山的神仙洞府。传说魏夫人升天后，麻姑继续在南岳山中修道。一次，她来到南岳山下东石门的山谷，看到山谷间半山腰上，一处泉水穿过坚石巨岩，巨岩下是天然卷曲形成的一个山洞，泉水从洞后石壁上穿岩而下，潺潺声似笙音箫韵。麻姑看到此佳境洞府，于是移住此处潜心修炼，并精心培育仙果，采摘南岳山上的灵芝来酿造仙酒。据说，起初10多年麻姑虽采来了很多南岳山上的赤灵芝，但反复酿造总是不能酿成酒，到了第13年，麻姑听说南岳山西北柳林河畔殷家糟坊善用山中野果和葛根、金刚刺根酿酒，于是登门求教。殷家糟坊的老板听说南岳道姑登门求教，又得知麻姑是要酿灵芝酒献给西王母祝寿，于是就将家传的用山中根果酿酒的秘方传授给了麻姑，并告诉了麻姑殷家糟坊的来历。原来殷家糟坊酿酒技术来源于殷商宫廷。殷家糟坊祖上为殷商王室酒师，其所酿美酒深受商王喜爱，以至纣王造"酒池肉林"，因酒乱性。鉴于此，商朝末年，宫廷内外有正义感的王公大臣对酿酒造酒都大加挞伐，其先祖身为宫廷酒师更是众矢之的，为保全家性命，趁商周牧野大战时，其先祖逃出王宫，向南越过淮河，然后沿淠水而上逃到大别山中，定居在南岳山下、淠河岸边。本来，其先祖已是隐姓埋名，不愿再酿酒了；况且周朝初年，为了禁酒，周天子专门铸造了"酒禁"颁行天下，这个酒禁的"禁"就是我们汉字"禁"的来源，它本来是一个实物，是周天子赐给诸侯百官，警示大家，禁止饮酒用的。但其先祖定居南岳山下后，发现南方山里潮湿得很，很多人关节不好，而酒对驱湿散寒最有效，于是，为帮助山里百姓驱逐潮寒之病，其先祖又重新酿酒，但又不能用粮食酿酒，于是就采山中野果和树藤之根酿酒，并终于攻克相关技术，用野果、树根、藤根等酿出美酒，（注：金刚刺根酒一直传承至20世纪六七十年代佛子岭酒厂仍在酿造生产）因为先祖出自殷商，后来也就干脆打出"殷家糟坊"的招牌。麻姑得到了殷家糟坊酿酒秘方后不久，果然酿成了灵芝美酒。灵芝仙酒酿成之日，也就是麻姑得道成仙之时，于是她在王母娘娘寿辰之日农历三月三，带上酿成的灵芝酒上西天瑶台为西王母祝寿，王母大喜，封麻姑为虚寂冲应真人，与其师魏华存一同位列仙班。后世画家根据这个故事，创作出"麻姑献寿"图，用以给女性长者祝寿。后来《西游记》的故事流传，有不少人不知道麻姑献寿所献的是灵芝酒，想当然地认为麻姑赴西王母的蟠桃会献的自然也是寿桃，其实，这是他们对"麻姑献寿"典故不了解所致。但我们霍山人千万不能忘了麻姑献寿所献之物是麻姑在东石门麻姑洞所酿的灵芝酒，是采自南岳山中的仙草赤灵芝酿造的仙酒（或许当年那猴头孙悟空偷喝的也正是麻姑所献的灵芝酒）。

这里所记的都是道家的故事，是我国民间信仰、民俗文化的重要内容，道家自古就十分重视霍山，重视霍山的这些神仙洞府，《黄庭内景经》曰："霍山下有洞，通二百里司命真君之府。有西北东南四门，有五香正华金瓿之宝，神胆灵瓜之食。"道家为何如此重视霍山，我们不得而知，不过我在这里还是建议大家有时间不妨去东石门的麻姑洞看一看，此洞就位于东石门水库西南侧山腰上，离大坝不足100米，洞由岩石天然卷拱而成，大约两间房子大小，石洞里侧岩石被泉水洞穿，山泉从洞顶流入山洞，潺潺流水，形成一小瀑布，瀑下有一泓清水，终年不断。洞内有信士塑的麻姑坐像和其他道家仙人雕像，还有好事者在洞内塑了三尊佛家菩萨，麻姑洞成了道、佛两家共有共享的洞天福地了。不知麻姑仙女在仙界乐享仙福之时，会不会对今天人间把她修道成仙的洞府这么安排而不高兴？我想大概是不会的，"道可道，非常道；名可名，非常名"。麻姑元君毕竟是仙家，哪会跟凡夫俗子们一般见识，更不在乎麻姑洞是不是让佛、道同享了。

霍山西山文化及其他

汪德国

2009年到海南旅游时，曾来到一座寺庙，叫作"潮音寺"，还写了一首诗，诗曰：

　　　　小小庙宇似平凡，
　　　　坐落海南第一山。
　　　　曾经沧海能为水，
　　　　东山再起在明天。

这座庙就坐落在素有"海南第一山"之称的小山上，这座山唤作"东山"，之所以能称作"海南第一"，不是因为它在海南最高，海南最高的山应该是五指山。而这座并不太高的山被称为第一，是因为"东山再起"这个典故出于此。早就知道"东山再起"这个故事源自东晋谢安曾经隐居的那个东山了，地点在古会稽，在浙江省境内，大概不会跑到海南去的。但不管怎样，名字叫作"东山"的地方还真不多，没听说过几个，可"西山"就大不一样了，经查询，说是不下几十个云云：苏州有苏州的西山，山西有山西的西山，云南还有云南的西山，北京还有北京的西山；大地方有大地方的西山，小地方有小地方的西山，不一而足。而且这些西山们，有些还有些来头，甚至贴上了许多符号标签，很有些讲究，这似乎就有必要说一下"西山文化研究会"所在的"西山"了。它是哪里的西山？有多大范围？"西山文化研究会"这名字起得到底怎么样？这就是我所要向大家讨教的东西了。

说到我们现在说的这座西山所处的位置,说是西山是不是确切?这本应该是没什么探讨价值的。根据《霍山县大辞典》记载,霍山县西部山区旧时俗称西山。《太平寰宇记》和《魏书·世宗纪》记载:"南朝梁天监二年(503),《史书·武帝纪》作天监六年置霍州,时霍州治岳安(今衡山镇老街区)领十七郡三十六县。""陈天嘉二年(561),霍州西山蛮率部落内属。"这说明西山蛮部落早就生活在霍山西部山区,应与三苗部落同时形成或为其继承人存在的。历史学家姚治中教授在《畎夷非犬戎论》中考证,"早在夏商之前,三苗即生息于大别山区",西山作为西山蛮的生活之地。由此观之,可以说西山历史与国史同长。这说法有根有据,言之凿凿,应该没问题。可是,有人似乎对此也存在不同的看法。我看到有篇文章这样写道:"听说西山之名源于漫水河的旧称'西镇'。我想,这些大约都不准确。位于安徽省的西部的六安市号称'皖西'乃众所公认自不必说,霍山在六安的正南边,称不上西,因此,西山与霍山无关。"这段话里虽然忽略了一个问题,但也貌似有一定的道理,也即是说,六安都在安徽的西部不假,但霍山是在六安的正南边呀,何西之有?我觉得,这个观点尽管有个大漏洞,但也应该引起我们的一些思考。

　　往往有这种现象,诸如东西南北、上下左右,乃至古往今来这些表示方位时空的词儿,看似正儿八经、周吴郑王,其实,它们是很受地域和时空限制的,相对的成分很重。在这里是东,在那里就可能变成西,甚至不东不西、不是东西了。比如我们所特指的这个"西山",我们称之为西山,约定俗成了,我们霍山人都理解。那么靠近这地方的湖北英山人、安庆岳西人呢?他们会不知道这西山是哪里的,他们或许知道漫水河、上土市、太平畈,甚至古佛堂、黄栗杪,但他们肯定不知道西山是哪座山,哪个区域的。这无疑不利于我们的传播和发展,不利于我们把我们要做的事情做大做强做出好的成效来。实际上，我们的西山，就是指在霍山西部山区，以漫水河、上土市为中心，辐射四周的大别山腹地的那一大片区域。我们索性把这里称为"霍山西山"，把研究会改为"霍山西山研究会"，就明了多了，也不用去担心落个沾其他"西山"名头名气的光的嫌疑了。

　　果真如此，说不定更有利于"霍山西山文化"的研究和拓展呢，"霍山西山"只是圈定了这个名称的范围，它绝没有圈定"霍山西山文化"的范畴。因为，由于历史的沉淀积累，"霍山西山文化"作为一种文化历史现象，早就不限于现属霍山县的几个乡镇的范围了。无论是民风民俗、风土人情，还是方言俚语、宗教信仰，甚至是特色饮食、脾气性格，这一区域的居民，都能找到一些同根同源的箱底子里的东西来，有些传承和遗传，是任谁想割也割不断的。比如这红豆腐，只有太平畈周围的包括岳西县的老乡才能做出那种赭红璞玉般的模样来，吃着啧啧称奇、辣香爽口；比如这小吊酒，只有霍山漫水河、金寨燕子河的乡邻们才能酿出那种醇厚绵柔来，喝着舒爽通畅、醉意婆娑；最叫人感到神奇的还是那个很有特色的腔调，哪怕相隔百里、十里甚至只是一岗之隔，那听着不甚利索的嘟嘟嚷嚷，也称作英山蛮子话的漫水河土话，"西山中心区"的人听到之后，就会感到分外的亲切，一种老乡情愫油然而生。不管你是太平、太阳的，还是漫水河、上土市的，甚至不管你是霍山的，还是英山的，抑或是岳西、金寨的，嘟嚷起来没完没了，似乎有说不完的话，倒叫我们这些"中心区"以外的人简直要产生那种羡慕嫉妒恨的情绪来了。

　　由此看来，"霍山西山文化"圈是不能与"大别山文化"的研究相混淆的，它只是整个"大别山文化"的一个极具特色个性的区域性文化，并且是与现行的行政区划并不完全一致的跨省份县份的跨界性文化现象。正像张佑丞老先生所说："西山凡划出归新立县份管辖的地盘，只是行政管理上的划分，但西山还是整体的，人际交往还是一如既往，风俗习惯还是西山属性未改，西山文化更是凝聚在一起的。如上土市中学在新中国成立前叫狮山中学，学生都是来自西山各地，从未有划出之分，新中国成立后还同样有学生前来就读，这个有百年历史的狮山中学最初还招收来自金寨燕子河、长岭、张畈和天堂寨以及湖北省英山县的学子，因此民国时期一度更名为'霍立联中'（霍，霍山县；立，立煌县，金寨县的前称）。所以人们说上土市中学是西山文化的摇篮，是丝毫也不为过的。那种把'西山文化'仅仅定义为老漫水河区几个乡镇的观点，具有明显的不足，因为它不符合历史的真实，遮盖了自己的眼量，更少了一种阔大的胸怀气度和熔融精神，画地为牢般地裹住了自己的脚步和前程，是不利于我们研究的开展和发展的。"

上土市中学，原名"国立狮山中学"，始建于1908年，上土市中学是中国近代最早的国立综合性中学，属于清末新政的"成果"之一，跨越一个多世纪，至今已有百多年历史。创始人之一是孙中山先生的战友、同盟会会员李晴峰。这里是英山、金寨、霍山三县人才的发祥地。沧桑百年，学校积淀了深厚的文化底蕴，丰富的历史内涵，为中国革命和社会主义建设输送了一批又一批仁人志士、栋梁之材。走进校园，绿树成荫，布局有序。左边，"玉玺楼"中西合璧、风格典雅，背后的狮山巍峨傲立、苍松挺拔。"狮山藏秀色，玉玺印春秋"，它们恰如两位睿智老人，见证了岁月的变迁，也见证了学校的壮大与繁盛。但我认为，虽然上土市中学为"西山文化"在近代的发展立下了汗马功劳，但西山文化的形成和发展有其更长、更远、更厚实的地理和人文环境因素。

有位在外的学子在他的文章中以抒情的笔调写道："车过了土地岭，清幽黛绿的群山在身后渐渐隐去。任那酒香扑鼻一路，睡美人沉睡依旧，黑石渡清水长流。渐行渐远，思想却愈来愈浓。土地岭仿佛就是那桃花源的入口。千百年来,一蓑烟雨、竹杖芒鞋,吟啸徐行。只愿千百年后,这里依然是四季如画、鸡犬相闻、怡然自乐。不管走到多远,西山,她的四季一直在我的梦中循环播放,久久难以淡去……"我猜想,这是西山许多人学有所成、事业有成之后,回来探亲再离开家乡时,才会产生的一种感情吧。而他和许多与他一样的人,要么为学业,要么为闯荡,要么就算是瞎闯,他们第一次走出大山,离开那个大盆地套小盆地的西山,出了土地岭这个瓶颈一样的山口时的感觉,我觉得应该是震撼:外面的世界原来是如此之广大呀,外面的风景原来是如此之美丽呀!西山固然是好,而在那个小世界外面的大世界,才是我们西山人应该去闯荡的广阔天地。可别小看了这个一堵墙似的土地岭,年年岁岁、岁岁年年,历朝历代、世世代代,它或许为浓厚西山文化氛围、为西山文化的沉淀,为西山人发奋努力,闯荡大社会,走向大世界,进而反哺西山文化,发挥出你难以想象的激励和鞭策作用呢!

  当然,即使是西山本身这一小块天地,这个四周高、中间凹而平坦,最适宜耕种与读书的地方,几千年来的人文环境,也是西山文化得以持续发展的不可少的优渥条件啊!据说狮山中学是西山何肖杜万孙黄几大家族股份制建立起来的,可见这几大家族对文化、对教育重视到了何等的程度。而许多人的一大本能或性格之一就是不甘落后,在几千年的岁月里,除了这几大家之外,还有许多蛮夷或客家人,大家伙在这样一个既有融合又有竞争的环境中,你追我赶,你赶我超,不甘落后,万物竞发,这样一种局面,或许就是西山文化良好氛围的形成、发展和浓厚的最重要的因素。在这方面,上土市中学的汪振愚老师在《心路》一文中,做了较为精彩的描述,姚治中教授和许多专家也都有较为深刻的述说,在此我就不一一赘述了。

  写到此,还有一点我觉得还是有必要谈一下个人的观点。我们大家在一起研究西山的文化现象是件非常有意思也很有意义的事情，这样的研究，对于促进地方文化的发展，建构和谐社会具有相当重要的作用。大家在一起轻松愉快地把自己知道的东西说出来，与大家分享，能说的说，会写的写，各展其能，庄谐结合，各抒己见，这是咱文化人多么喜欢做的事儿，是多么值得提倡的事儿呀，也是多么值得骄傲的事儿呀。千万不要把这种研究庸俗化了，不要自己吓自己，弄得与林黛玉似的，不敢多说一句话，不敢多走一步路，那这种研究就不会有什么前景了。记得有人说过这样一句话："先有圈子，后有时代。"研究西山文化，是一种促进社会和谐发展，推动社会文明进步的高雅行为；也是一种爱我们的家乡，爱我们的社会，爱我们的祖国的具体表现。入这样的文化圈子，做这样快乐的事情，应该是一种人生享受啊！

西山文化溯源

西山霍山弧，远古的抒情诗

沈俊峰

西山在哪儿？霍山弧在哪儿？

西山不是一座山，而是一大片山，叫西山地区，简称"西山"。地理学上有"霍山弧"的概念，将以"霍山弧"为基点的地区泛称为西山。这是历史长河中约定俗成的称呼，没有严格的界限，但是它的历史定位与文化传统却非常鲜明。通俗地说，西山位于鄂豫皖三省交界、连绵数百里的大别山区，以1777米最高峰白马尖周边及霍山县漫水河地区为核心，向四周辐射湖北英山、罗田，安徽霍山、岳西、金寨、潜山、舒城、霍邱、叶集、金安、裕安，河南商城、新县等地区，它还以扇形向东、北辐射，延及淮北、皖东。

西山地界吴楚、岭分江淮，是中华文明曙光升起的地方之一，自古以来就是中原与东南地区交流融合的枢纽，多元文化在此融合，多样性的古老文化在这里得以保留和传承，形成了独具特色的方言、宗族、医药饮食、教育传播、歌舞戏曲、宗教信仰、民俗风情、生态保护……

时光厚爱西山，让我们今天还能寻到她的许多近乎原生态的青春模样。她是远古留下的一部深邃的巨著、一部抒情的史诗。

隐秘的神话大道

相传汉武帝封禅古南岳天柱，途经大别山，半个月竟然未走出此山，感慨："此山之大，别于天下！"大别山因此得名。

大别山东视南京，西隔武汉，地处南京、武汉之间，位置独特，是长江、淮河的分水岭，其南麓之水流入长江，北麓之水汇入淮河。南北的气候环境因此而截然不同，植物差异性颇大。

霍山，位于安徽西部，大别山腹地。早在春秋时期就设有灊邑，汉代设为灊县，隋朝始称霍山县。霍山是西山文化的核心地带。

端午节前夕，我又回霍山。清晨，出县城，往西山的核心区域漫水河、上土市、太平畈进发。坐在车上，想到此行，心中便有了古意，期待着探寻楚之深处。

道路宽广，淠河辽阔，近水含烟。群山逶迤，远苍如黛。观著名的"睡美人"之景，过黑石渡大桥，之后，汽车便像一条鱼，在云深山高处，在绿色的海洋里，穿梭神游。

这条路陡峭曲折，险峰林立，惊心动魄，处处皆景，百余里的沿途，却有一串独特的地名：黑石渡、落儿岭、洗儿塘、鹿吐石铺、烂泥坳、土地岭、道士冲、漫水河、将军岭、回头岭。这些地名，讲述着一个个生动的神话故事。

元朝末年，一位天师托梦给皇帝，说某日某地，将有太子降生，元朝江山不长矣。天师掐算，太子将降生在霍山一带。皇帝大惊，急忙降旨在霍山一带缉拿未出生的太子。霍山的县官拿不准谁是太子，便残忍地将境内快要临产的妇女全部破腹取胎，但是，"太子未获"。情急之下，皇帝立刻指派将军邵穆带兵前去捉拿。

被天师算出来的太子便是朱元璋。

朱元璋之母正在霍山县城，侥幸躲过县官，不想邵穆又至，临盆在即的她闻讯急忙向西南大山深处逃命。逃不多远，迎面被波浪滔天的淠河（淠河，古称白沙河，是淮河主要支流之一）挡住。此时，追兵将至，河上无桥无船，朱母走投无路，绝望之中，忽见水上漂来一方黑石，眨眼便到了面前。朱母急忙跳上去，黑石载着朱

天人合一——西山核心价值观的发展取向

母渡河至彼岸。从此，这里就叫"黑石渡"。

　　过了河，朱母急行十数里，突见一峰耸立，山高坡陡，难以逾越，正望山兴叹，只见山林中跳出一只梅花小鹿，低头前行，一口口吐液，鹿液顷刻间化成步步石阶。朱母顺着石阶，登上山顶，此地便叫"鹿吐石铺"。

　　行不多远，朱元璋降生，此地留名"落儿岭"。再走五里，见有一塘，朱母便为儿子洗身，此地称为"洗儿塘"。再往前走，天空忽地飘来乌云，眼看着大雨将至，朱母发现路边有一座庙，于是跑到庙中歇息，这个地方便取名"太子庙"。害怕追兵将至，朱母等不得雨停，抱着孩子继续前行，穿过一个泥泞山坳，此地后来就叫"烂泥坳"。

　　翻过一座山岭，朱母气喘吁吁，唉声长叹，惊动了土地神，土地神教朱母将鞋倒穿走路，以造成假象迷惑追兵，此岭便叫"土地岭"，岭下的山冲便称"倒鞴冲"。经过多年演变，后来人们将"倒鞴冲"说成了"道士冲"。

　　朱母继续前逃，又被一条大河阻路，惊惶失措间，只见河水断流，河心显路，朱母大喜，急步奔过。奇妙的是，朱母渡河之后，清澈的大水依旧漫河而流，阻挡了追兵。水断显路之处，就叫"漫水河"。

　　邵穆将军追不到朱母，难以复命，走投无路，于是站在岭头拔剑自刎，此岭称作"将军岭"。朱母回头再也不见追兵，便喘了口气，坦然走向湖北地界。于是，这座皖鄂分界的山岭，后人叫它"回头岭"。

　　这个神话故事，寄托着人民扶弱扬善的美好祈愿。这条路，应该叫它"神话大道"！一路上赏景说古，欢声笑语，常常令人忍不住击节叫绝。

　　为什么这个神话故事的主角是朱元璋呢？

原来，白马尖独领群峰，一脉绵绵北去，由龙凤山至天堂寨，再逶迤至皖东。凤阳的朱元璋视这条山脉为"龙脉"之根，当上皇帝后，在大别山区专设"六安卫"，严禁开矿、砍伐。朱元璋将地理学上山脉的自然走向视为神秘，也把他自己弄成了"神话"，就成了今天的一份文化遗产。

远古的生命气息

拂去历史的烟尘，西山，从远古走来。

带着疲惫的沧海桑田，带着累累的刀光剑影，带着伤痛的沉重喘息，带着混沌悠远的神秘的生命气息，一步一步走到了我们的面前。

它的每一个足印，都是丰厚的沉积，都是西山文化硕大遒劲的根须，深深扎进莽苍逶迤的群山，凝聚成西山独特的姿容。

《走进古代皖西》一书开篇如此介绍："公元前三千年，我国的黄河流域和长江中下游等地，升起了中华文明的曙光，皖西的大别山区就在其中。"

千万不要小看了这一句话，这可是对一个地方或区域历史地位的最高评价！

春秋战国，西山处于"吴头楚尾"，先是楚国仗势东扩，灭掉了英、六、群舒，楚文化穿越西山，向东发展、影响。后来，吴越势力雄起，吴楚交锋，西山成了两国拉锯的战场，也成为吴越文化与楚文化激荡、交融的中心，因此，吴楚文化都在西山深深扎根，一直影响至今。

汉初，作为淮南国、衡山国的封地，西山一直处于动荡之中，但文化的发展却十分迅速，涌现出了著名的教育家文翁，淮南国出现了百家争鸣的余韵，刘安有皇皇巨著《淮南子》，从那时起，西山有了尊重教育文化的传统。六安国建立后，汉武帝巡狩西山，封禅南岳；汉宣帝重封灊（古地名，在今安徽霍山东北）岳，这些，都说明了一点，那就是西山的重要性！

魏晋南北朝时期，中原战乱，大批中原士族南迁避祸西山，给西山带去了中原的先进文化。晋，杜夷在灊县办学，教授弟子生徒千人，为西山培养了一批优秀人才；稍后，西山何氏一门出了10位宰相、3位皇后、5位驸马。南朝宋文帝任命何尚之为玄学馆主持，讲授《道德经》《庄子》《易经》。杜夷、何氏门下或家族的俊杰，给西山带来了中华文化的经典，大大提升了西山文化的层次。

东汉末年，方士左慈隐居霍山修道，弘扬了道家文化和隐士文化。

唐代，"诗仙"李白、《悯农》诗作者即宰相诗人李绅都曾赋诗纪游霍山、赞扬霍山景物；晚唐诗人皮日休写下著名的《霍山赋》，抒发对霍山的情怀，黄巢兵败后，皮日休隐居西山，传道授业。

宋代，毕昇在西山诞生并走出，发明了活字印刷；为避乱，北宋著名散文家"三苏"之一苏辙的第八代传人苏昶迁居霍山；面对金兵铁蹄的践踏，知军六安的程端中义无反顾，领兵抗金，不幸玉碎殉国，葬于撞山下（今属金寨长岭）。程端中是北宋思想家、理学奠基者程颢、程颐的后人，这样，程氏后人迁居西山；著名文学家黄庭坚、古文字学家夏竦的后代等中原士族也纷纷迁居霍山。苏家、黄家的文学、程氏理学，推进并丰富了西山文化。

朱元璋敕封霍山为"中镇霍山之神"，把西山列为天下"五镇"之一。明清时霍山重教重本，先后创办了潜台书院、会胜书院、南岳书院等多家书院，名门望族纷纷捐资助学，使得普通人家也能耕读传家。在这片安静的大山里，先后走出了吴兰、金光悌、张孙振、程在嵘、吴廷栋、何国禔等一大批有影响的饱学之士，使西山文化发扬光大。

民国时期，李晴峰、黄艮甫、何国佑、孙绂廷等乡贤积极兴办新学，著名的狮山中学应运而生，为西山培育了一代代学子；民国兴起，西山翘楚积极参加革命和新文化运动，丁炽衡、孙雨航、沈子修等追随孙中山积极参加辛亥革命和北伐；舒传贤、黄楚三、刘淠西、黎本益等宣传共产主义，领导了轰轰烈烈的六霍起义，为创建鄂豫皖革命根据地做出了重要贡献。西山成为红军的摇篮、红色区域中心，谱写了一曲红色文化的壮丽篇章……

以脚丈量，西山纵横不过几百里；以心丈量呢，那沉睡的时光，历史的落叶，文化的生命，又怎能够探底穷尽？

有的地方财富在地上，有的地方财富在地下，西山却得天独厚，除了地上地下，无尽的财富却是深埋于历史和时光的褶皱中，凝聚成一座原始的文化富矿，等待着我们跋涉、阅读、挖掘、研究、提炼、弘扬……这是我们自信的文化土壤。因为时间仓促，只能于漫水河、上土市、太平畈走马观花了。

山高林密，鸟鸣花香，溪水淙淙……这里有世外桃源般的安静、肃穆，却并不虚无，有一种强劲的坚忍不拔、蓬勃向上，一种古远与现代交织着的书香的磁场、气息，时时从心田拂过。这或许就是西山独特的性格和气质吧。

这里的语言独特，独成体系，还保留着许多古汉语的语词，比如，中午休息叫"吊中"，吃晚饭叫"过夜"……姑娘出嫁有哭嫁的习俗，新房里如果有客人，新娘子只能站着，不能说话、不能笑、不能喝水。闹洞房的人则唱山歌、打花鼓，山歌多是喜曲，而且，三天无大小。

这里的丧礼与四周不同，用竹片夹一张纸，点燃纸，然后将竹片插在路边，这叫路引。挖好棺坑，孝子贤孙要"焐"坑，为了让坟地发热还要用火烧墓坑。山外的丧礼有三天出殡的习俗，但是在西山，哪天出殡要看日子，不能与其他好日子冲撞，因此，三天、五天、七天甚至更长的时间出殡，也是常有。送亲人入土，都要让同族小孩扛上留有细枝竹叶的竹梢，呼号着送葬。这些都是当年三苗传下来的。

这里的人不重视端午，却重视农历六月初六。"忙端午"，端午正是麦子、蚕茶采收的季节，一家老小都得忙，而六月初六呢，相对较闲，成了当地人的"麦饭节"，一年小有收成，大伙儿会隆重庆祝。这里还保持着对自然神圣的崇拜，将有年头的大树视为神树，将庞然巨石视为石将军，虔诚膜拜。

这里重视文化教育，"穷不丢书，富不丢猪"，"扯皮剥肉"也要让孩子读书。杀年猪、春季栽秧都要请先生。家中来客，以请先生作陪为荣。先生进门，放爆竹以示敬重。爱子而重先生，是人们心中的敬仰。学生会时常带些园子里的新鲜蔬菜给先生。家家户户堂屋案几上供奉的牌位是"天地国亲师位"，师，除了教书的，还包括各种手艺人。耕读文化代代传承，凝聚成一股强大力量，改变了西山的人文风貌，更强化了西山文化的"内核"。

这里有独特的银鱼席，20道菜依次敬上，长者、客人、陪客等，座位极有礼序。民间文艺丰富多彩，山歌小调多是原汁原味。仅以打锣鼓为例，便与山外不同，套路复杂不说，还有"抛锣"。将敲着的锣突然抛上天空，像抛飞碟，奇妙的是，飞在空中的铜锣竟能发出别开生面的响音，然后，稳稳接住。

这里还有独特的山寨文化，依托山寨抗击外敌、自我保护、反抗压迫，一直是西山人的传统。仅霍山便有大大小小120多个山寨，其中六万寨、铜锣寨等最为著名。

西山人崇尚自然生态文化，信奉"天人合一"的自然观。中医界把以西山为代表的中医学派称为皋陶学派。这里堪称"西山药库"，境内共有药用植物1793种，很多为名贵中药材。何云峙被人尊称为"大别山药王"，30多年间，他在群山峻岭寻找药材，经历过生死瞬间,却永不言弃,终于实现了"救命仙草"霍山石斛从野生到人工繁育,复原了失传近千年的石斛炮制技艺。中央电视台做过报道,其人其事不禁让人想起可亲可敬的袁隆平先生。

石斛的生长,不需要土壤,却需要石头。将石头冲刷干净,将石斛苗放在石上,以石或瓦片压住,它就会茁壮生长。多少亿年的日月精华,凝聚了石头的生命,而石头成了石斛的生命之土。何云峙的儿子何祥林介绍,石斛的价格堪比黄金,如今,当地人依靠种植石斛,早已走上小康之路……

说起西山文化,必须要说皖西学院历史系教授姚治中先生——当年我读师范时的班主任,他是西山文化研究的代表人物。姚教授已经80多岁了,仍然辛勤耕耘于皖西古代史和西山文化的研究。先生治学严谨,朴素正直,惜时如金,已出版《皖西古代史探索》《走进古代皖西》《从皋陶到刘安——汉文化成型期的皖西》《重评"淮南狱"》等著作及大量论文。西山文化、大别山文化,名称不同,区域有异,但其璀璨文化的内核却是相同的。

"要有西山地区的文化自信。"姚教授的这句话,令人激动!我3岁随父母来到霍山,30岁调离,一直觉得霍山地处偏僻、人文很"土",如今,西山文化的灿烂与辉煌,如醍醐灌顶,让我刹那间找到了自信。她是我的文学版图,是我灵魂的故乡啊!

勤劳坚韧、重教崇文、守规习礼、种德修身,这16个字,是西山文化研究会对西山文化的概括。然而,真能概括得了吗?这一部史诗,这一部巨著,怎会如此容易便被概括得了呢?西山,需要我们细细品读、细细体味、不断挖掘,它就像一块肥沃的土地,年年都会生长出新的收获。"歇马回头清河漫水",这是以西山地名连缀的上联,下联却至今没有巧对。试试吧,这是西山对你的盛情邀请。

美丽霍山,换了人间

姚治中

在那遥远的岁月,大别山脉这条苍龙,告别中原,奔大江而来。也许难以割舍与中原的亲情,即将与大江会合之际,它却陡然向东,横向成衡,正对南斗,呼应北斗。大别山与衡山相夹,形成亘古至今的"霍山弧"。它以鄂豫皖交界之霍山、英山、岳西、金寨四县为中心,漫水河、太阳等地为核心,又称"西山"。三苗部落在这里升起一柱文明的曙光,与东、西、北、南各方的华夏文明之光相呼应。大别苍龙在衡山之北极阴之地化为"潜龙"。崇山峻岭,"大山宫,小山霍"。沟壑纵横,"潜龙勿用",汇合为沛河,掉头北上,呼唤中原的兄弟姐妹。3000多年前的甲骨卜辞记下了标志这一过程的地名:灊(同潜)、霍、英、六;沧桑岁月积淀而成的地名故事凝聚了几千年民众的心声;薛家岗、凌家滩、红墩寺、大沙埂等地的考古发现是不可撼动的实证。

"霍山弧"是大自然赐给三苗、皋陶、后羿等部落及其后裔的广阔、优越而神奇的家园,蚩尤及三苗从这里出发,与炎帝、黄帝共创华夏部落联盟,将这里的美玉供给凌家滩的部落,雕琢创意体现天地人互动共荣的八卦阴阳。舜部落在这里与三苗部落的盘瓠氏联姻,禹部落来到涂山与涂山氏女共建家园。皋陶部落辅助大禹创建中华第一个多民族统一王朝——夏,并于公元前2083年左右建立英、六古城。这里还是舜向南方、禹向东方扩展华夏国家的基地,引得后世秦皇汉武帝都要到这里寻访舜禹的足迹,夯实华夏国家的根基。朱元璋聪明地认识到这是一宗丰厚的历史遗产，认定大别山区是他"龙兴"之地。

数千年来，生活在大别山怀抱中，受沛水（甲骨文中只有沛水，即浠河）的哺育，大别山的民众形成以"天人合一"为主干的魂魄。他们认为人与大自然是一个整体，人的精神与生理结构都与天地相适应，大自然制约人的生理、精神乃至寿命，人与大自然同存共荣。这种理念渗透在日常生活中。笔者曾遇到一位朋友，他问我："有人说，大别山的竹筷，一头圆，一头方，圆的是天，方的是地，对不？"确实，竹筷的造型是天圆地方之象。人的手握在其中，于是就可夹菜吃肉了。人依靠并运用天地提供的条件得以生活，天地通过人的智慧和活动发挥作用。所以皋陶说："天工人其代之。"李耳（老子）说："三（三才，即天、地、人）生万物。"（《道德经》）人与自然应和谐共处，相互依存，深入大别山人的灵魂，浸润于日常的生活中。

人与自然的和谐必须由人际关系的和谐来保证，舜禹皋陶认为国家的主要职能就在于此。"德惟善政，政在养民"（《尚书·大禹谟》），好的国家治理就是为平民百姓的平安幸福创造条件。经济社会的发展不可能完全合乎人类的良好愿望和主观意志，还有形形色色的消极因素，天灾之外还有人祸来干扰。必须有法律礼仪等来约束和规范，于是产生了刑罚，皋陶和舜禹一起将刑罚作为德治的辅助，提出了"刑期于无刑"的奋斗目标。

伴随中华法制的产生，还萌芽了两个重要的观念，这是中华民族传统区别于世界其他民族的重要特征。

其一，以修身齐家治国平天下为道德修养的系统化的信条，这在帝尧时已经提出，老子在《道德经》中有完整的论述。中华儿女就这样养成对国家天下的责任感和使命感，使中华民族积累了强大的向心力与凝聚力，于是中华民族文明历尽人间一切风波劫难，成

277

为世界上独一无二的连续不断的民族传统。元朝末年,徐寿辉在天堂寨建立"天完"政权("天降的完美政权"),年号为"治平"("治国平天下")。大别山民众不仅以"修、齐、治、平"为信条,而且以它指导行动。

其二,尊重人的生存权。皋陶说:"天聪明,自我民聪明。天明畏,自我民明威。"天人是一体,人民大众的意志反映客观规律。舜禹皋陶认为执法者应该"舍己从人,不虐无告,不废困穷""与其杀不辜,宁失不经"。大别山区将它称为"太平"(最大的公平),期望公平、公正,以保障每个人的生存。

至迟从西汉末年开始,江淮之间开始流行原始道教的"太平"观念,道教开始形成,东汉后期,张道陵担任江州令(今黄梅),他创立"五斗米道",奉老子为教祖,尊称"太上老君",道教在大别山区定型了。今霍邱、金寨、霍山、六安、舒城又是"太平道"分布地区。黄巾军领袖之一戴风即安风人(今霍邱西南人),黄巾起义失败后,洪道人隐入大别山区,今还有山名洪道人尖。张道陵的孙子张鲁在汉中建立政权,不设官府,倡导诚信,让人人在公平公正的条件下生活。

为了社会公平公正,不仅要讲究德政和法治,更要反对阶级剥削和民族压迫,还要抵御外敌侵略。明后期,霍山人民曾奋起痛击倭寇入侵,清朝末年,张正金提出"扫清灭洋",这是比义和团"扶清灭洋"更为鲜明的反帝反封建旗帜。中国共产党将马克思列宁主义与中国实际相结合,使大别山区民众追求"太平",反剥削反压迫的传统发生质的飞跃。中国共产党领导大别山区民众建立了仅次于中央根据地的鄂豫皖根据地,抗日战争中这里是安徽省抗日战争的指挥中心,1947年刘邓大军千里挺进大别山,扭转了解放战争的大局,加速了蒋家王朝的覆灭。中华民族几千年对公平公正的追求,终于结出了伟大的果实。

《道德经》最后一句是："天之道，利而不害。圣人之道，为而不争。"我们从事这样的编写工作，最关键的是认知目的，摒弃小我，服从大我，这也是几千年来西山人传承的民族精粹，我是在细读本书初稿的过程中逐渐体验到它的。科学地探讨和继承传统；探索过去，服务当代、引领未来，这就是他们的"天之道"和"圣人之道"，也是本书"溯源"的一个动因吧。

　　我幸运地享受到"先睹为快"，生活在大别山区 20 年，在狼西尖观赏过朝阳，在天鹅石岭陶醉于漫山遍野黄花菜的清香，翻阅《西山文化溯源》，就如徜徉在衡山之麓，佛子岭水库之滨，竹林深似海，碧水如蓝，繁花似锦。耳际响起秦皇汉武帝的銮驾声，肩头又担起了当年抗洪的畚箕，当年的沙坝已成了高速公路，卡车和轿车的笛声让我欢呼雀跃，美丽霍山，换了人间！

参考书目

[1] 姚治中. 走进古代皖西 [M]. 合肥：黄山书社, 2009.

[2] 何超, 孟世凯. 皋陶与六安（第二集）[M]. 合肥：黄山书社, 1997.

[3] 姚治中. 皖西古代史探索 [M]. 合肥：安徽人民出版社, 2003.

[4] 姚治中. 从皋陶到刘安——汉文化成型期的皖西 [M]. 合肥：黄山书社, 2013.

[5] 姚治中. 重评"淮南狱" [M]. 合肥：黄山书社, 2015.

[6] 姚治中. 皋陶文化与道德经 [M]. 合肥：黄山书社, 2018.

[7] 龚乾, 胡洁雪. 霍山天柱山考证 [J]. 佛子岭文艺, 2009 (10).

[8] 金崇尧. 皖西名山南岳山 [M]. 合肥：安徽大学出版社, 2003.

[9] 项志培. 霍山文史集萃 [M]. 香港：香港天马出版有限公司, 2006.

[10] 中国人民政治协商会议霍山县委员会. 霍山大辞典 [M]. 合肥：安徽教育出版社, 2010.

[11] 霍山县民政局、霍山县西山文化研究会编著. 霍山地名故

事［M］.合肥：黄山书社，2018.

［12］西山文化研究会.西山文化研究［J］.2015（4），2017（13）.

［13］崔思棣.汉武帝所祀南岳考［J］.安徽史学，1995（2）：7-8.

［14］戎毓明.安徽人物大辞典［M］.北京：团结出版社，1992.

［15］张右丞.皮日休生死之谜　隐居霍山得善终［J］.纪实，2013（12）：75-78.

后 记

西山及"霍山弧"在5000多年前就催生了中华文明的萌芽，成为中华文明曙光升起的地方之一。我们编纂的《西山文化溯源》一书，就是试图从各个方面围绕这一中心做进一步探讨和阐释。

在编纂过程中我们本着"求同存异"的原则，将大家的研究文章收取进来，以便在更广的范围内交流探讨。当然，对有些文章也做了必要的修改，但基本观点都保持不变。这一点首先向广大作者说明一下。在这里还要特别感谢皖西学院姚治中教授，他不仅奉献了诸多研究文章，还亲自指导了本书的编写和编辑工作。

在社会发展进程中，文化建设与经济建设始终是相伴而行的：经济建设离不开思想文化建设的佑护，而文化建设又离不开经济建设的支撑。对这一点，安徽华宸文化旅游发展有限公司站得高，也看得远，对西山文化研究和该书的出版给予大力支持，在此，我们表示最真诚的谢意。

最后愿这本凝聚着许多人心血的著述，能给广大读者提供尽可能多的知识养料。

编 者
2019年3月